CRUISE
SHOPPING SERVICE

邮轮
购物服务

孔 洁
龙京红　主编

中国旅游出版社

前　言

　　《邮轮购物服务》是邮轮乘务管理系列教材之一，本书以邮轮购物游现象为切入点，通过大量的案例分析，让读者从职位角度全面学习和理解邮轮购物服务，掌握相应服务技能。本书不仅有理论分析，而且列出了翔实的数据，穿插有大量的图片，图片主要来源于邮轮公司官网及网络共享资源。全书根据知识体系分为六大章，其中第一、二、三章分别对邮轮购物现象、邮轮购物商店及世界奢侈品品牌做了介绍；第四、五章着重分析介绍了邮轮购物商店的经营管理和邮轮商店员工的管理培训；第六章涉及了邮轮购物商店安全经营知识与相关法规知识。

　　本书的主要特点如下：

　　第一，内容丰富。《邮轮购物服务》的内容选取一部分源自国际邮轮业的成熟经验，一部分来自笔者亲赴邮轮进行实地考察、充分调研和岗位实践，融入了行业的最新信息。

　　第二，本教材以邮轮专业的岗位操作程序为依托，以邮轮乘务人员的岗位技能为引领，在每一章节均设有"课前导读"与"教学目标"，引导学生发现自己知识和能力的空白，激发学生的学习兴趣，每章节最后还有课后练习题，以期在基本知识的传授中强化和培养学生的思考能力与实践技能。

　　第三，英语标注，图文并茂。本教材的结构设计与内容安排兼顾高等职业教育培养对象的吸收能力，文字表述简明扼要，内容展现图文并茂，同时，对于专业术语以英文标注，使学生在专业学习的同时掌握必要的英语词汇。

　　第四，推介阅读，拓展潜质。在教材的内容设置环节也精心挑选了邮轮领域的"知识拓展"篇目，使学生通过对此部分内容的阅读与汲取，更加深入地了解行业规则，拓宽视野，开发未来职业发展的潜质。

　　本书可作为各大中专院校旅游管理、奢侈品管理等专业学生教材，也可供各旅游公司、旅游代理机构、娱乐业、旅游景点、奢侈品管理等部门经理，各大港口、船厂、航运企业相关部门的管理人员参考使用。

孔　洁

2016 年 5 月

目 录
CONTENTS

邮轮购物简介

第一章

课前导读

　　近年来,"购物游""旅游购物"等名词频繁出现在各媒体平台上,国人出境购物游的热潮持续不退。随着邮轮旅游这种度假方式在中国市场的逐渐渗透,越来越多的人选择乘坐邮轮出国旅游购物。因为,邮轮本身就是旅游目的地,邮轮上设有各种类型的购物商店以满足广大消费者的不同需求。为了能更好地了解邮轮购物服务,首先需要知道与之相关的知识点,如什么是旅游购物、什么是免税购物、如何办理退税手续、邮轮购物商店的种类及特色,等等。

教学目标

1 了解旅游购物的定义、构成及作用。

2 了解我国居民旅游购物的现状。

3 理解何为"免税购物"。

4 熟悉邮轮免税购物的内容。

第一节　旅游购物现象

一、旅游购物的定义、构成及其作用

（一）旅游购物的定义

旅游购物作为"无限"花费，在旅游产品的构成要素中可挖掘的经济效益的潜力最大，因此，世界上许多旅游业发达的国家和地区都十分重视发展旅游购物。但到目前为止，关于旅游购物的概念众说纷纭。许甲中认为，"旅游购物是指游客在旅游目的地或在旅游过程中购买商品的活动以及在此过程中附带产生的参观、游览、品尝等一切行为。旅游购物不是单纯的购买商品的行为，这与日常生活中的购物不同，其中包括了与旅游相关的休闲娱乐等活动"。姜晶晢认为，"旅游购物是旅游或旅游业的一个领域或要素，指以非营利为目的的游客离开常住地，不管是以购物还是以其他为旅游目的，为了满足其需要而购买、品尝，以及在购买过程中产生的观看、娱乐、欣赏等行为。旅游购物作为一种旅游行为，对当地社会的文化、经济和其他领域以及旅游政策都会产生影响"。石美玉认为，"旅游购物是指旅游者在准备阶段和旅游过程中购买各种实物商品的经济的、文化的行为，它不仅包括专门的购物旅游行为，还应包括旅游中一切与购物相关的行为的总和。但不包括任何一类游客出于商业目的而进行的购买，即为了转卖而做的购买"。

（二）旅游购物的构成

$$旅游 + 购物 = 旅游购物$$

正如上式所示，旅游购物简单地说就是发生在旅游过程中的购物行为，就是旅游与购物的一个综合行为。旅游购物是旅游过程中不可缺少的一个重要环节。旅游购物是发生在旅游过程中的购物行为，既包含了购物本身也包含了因为购物活动而产生的其他活动，如在商场品尝当地特色食物、参观土特产加工，等等。这种活动本身不仅使游客们更感兴趣，同时也让游客对当地的风俗习惯等有更深的了解。由此可见，旅游购物活动是一个复杂的活动，它不仅仅包含购买行为本身，同时，也是一个重要的旅游吸引物，是加深游客对旅游目的地了解的一个重要渠道，是旅游活动成功的一个重要因素。

（三）旅游购物的作用

旅游购物本身就是旅游资源，提供丰富的旅游购物资源，满足游客的购物体验需求，已成为某些旅游目的地最具吸引力的内容之一。旅游商品是旅游购物资源的核心，也是吸引旅游购物的根源。发展旅游购物是提高旅游整体经济效益的重要途径，是增加外汇收入和就业机会，振兴地方经济的重要手段之一。对国内而言，旅游购物的发展，可以直接满足本国人民日益增长的物质和文化需要；在国际范围内，旅游购物的发展，可以使世界各国人民加深对旅游目的地国家和地区的历史文化、民族传统的了解。旅游购物不仅能够增加旅游地的收入、扩大劳动就业、带动相关产业，而且是传播地方形象的载体，通过大力开发旅游购物市场，必将对拉长产业链条、提升产业化水平、增强区域影响力、促进旅游业的全面健康发展起到积极的推动作用。

二、旅游购物的现状

（一）国内旅游购物的现状与问题

1. 国内旅游购物良好的现状

旅游作为一种绿色产业，以高收益、低污染、高附加值等特征成为我国重点发展的产业之一。随着旅游业的迅速发展，我国的旅游购物开始呈现出在促进地区旅游产业和本土经济发展方面的重要性。购物的成功与否往往直接决定游客的整体满意度。有的学者甚至把旅游购物的发展水平看作评价地区旅游发展水平的重要指标，由此看来旅游购物还是非常重要的，但在游客购物的时候，一些因购物而产生的问题也随之而来。

2. 国内旅游购物存在的问题

（1）国内旅游购物商品不合格。①旅游商品缺乏特色。旅游商品只有反映当地旅游资源特点，带有浓郁的地方特色，蕴含地方文化，才能激起旅游者强烈的购买欲望，然而我国许多地区缺乏具有地方特色的旅游商品。例如，去北京天坛公园游览，除了明信片外，要找到有关祈年殿、回音壁的商品是很困难的；再如，去秦皇岛，也少有可以代表本地区旅游特色的产品。由于对具有地方特色的旅游商品不注意开发，致使不同旅游区旅游商品的雷同现象比比皆是，如大多数景区的旅游商品都是玉石、手链等。②旅游商品制造粗糙。由于大多数景区忽视对旅游商品的开发和生产，对旅游商品及其经营商缺乏监管，致使旅游商品既无特色质量又不好，粗制滥造，更不用说包装了，大多数旅游商品的包装都很简陋。一些有价值的旅游商品往往因为不重视加工和包装，出现"三等货色""二等包装""一等价钱"的现象。③旅游商品宣传不足。及时的宣传在旅游商品销售中有着举足轻重的作用。在游览区、交通要道、公共场所、宾馆等地，有关旅游商品的公益性宣传不够，旅游商品销售的网点过于零散且缺乏沟通，没有形成规模效应，销售体制有待改善。④旅游商品设计人才短缺。旅游商品设计者多为工艺美术专业毕业，而且有的是半路出家，没有经过系统的专业化的旅游专业教育，这样便难以设计出集纪念性、观赏性、艺术性于一身的旅游商品。而我国的旅游院校虽已迅速发展，但鲜有设计旅游商品工艺专业方面的人才。⑤旅游商品品牌缺乏。我国旅游购物市场中很少有品牌商品，有注册商标的品牌商品更为少见，这势必削弱我国旅游商品在世界市场中的竞争力。目前，我国旅游商品生产企业的数量年年在增加，但真正能生产品牌产品、发展成为品牌企业的屈指可数。

（2）国内旅游购物设施不完善。我国绝大部分景区的旅游购物设施相当简陋，几乎未考虑购物环境的营造，更缺少休息区、饮水机、自动取款机等符合现代消费者需求的设施；很多旅游购物场所只配备了基本购物设施，缺乏辅助购物设施，这是国内外游客不满意的主要问题；旅游企业只把旅游购物设施看作购物所需要的物质条件，忽视了购物设施的文化性特征，购物环境千篇一律，很难成为旅游吸引物。

（3）国内旅游购物市场失序。①旅游购物存在陷阱。有些导游服务人员将客人带到定点商店，采取各种手段引诱游客购买假冒伪劣或者高价的商品，然后从店里提取高额的回扣。这种变相敲诈、欺骗客人的做法，一经客人发现，投诉是在所难免的。②服务人员不尊重客人。一些服务人员在接待顾客时，态度冷热不均。还有服务人员不能摆正自己与客人的角色关系，没有树立起"客人总是对的"的服务观念，把尊重自己与尊重客人对立起来，对客人的询问不予理睬或有意回答"不知道"，语言不文明，不注重礼节，不尊重客人的风俗习惯，所有这些怠慢甚至轻视客人的行为，都会导致客人的投诉。

（二）出境旅游购物现状与问题

1. 日益增长的出境旅游购物

随着中国经济的不断高速发展，人民生活水平的日益提高，出国旅游已经不是一件奢侈的事。成千上万的中国游客正出现在世界各地的旅游景点，"井喷式"的中国出境游令全世界震惊：法国巴黎的香榭丽舍大街、老佛爷百货商场、日本东京银座的高档购物中心、泰国普吉岛的黄金海岸等全球各大购物中心、打折村、各类免税店，到处都可见到中国人的身影。旅游购物，天经地义，然而，许多中国人的出境游从某种角度来讲，已经变成了购物游！

《胡润百富》与《亚洲国际豪华旅游博览》于2013年6月3日共同发布的《中国奢华旅游白皮书》（以下简称《白皮书》）显示，根据全球最大退税机构 Global Blue——2012年全球旅游者消费数据，2012年，中国游客海外消费额连续三年位居全球第一，占全球游客海外消费比例的24%，比2011年上升4%。《白皮书》显示，中国高端消费者2012年出国频率平均为2.8次，中国游客海外消费增速保持50%以上的快速增长，增长率达到57%，全球游客消费增速则稳定在30%左右。与此同时，中国游客的单笔消费金额也在持续增长，2012年，平均每笔消费金额为875欧元，比全球游客平均单笔消费金额高出71%。《白皮书》还显示，中国游客安排行程首先考虑最多的因素是购物，其次是文化、美食和商务。其中，相当一部分中国游客会帮朋友购买珠宝、手表等奢侈品。此外，游艇和飞机也备受中国高端消费者青睐。1/3的亿万富豪表示准备在未来3年内购买私人游艇，而15%的亿万富豪表示准备在3年内购买私人飞机。

那么，为什么会有如此多的中国人选择出国消费购物呢？最主要的还是价格因素，因为我国的进口关税里，高档商品除了要缴纳17%的增值税，还有20%的特别税，如此一来就导致了同样的商品存在国内与国外的价格相差悬殊的情况。还有一个原因就是产品质量以及售后服务问题。在国内，各类产品的"质量门"事件频频被曝光，消费者要求退、换货时的艰难程度也是"难于上青天"。相比之下，国外原产地对产品质量的严格把关控制与完善的法律体系保障，外加价格上的"优惠"，都导致了中国人在出国旅游时纷纷涌向商场与各大品牌门店。

2. 出境旅游购物需要注意的事项

（1）参团须防低价游。新《中华人民共和国旅游法》严禁"零负团费"组团旅游。消费者在参团时切勿只考虑价格因素，还要从旅行社的资质、消费者评价等多方面进行考量。在签订合同前一定要明确团费所包含的项目、具体行程安排以及购物次数、自理费用项目等内容，不要轻信旅游从业人员的低价团费宣传。

（2）旅游购物需谨慎。通常，旅游地所售商品的价格并不低，有的甚至远远高出市场售价。在境外旅游购物时，对于导游的劝导、商家的宣传和口头承诺，消费者要保持应有的警惕。在购买贵重物品前，消费者事先要做好功课，充分了解产品的特性是否符合自身需要，避免冲动消费。购物后，还要主动索取购物凭证，做好提前防范，以便事后维权。

（3）购物超额要补关税。根据国家的有关规定，消费者携带在境外获取的个人自用进境用品，总值不超过5000元人民币的，入境时海关予以免税放行。因此，消费者在境外旅游购物时，既要遵守当地的有关规定，也要参考入境免税限额，尽量在限额内消费。如果超出限额，需要在入境时如实申报并补交相应的关税。相关信息，消费者可以在海关网或拨打海关服务热线12360查询。

（4）境外消费勿忘退税。一些国家和地区为鼓励境外游客消费，对在退税定点商店购买的随身携运出境的物品实行退税政策。目前，包括欧盟主要成员国、澳大利亚、日本、韩国、新加坡等很多国家都实行了这一制度。消费者在境外标有"Global Blue Tax Free Shopping"（环球蓝联退税购物）的商店购物后，切记按照相关程序及时办理退税。

（5）导游代购需谨慎。在境外旅游购物时，消费者要尽量亲自参与购物的全过程，不要轻易委托导游或他人代理购物，确需导游代购时也要主动索要购物凭证。因代购涉及环节较多，消费者一旦发现产品价不符实、质量缺陷等问题，需要导游协助办理修、退、换货时，往往费时费力。谨防个别导游通过代理购物的方式推荐质次价高的商品。

（6）权益受损依法维权。境外旅游购物过程中，消费者如果发现商家或导游存在强买强卖、欺诈消费等损害消费者合法权益的行为时，要及时收集权益受损的相关证据，避免正面冲突，依法主动维权。必要时，请求我国驻外机构协助，或在回国后立即向国家旅游局或中国消费者协会投诉反映。

第二节 邮轮免税购物

一、国内邮轮旅游市场现状与趋势

据中国交通运输协会邮轮游艇分会（CCYIA）统计：2015 年我国有 10 个港口接待过邮轮，包括大连、天津、青岛、烟台、上海、舟山、厦门、广州、海口、三亚，全国共接待邮轮 629 艘次，同比增长 35%；邮轮旅客出入境 2480454 人次（124.0227 万人），同比增长 44%。其中接待母港邮轮 539 艘次，同比增长 47%；访问港邮轮 90 艘次，同比下降 10%。乘坐母港邮轮出入境的中国游客 2224209 人次（111.2104 万人），同比增长 50%；乘坐邮轮访问中国的境外游客 256245 人次（12.8122 万人），同比增长 4.7%。目前邮轮界已达成共识：中国是全球邮轮旅游发展最快的新兴市场。

世界几大邮轮集团也看中了中国市场的巨大潜力，相继部署旗下船只到中国运行。到 2015 年，邮轮巨头嘉年华集团调拨旗下的歌诗达赛琳娜号到中国，以上海港为母港全年运行中日韩航线，该集团有四艘船长期运行在中国航线，成为全球在中国运行船只最多的邮轮集团。另外，皇家加勒比邮轮有限公司也将其最新打造的、科技含量极高的海洋量子号邮轮以及之前已在中国运行过的海洋神话号重新部署到中国，连同目前运行的海洋航行者号和海洋水手号构成常年运行在以中国为主的亚太地区船只载客量最大的邮轮群。香港云顶集团在为丽星邮轮打造两艘新的 15 万吨级的邮轮，预计分别于 2016 年 10 月和 2017 年 10 月交付，将会以香港作为母港。国内船运业和旅游业翘楚也纷纷联盟加入中国市场的邮轮大战中。成立于 2013 年 12 月的上海大昂天海邮轮公司购买了皇家加勒比旗下的"精致世纪号"，还给它另取了一个别名"天海新世纪号"，该船于 2015 年 6 月到舟山邮轮港开始母港运行。

邮轮是一个移动的海上社区，餐饮、住宿、娱乐、旅游、购物等都可以在船上完成。以往大部分中国游客对于这种新的模式还不熟悉，现在，随着生活水平的提高，邮轮这种完全放松的休闲方式逐步为大众所接受，邮轮市场将会开启休闲旅游的新篇章。

二、免税购物

（一）与免税购物相关的概念

关税是一个城市或国家征收的进口税赋或费用。一些征收关税的地区会选择一家或几家零售商给予特殊待遇，即在产品不在当地消耗或使用的前提下，向上述商家提供免税的应税产品（免税品）。零售商通过竞标或者政府授权得到销售这些免税品的特权。

邮轮上所售卖的商品都已经免去了关税。

免税品（Duty Free Goods／Free Commodities／Free Goods／Non-dutiable Goods）是指设在国际机场、港口、车站和边境口岸的免税品商店所进口的，按有关规定销售给办完出境手续的旅客、供外国籍船员和我国远洋船员购买送货上船出售的物品，以及在我国国际航班、国际班轮上向出境旅客出售的物品。

免税店指经海关总署批准，由经营单位在中华人民共和国国务院或其授权部门批准的地点，设立符合海关监管要求的销售场所和存放免税品的监管仓库，向规定的对象销售、供应免税品的企业。免税店进口的商品应存放在海关指定的场所，免纳进口各税，并接受海关监管，且定期向海关办理售出货物的核销手续。进境旅客在免税店所购得的商品，是否应纳税由海关按规定办理核放。除出、入境旅客外，免税店一般不得将其免税商品售予其他人或转为内销。

（二）免税购物的特点

（1）价格优势。免税品一般比百货公司相同的商品价格低 30% 左右。

（2）品牌优势。免税品一般为国际著名奢侈品品牌商品。

（3）品质优势。所有免税品都是从各国际品牌供应商直接采购的，具有保真的品质。

（三）世界各国的免税购物管理模式

因为免税业务涉及免税商品的监管、国家税收的征缴、外汇管理等多方面的问题，为了保证中央免掉的税收和创造的利润归交国库，充分体现政府利益，世界各国对免税商品销售业务均实行国家集中统一管理的政策。

从全球范围看，国家经营免税业务主要有两种方式。一是国家以行政手段指定国有专业公司统一经营全国的免税品销售业务。中国、韩国、菲律宾等国采取的是这种方式。二是政府采取国际招标的方式，确定经营本国免税业务的专营公司。在高度私有化的国家，不存在经营免税业务的国有专业公司，政府授权有关部门或专业的国际招标公司统一对外招标，标的底线一般都会维持在较高的水平。美国、法国、瑞典、中国香港地区等都采取这种方式。

在中国，中国免税品（集团）总公司是国务院授权，负责统一经营管理全国的口岸免税店、市内免税店和外交人员免税店的国有专业公司。

（四）境外购物的缴税与退税

1. 境外购物超值需缴税

2010 年 8 月 19 日，海关总署颁布了 54 号公告明确规定：①进境居民旅客携带在境外获取的个人自用进境物品，总价值在 5000 元人民币以内（含 5000 元）的；非居民旅客携带拟留在中国境内的个人自用进境物品，总值在 2000 元人民币以内（含 2000 元）的，海关予以免税放行，单一品种限自用、合理数量，但烟草制品、酒精制品以及国家规定应当征税的 20 种商品等另按有关规定办理。②进境居民旅客携带超出 5000 元人民币的个人自用进境物品，经海关审核确属自用的；进境非居民旅客携带拟留在中国境内的个人自用进境物品，超出人民币 2000 元的，海关仅对超出部分的个人自用进境物品征税，对不可分割的单件物品，全额征税。手表、电脑、名牌包都是很多中国游客出国经常购买的物品，而这些货物的价格往往都超过 5000 元，购买后入境时都需要向海关申报，并办理征税等手续，未申报或申报不实要承担法律责任。适用税率及对应物品见表 1 - 1。

表 1 - 1　进口税率参考

分类	对应物品
适用 10% 税率的物品	食品、鞋靴、医疗、美容器材、厨卫、家具、乐器等
适用 20% 税率的物品	摄影摄像、影音家电、计算机及其配件等
适用 30% 税率的物品	高尔夫球及球具、高档手表
适用 50% 税率的物品	化妆品、酒类、烟草

2. 境外购物退税事宜

在境外购物时，首先，要搞清楚该商店是否可以购物退税（如有的店铺有 TAX FREE SHOPPING 标志或有的店铺虽然没有标志但经询问可以退税的）。其次，要了解清楚可享受退税的最低购物金额，所在国家、商铺规模的大小以及商品种类的不同，都会影响到是否提供退税服务以及退税返还税率。一般来说，大型的百货公司以及专卖店都是可以办理退税的。在不清楚是否可以退税的情况下，埋单时可先问一句"Tax refund?"店员便能心领神会，一般只要达到了该商铺的退税标准，店员便会主动为你提供相关的退税申请单据。

在退税申请单上用英文填写好个人姓名、护照号码、信用卡号码、详细地址以及个人签名等信息，然后选择退税方式，有些可选择信用卡、现金或旅行支票退税三种方式，有些硬性规定则只能信用卡退税或其他方式退税，这些可以根据退税申请单上的内容来进行相应的选择和填写。每一家店铺所合作的退税机构都可能不大相同（欧洲有很多退税机构，比如 Global Blue、Premier TaxFree、Tax Free Worldwide、Innova Taxfree、N. Tax Free S. P. A 等）。

在境外办理退税时，要注意以下几点：第一，拿到退税申请单后，请记得收好，有些店员会帮忙填写主要内容，其他部分可拿回酒店再慢慢填写。不在商铺内填写单据的，请务必提前向店员问清楚单据如何填写。第二，请勿在退税申请单上大面积涂抹或修改。如有信息填错（尤其是金额部分），请尽量让店铺更换退税申请单，确实无法更换的，在修改时尽量改动小些。第三，切记向商铺索要并保管好购物小票，因为在某些国家（比如荷兰、奥地利等），购物小票也是消费者购物退税的必备单据。

三、邮轮免税购物

（一）邮轮商店免税购物

图1-1 邮轮免税店

邮轮上的商店所销售的免税产品大部分是由邮轮公司将邮轮上的特许经营权转让给专业的免税集团，由他们统一采购并在邮轮上进行销售管理，其商品质量是完全有保障的；由于这些产品不含任何关税，因此其价格较岸上的商店而言又是相当实惠的。邮轮免税购物在一定程度上也是吸引人们选择邮轮作为旅行方式的因素，因为邮轮本身就是一个购物点。由于空间与地理位置的局限，邮轮虽然不能像陆地上的商店那样陈列售卖成千上万种的商品，但是邮轮上的商店往往会精挑细选出广受大众欢迎的产品来进行售卖，因此，人们往往能在邮轮上找到那些在岸上征收了相当比例的关税而被提高了价格的名牌。不同的邮轮航线也会根据货源地及客源地的不同而考虑选择不同的品牌来进行售卖。随着邮轮旅游在中国的逐步兴盛，邮轮购物也必将成为新的旅游消费热点。

通常而言，现代邮轮上的购物商店销售的商品包括以下几种：化妆品与香水、珠宝首饰、钟表、眼镜、高端时装与箱包、烟草、洋酒、数码产品、艺术品、纪念品等。包含的品牌也各有不同。近些年，随着邮轮业的崛起，一些国际一线知名的品牌纷纷在邮轮上开设专卖店以抢占这块新领地。

挑空四层的亚洲最大海上免税购物街——皇家大道，拥有诸多国际品牌：如Burberry、COACH、Michael Kors、Chopard、IWC、Zenith、HUBLOT、OMEGA、Estée Lauder、PRADA、D&G、GUCCI、JURLIQUE、LANCOME、Chloé、CK 等，其店面陈列保持了品牌一贯以来的风格，商品品类齐全。时尚购物爱好者可以在专卖店内随意挑选最新款的手袋、手表、围巾、香水、珠宝配饰、小型皮具等，畅享海上购物的无限乐趣。

"大牌云集，霓裳羽衣，追求光鲜亮丽的体面外表是意大利人痴迷的执念。行走于'歌诗达维多利亚号'上的'海上意大利'购物区，你会惊喜地发现仿佛来到了意大利的街头——从名品皮具、首饰，到太阳眼镜、名表，从化妆品、香水到烟、酒，在免税店的每一个角落都可以寻觅到来自欧洲的国际大牌的踪迹。特别值得一提的是，除了一般免税店外，在独一无二的'海上名品店'里，你会惊喜地发现 GUCCI 的饰品、

CHANEL 的化妆品、LONGINES 名表以及 CELINE、Burberry 和 BOTTEGA VENETA 的精品皮具应有尽有。如果你是时尚大牌的追随者，那么在这条独具匠心的时尚大道上，一定可以找到心仪之物。"这段邮轮游客的体验详细地描述了邮轮上的商店以及品牌，让爱时尚、爱购物的读者看得蠢蠢欲动。

（二）岸上观光免税购物

坐过邮轮的人都知道邮轮并不是一直在海上航行，它也会停靠码头，这时，客人可以自由选择是否上岸观光购物。一般而言，一个常规的加勒比海 7 天航程，会停靠 3 ~ 4 个码头，也就是说游客可以到达 3 ~ 4 个地方。有些游客会选择报团参加岸上旅游路线的参观游玩（这些景点往往离码头有一定的距离，需要乘车前往）；有些游客则选择在码头附近观光游览。无论是哪种游客，他们都或多或少会购买些当地的纪念品或者是自己中意的物件。有些地方为了推动旅游经济，允许在码头附近或者城市里开设免税店以吸引邮轮游客前往购物，而且这些免税店往往会有针对性地进行一些促销活动，这样一来，可形成与船上的免税店的竞争，从而留住一部分邮轮客人的消费力。但是，总体而言，邮轮上的免税价格还是很具竞争力的，基本上都要比岸上免税店便宜。

对喜欢购物的人们来说，欧洲是好得不能再好的目的地，那里不仅有女人们喜欢的浪漫的异域情调，还有许多奢侈品牌的原产地。曾记得有个导游这样说过，人离乡贱，物离乡贵。这句话很有道理。在意大利买东西，同样的商品，价格也许只有国内的 60% ~ 70%。而同样一件商品，当地 OUTLET 又比市中心商店里的便宜 20% ~ 30%。

（三）邮轮免税购物的特点

（1）免去税收费用，商品物美价廉。

（2）省去了舟车劳顿、负重逛街购物的疲劳。

（3）供应商处直接统一采购，确保商品货真价实。

（4）针对性的促销活动，使游客能在更大限度上获得优惠。

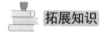**拓展知识**

丽星邮轮旗下的"双子星号"在购物方面也有引以为傲的资本。"双子星号"上的免税店是中免集团第一家邮轮船上旗舰综合免税店，营业面积约为 450 平方米，由中免集团负责提供免税品供货和免税运营。凭借 30 多年的免税品运营经验以及与全球逾 300 家世界顶级奢侈品牌企业建立的长期合作关系，中免集团双子星免税店招揽了涵盖烟草、酒水、香水、化妆品、手表、首饰等品类的众多一线国际知名品牌的入驻。为满足不同游客的购物需求，"双子星号"还引入专营钻石珠宝首饰的佳宝珠宝和著名品牌米兰站等其他高端商铺。

本章小结

邮轮业的发展潜力巨大，发展现状令人震撼。中国游客的旅游购物能力已得到全球认可，随着世界各国邮轮公司纷纷加入并扩大其在华投资，以及中国国内邮轮公司的兴起与成长，邮轮业在中国定将不断发展壮大，邮轮购物也必将成为游客选择邮轮出游的一大重要因素。免税商店的大幅收入将成为邮轮公司在华船只的一大收益增长亮点。

本章引用了大量数据对中国游客境内、外购物现象以及目前我国邮轮业发展现状进行了分析说明，从而得出邮轮购物必将成为邮轮旅游一大趋势的结论。另外，本章还对旅游购物、免税购物、免税店、免税商品等概念进行了解释，让读者从另一个角度了解何为"免税"，从而感受邮轮购物的优势所在。

？ 思考与练习

1. 请说出旅游购物的定义、构成及作用。
2. 请给出免税品与免税店的定义。
3. 邮轮免税购物的内容和特点分别是什么？

 实用英语词汇

Cruise ship 邮轮　　　　　　　　Tax refund 退税

Passenger 邮轮乘客　　　　　　　Credit card 信用卡

Traveling abroad 出境游　　　　　Receipt 收据，购物小票

Shopping 购物　　　　　　　　　Invoice 发票

Tax/Duty free 免税　　　　　　　Custom 海关

第二章 邮轮购物商店介绍

课前导读 >>

通常而言，现代邮轮上的购物商店种类多，几乎可与岸上的大型购物商场相媲美，主要包括以下几种：化妆品与香水、珠宝与手表、高端时装与箱包、烟草与酒类、数码与周边、艺术品、纪念品等，所包含的品牌也各有不同。如此之多的商店需要专门的销售人员提供专业细致的服务。本章将从邮轮购物商店的分类及岗位设置两大块内容展开陈述。

教学目标 >>

通过本章的学习，读者应该能够：

1 了解邮轮上的购物商店的分类。

2 熟悉邮轮上各种类型购物商店的经营内容。

3 掌握邮轮购物商店的岗位设置及要求。

第一节　邮轮购物商店分类

一、化妆品与香水商店

化妆品与香水商店是邮轮购物商店中不可或缺的一部分。商店里几乎涵盖了从基础护肤品到功能性护肤品再到彩妆产品以及各种香水香氛产品的所有产品线。化妆品与香水的品牌也颇为丰富，以广受大众欢迎的国际知名品牌为主。无论男女老少都能找到适合自己的那款产品。

（一）化妆品

1. 化妆品的用途

通常，化妆品使用者的目的是使自己更具吸引力。对大多数女性来说，使用化妆品可使她们显得更加健康、年轻。粉底使皮肤显现出少女才有的那种平滑、无瑕的理想状态。眼影、眼线和染眉油使眼睛看起来更大、更年轻、更纯真。腮红能使脸部呈现出年轻人激动时产生红晕的效果。口红能使人显得格外娇媚，也使人看起来更年轻，因为青年人的皮肤薄、嘴唇红。

电视或舞台中使用的彩妆使演员更符合在舞台或是屏幕所塑造的角色，这些彩妆比一般用作扮靓用的化妆品使人的外表产生更大的改变：使用特定的修补物质，会产生各种化妆效果，甚至能把演员打扮得不像人类。舞台彩妆的应用很普遍，甚至普通配角也要使用，比方说，扮演新闻记者的演员就要使用彩妆，以使脸色在镁光灯下不致太过苍白。彩妆也被用来训练医护人员辨识、治疗创伤（印痕），在临床治疗中，还被用以掩盖瘢痕以及斑点等会影响人们正常社交的瑕疵。

化妆品有时也被用来使人显得成熟，年轻的姑娘们常常用母亲的化妆品这样做，当她们逐渐长大，则会意识到打扮得年轻、性感对自己更有好处。

2. 化妆品的种类

（1）基础化妆品。洁面乳，是保养品的一种，主要功用是清洁脸部肌肤（甚至颈部）。化妆水，主要作用是再度清洁皮肤，并提供基础的保湿，含有酒精成分的洁面乳则是强调帮助油脂的去除，这一类的洁面乳通常适用油性肌肤。润肤乳液通常为水溶性的，面霜比较油，依面霜含油量的多少而有不同的制剂类型，如晚霜、营养

图 2-1　美化化妆品

霜、冷霜。

（2）美化化妆品。根据用途，美化化妆品可包括：①嘴唇。粉饰唇部用的口红（唇膏）、唇彩以及唇笔。②脸颈底妆。使面部光亮添彩、遮掩瑕疵的粉底液、粉饼。③脸。给脸颊上色、突出颧骨用的腮红（胭脂）。④眉。眉笔可勾勒出不同的眉形。⑤眼妆。给眼部上色突出眼睑的睫毛膏、眼影、眼线笔，工具类有睫毛夹。⑥指/趾甲。还有给手指甲、脚趾甲上色的指甲油。

（3）护肤品。护肤品包括面部以及身体用以增湿的霜剂、洗剂，保护皮肤不受紫外线辐射伤害的防晒霜、防晒油，以及治疗、使肌肤白皙、遮掩皮肤上瑕疵（诸如粉刺、皱纹、黑眼圈等）的护理产品。

同时也可以根据化妆品的形态以及应用范围，将化妆品分为液体、霜剂、乳液、粉剂（压缩的或未压缩的）、喷剂以及脱水霜/棒。遮瑕膏也是一种化妆品，这种厚而不透明的膏用以遮去皮肤上的疙瘩、斑点等瑕疵。

3. 化妆品的成分

尽管某些化妆品（如遮瑕膏）能够使大多数人看起来更美，但其实对皮肤没什么好处。皮肤科医生和美容师大都建议人们使用低变应原性化妆品（因为不易导致过敏现象）。从矿物提炼的化妆品具有低变应原性，对大多数人来说是健康的。这种化妆品对皮肤不仅具有治疗作用，还能让皮肤透气。

在古代的化妆品多含有汞，其中氧化氨基汞和升汞作为主要成分，都是水银的一种，现在已被国际上禁止在美容用品中添加使用或严格限制含量。但现代化妆品的成分经常含有其他化学原料，如唇膏当中就含有荧光剂。

鱼鳞的构成成分被称为"珍珠质"，最初是作为大规模商业鱼品加工的一种副产品，从青鱼体中获得。该种方法因其成本高、产出的染料性质不稳定，目前已很少被使用。目前用于唇膏、眼影以及胭脂当中的珍珠质主要从自然界的云母矿中获取。云母呈半透明状，外表有一层层的二氧化钛薄片。这些薄片与云母产生光学干涉现象，随厚度的变化显现不同的颜色。

唇膏中的红色有时来自于三氧化二铁（铁锈，Fe_2O_3）或者其他有机颜料。这些颜料通常被研磨成极细的粉末，拌入蓖麻油，最后浇入蜡模，就做成了一支唇膏。

某些眼影中的红色来自胭脂红，指的是一种从胭脂虫体中提取的色素，极为珍贵稀有，纯的胭脂红往往比黄金的价格还要贵。

固体或液体化妆品（唇膏、洗发水、液体香皂等）通过添加微小的悬浮颗粒（通常是油蜡，如甘油二硬脂酸酯）来达到产生珍珠光泽的效果。

化妆品着色剂的使用受到严格限制，在美国，归食品药物管理局（FDA）管理。每个国家（或共同体）都有专门的管理机构对化妆品可以使用的原料进行规范。某些化妆品中所使用的色素可以被应用于食品制造。

（二）香水香氛

1. 什么是香水

香水（perfume）是一种混合了香精油、固定剂与酒精的液体，用来让物体（通常是人体部位）拥有持久且悦人的气味。

精油是取自于花草植物蒸馏后的物质，比如说橘花或玫瑰花。如果无法蒸馏的时候，就会使用脂吸法（enfleurage），比如说茉莉原精（Jasmin Absolute）。脂吸法基本上是用油脂吸收带有香味的物质后，再用酒精来萃取出香精油。另外，也会使用带有香味的化学物提取精油。

固定剂是用来将各种不同的香料结合在一起，包括有香脂（balsam）、龙涎香以及麝香猫与麝鹿身上气腺体的分泌物（如没有掺杂其他东西的时候它们并不好闻，然而在酒精溶液中它们扮演了持续作用的角色）。

酒精浓度则取决于是香水（Perfume）、淡香水（Eau de toilette）还是古龙水（Cologne）。香水的保存期限通常是五年。

2. 香水的历史

制造香水的工艺是从古埃及开始的，而古罗马人和阿拉伯人则对制造香水的工艺进一步加以改善。香水技术最早从 14 世纪传到欧洲。在文艺复兴时期，香水主要是贵族和有钱人用来遮盖如厕之后所产生的体味。

这些贵族和有钱人提供资助，成为西方香水工业发展的部分原因。到了 18 世纪，在法国的格拉斯（Grasse）地区种植有香料植物，以作为成长中的香水工业的原料。即使在今天，法国仍然是欧洲香水设计和贸易的中心。

3. 香水的种类与成分

（1）香水的种类

①浓缩香水（parfums 或 extraits）：20% ~40% 的芳香化合物。

②香水［Eau de parfum（EdP）］：10% ~20% 的芳香化合物。

③淡香水：（Eau de Toilette）：5% ~10% 的芳香化合物。

④古龙水［Eau de Cologne（EdC）］：2% ~3% 的芳香化合物。

⑤固体香水［Eau de Solide（EdS）］：0 ~1% 的芳香化合物。

图2-2　香奈儿"邂逅"香水

（2）香水的成分。酒精和水的混合物会拿来作为芳香剂的溶剂。使用香水后，体温会导致该溶剂的快速挥发，留下来的芳香成分则会缓慢地持续挥发好几个小时。芳香化合物的挥发速度和气味强度，一定程度上决定了该化合物的维持时间，以及该化合物是属于哪一种的香调（perfume note）。香水主要由香精、动物香料和酒精以一定比例调制而成。香精萃取自植物，动物香料直接取自动物的身体，有麝香、龙涎香等，是香水的主要香源。香水加入酒精，是借用酒精的挥发性来达到香气四溢的效果。

4. 香调

香调主要分为花（果）香调、东方调、柑苔调、海洋调、木质调。一般香水的香味可以分为前调、中调和尾调三个部分。香水分三个香调是著名香水世家娇兰家族所创制的，后来成为制作香水的原则。

（1）前调。前调是一瓶香水最先透露的信息，也就是当你接触到香水的那几十秒至几分钟之间所嗅到的，直达鼻内的味道。前调通常是由挥发性的香精油所散发，味道一般较清新，大多为花香或柑橘类成分的香味。但前味并不是一瓶香水的真正味道，因为它只能维持几分钟而已。

（2）中调。前调之后就是中调了，是香水中最重要的部分，也是"香核"。也就是说洒上香水的你就是带着这种味道示人的。中味是一款香水的精华所在，这部分通常由含有某种特殊花香、木香及微量辛辣刺激香制成，其气味无论清新还是浓郁，都必须是和前味完美衔接的。中味的香味一般可持续数小时或者更久一些。

（3）尾调。也就是我们平常所说的余香。通常是用微量的动物性香精和雪松、檀香等芳香树脂所组成，这个阶段的香味是兼具整合香味的功能的。后味的作用是给予香水一种绕梁三日不绝的深度，它持续的时间最长久，可达整日或者数日之久，抹过香水隔天后还可以隐隐感到的香味就是香水的后味，这也就是香水制作的极致了，连绵不断，回味无尽。

5. 香水的基本香型

香水可以分为 7 种基本香型，具体如表 2 - 1 所示。

表 2 - 1　香水的基本香型

序号	香型	说明
1	单花香	香水的原料以单一花香为主调，如玫瑰花型、茉莉花型等
2	混合花香	由几种花香配合形成综合花香型，具有香味浓烈的特点，给人以奇妙的感觉
3	植物型	以野外一些清香的植物为原料，配制成淡雅的香型，给人清新愉快的感觉
4	香料型	以丁香、桂皮、香草等香料味原料配制成的香型，能表现一种持久的情感和思念
5	柑橘型	以柑橘、柠檬为香型，具有香韵新鲜的特点，能引起愉快的心情
6	东方型	主要以薄荷和麝香为原料，味道辛辣
7	森林型	主要以橡树和新鲜绿色植物为原料，表现一种深远莫测、宽广凝重的气质

6. 世界十大品牌香水

名贵的香水有"液体钻石"之称。那么到底有哪些香水吸引着世界各地的爱美人士为之前仆后继呢？

（1）香奈儿 5 号 NO.5。香奈儿 5 号为法国香奈儿公司的王牌香水产品，问世于由古典走向现代的 20 世纪 20 年代。由著名的香水专家欧奈斯特·博瓦调制，其亦为世界上第一款加入乙醛的香水，香奈儿 5 号以其飘散着的清爽淡雅的芬芳，同时结合全新现代特色的包装设计，吸引着全球千百万女性，成为世界级的王牌香水，并雄踞王牌香水的宝座至今。

图 2-3　香奈儿 5 号 NO.5

图 2-4　兰蔻真爱奇迹香水

（2）兰蔻真爱奇迹香水 Miracle。Miracle 兰蔻奇迹香水是世界上最受欢迎的香水之一，可以说，奇迹香水是兰蔻的骄傲！兰蔻缔造了这一经典和永恒的杰作，让每一位女性得以完成遭遇"奇迹"的梦想，追寻这纯粹的快乐直至每寸肌肤。Miracle 真爱奇迹给人一种无限的遐想，前调由草香、甜蜜的荔枝汁及鸢尾草混合而成；中调则是木兰含蓄的芬芳，对比生姜及辣椒的香料气味；后调是茉莉、麝香及琥珀等香气。粉红色的液体被纤长剔透的瓶子盛着，透出淡红如晨光的秘幻现象。

（3）雅诗兰黛欢沁香水 Pleasure。雅诗兰黛欢沁香水是属于清新花香调的香水。飘散着淡雅的花香，在大自然中播撒"欢沁"的种子。1996 年，美国雅诗兰黛公司推出其全新的女用香水——欢沁，主要原料有百合花、紫罗兰、茉莉、丁香、檀香森花等。整体瓶身造型高雅而简洁，剔透晶莹的椭圆瓶子、圆形的白金瓶盖，香水香味乍浓犹淡，如细水长流，飘散着浓雅的花香，在大自然中播撒着欢沁的种子。

图 2-5　雅诗兰黛欢沁香水

图 2-6　雅顿白钻香水

（4）雅顿白钻香水 White Diamonds。雅顿白钻香水，绝对以花香为主调，香味浓郁，是一种相当女性化的香水，尤为偏爱甜花香如玫瑰、夜来香等花香的成熟女性所喜爱。这款香水受到伊丽莎白·泰勒、尼诺·赛儒迪和瓦伦蒂诺等众多名人的钟爱，是一款极受欢迎的香水品牌。

（5）香奈儿魅力香水 Allure。魅力为法国香奈儿公司 1996 年出品，主要原料有卡拉布尼亚及西西里的柑橘、茉莉花、亚洲香子兰等。香奈儿新推出的魅力香水并不沿用其公司传统的黑白两色作包装，而选用近似女性美丽肌肤的粉杏色，瓶身大方、简洁。魅力是香奈儿公司花了 10 年功夫研制出的香水新产品。其女人味十足的花

图 2-7　香奈儿魅力香水

香型包含了6种魅力女性的各种韵味；卡拉布尼亚柑橘代表的是温柔体贴、善解人意的母爱型女性；西西里柑橘代表天真活泼的豆蔻少女；芬芳的茉莉花香是夏奈儿的标志，演绎全然的女人味；馥奇的花香更象征着具有艺术气质的风格派女士；简洁自然的瓶身表现了大都市女性的自信独立的精神；非洲香子兰诠释着性感成熟的女人。

（6）"鸦片"Opium。体现东方神秘风情的香水，则以圣罗兰的"鸦片"香水最负盛名。它属于浓香型，多以后劲无敌的木香、檀香为主，配以辛辣的木香和持久的动物香。"鸦片"香水，香气浑厚浓郁，定位为诱惑和禁忌，呈辛辣的东方调，更适合于25岁以上成熟、自信的女性。

图2-8　圣罗兰"鸦片"香水

图2-9　让·保罗·戈蒂埃香水

（7）让·保罗·戈蒂埃 Jean Paul Gaultier。让·保罗·戈蒂埃是一位为追求前卫的人创造服饰和香水的天才设计师，他的设计充满幽默感，令人惊奇。值得一提的是由他本人设计的第一款香水让·保罗·戈蒂埃的香水瓶颇为奇特，外形是一段穿了胸衣的女人躯干，瓶子的外包装是一个圆桶状的锡皮盒子，非常奇特。

（8）"嫉妒"Gucci Envy Me。古驰1997年度推出的"嫉妒"，属花香调，前味是香草、风信子、木兰花，中味是铃兰、茉莉、紫罗兰花，后味是鸢尾花、木香和麝香。广告力度很大，取得了很好的市场回报，正在成为一个稳定的畅销品牌。

图2-10　古驰"嫉妒"香水

图2-11　克莱恩1号香水

（9）克莱恩1号 CK One。克莱恩1号香水由美国卡尔文·克莱恩公司于1994年推出，属于男、女都适合用的香水。由佛手柑、鲜菠萝、茉莉花、紫罗兰花等组合而成。其瓶身仿如牙买加朗姆酒瓶子一样的磨砂玻璃瓶，外包装则为用再生纸做的纸盒。克莱恩1号为无性别香水，结合20世纪90年代整个社会简约、无性别差异的时尚风气，克莱恩1号香水赞扬个人主义，意在使得不同群体的男女一致认同的个人主义宣扬。

（10）寄情水 Armani Aqua Di Gio。由阿玛尼设计，其对香水时尚的超佳嗅觉来自时装领域的公司，于1994年推出的寄情水，分男用和女用香水，是世界上著名的情侣香氛。在其推出的那年便作为女用香水之冠获得了香水业的奥斯卡奖——菲菲奖。

图2-12　阿玛尼寄情水

（三）邮轮公司"因地制宜"对策

鉴于目前国内邮轮上的消费群体普遍来自一二线大城市，具有较高的文化水平，拥有不错的经济收入，且由于国内对化妆品与香水征收相对较高的税收，致使这些邮轮游客在登陆邮轮后就蜂拥到化妆品商店进行抢购。

邮轮公司也考虑到中国市场的这个特殊性，在他们将邮轮投放到中国市场前就会针对性地对船上的商店进行改造。比如，皇家加勒比国际邮轮的"海洋水手号"于2013年6月18日到达中国上海，开启它的中国季。然而之前，这艘14万吨级的豪华邮轮长期航行在美国到加勒比海之间，其皇家大道上的购物商店的布局也都是根据欧美客人的消费习惯进行设计的。如今，他们把化妆品商店扩大了一倍，而且对其进行了豪华装修，在保留原有国际知名化妆品品牌（雅诗兰黛、倩碧、香奈儿等）、除去在中国影响力较小的品牌（SMASHBOX）的基础上，增加了在中国广受高端消费者青睐的欧洲以及日、韩化妆品品种（希思黎、雪花秀、兰芝）。

皇家加勒比国际邮轮的这一选择无疑是充分研究考虑了中国客人的消费习惯。人们会发现，在每个航程的第一天晚上的某个时间段，化妆品商店里都会人山人海、挤得水泄不通。因为，化妆品商店选择在那一个小时里进行促销——在时限内结账的客人可以享受免税价以外10%的优惠。这对于爱美的女士而言绝对是一个极大的诱惑，因为免税价已经比岸上的价格优惠很多了。有位乘客在她的游记里描述道："比较了一下，船上的东西还是比较便宜的，尤其是雅诗兰黛的化妆品，如有需要上船先下手，不然东西很快就会被抢空，而且不会补货。""化妆品就看了倩碧和雅诗兰黛，白菜价，比洛杉矶机场的免税店更便宜，就拿倩碧的黄油来说，两瓶装的、125毫升的，上海八佰伴的售价一瓶是340元人民币，邮轮免税店的售价是两瓶400多元人民币，已经便宜很多了，洛杉矶机场是44美元两瓶，邮轮上更便宜，打折后是36美元两瓶；雅诗兰黛的精华液也一样，相比之下都是邮轮上最便宜，100毫升装的雅诗兰黛，邮轮上的价格是132.5×0.9美元。"

相对于中国消费者，欧美的消费者在化妆品方面的消费似乎会更理性些。他们往往会比较岸上商店促销活动时的商品价格，从而考虑是否有必要在邮轮上购买相同的商品，毕竟你需要往行李箱里塞入大大小小的瓶瓶罐罐，会占用不少的空间，增加行李箱的重量。

二、珠宝与手表商店

（一）珠宝

珠宝饰品店在邮轮免税购物商店的组成中也占据了一定的地位。这些店往往更多时

候能吸引女性消费者的驻足光顾。从年轻
貌美的妙龄女子到白发苍苍的花甲老妇都
无法抗拒珠宝首饰的魅力。由于邮轮的空
间局限性，所以在珠宝首饰品牌的选择上
就极其讲究。邮轮上的珠宝饰品商品一般
会选取一些国际知名品牌的珠宝，或者是
该邮轮固定航线区域特有的品牌产品进行
陈列售卖。

图 2 - 13　邮轮上的珠宝商店

1. 珠宝的定义

珠宝，是装饰用的饰物，其上多是宝石或半宝石镶嵌在贵金属上。追溯至人类的史
前时期，已有取动物的牙、贝壳等物件用作装饰物品。随着人类社会的发展，珠宝由配
饰用途演变为具有宗教、战略和社会阶级象征意义的物品，也包含在祈祷或服丧时，穿
戴或携带的相似物品。到了 19 世纪，工业化把珠宝普及至中产阶级。现代，珠宝已成
为普遍的装饰用品。

2. 珠宝的分类

这里所说的珠宝首饰大致可以分为以下几类：钻石、红宝石、蓝宝石、祖母绿、金
绿宝石、玉石以及金银首饰。

（1）钻石（Diamond）。钻石（矿物名：金刚石），被誉为"珠宝
之王"。其主要产地分布在澳大利亚、扎伊尔（刚果金）、博茨瓦纳、
俄罗斯、南非等。其中，澳大利亚产量最大，而南非产值最高，这是
因为南非生产的钻石宝石级比例较高。钻石的 4C 评价标准是颜色
（Color）、净度（Clarity）、切工（Cut）、克拉重（Carat）。

图 2 - 14　钻石

（2）红宝石（Ruby）。红宝石（矿物名：刚玉），是五大宝石
之一，象征永恒、热情、高尚品德，又被称为"爱情之石"。最大
的红宝石产在缅甸抹谷，重达 21450 克拉（合 4.29 千克），于 1996
年发现。最大的"鸽血红"红宝石重达 55 克拉。世界上最大的星光
红宝石是印度的拉贾拉那星光红宝石，重达 2457 克拉（合 0.491 千
克）。红宝石主要产地有缅甸、泰国、斯里兰卡、
越南、坦桑尼亚等。

图 2 - 15　红宝石

（3）蓝宝石（Sapphire）。蓝宝石（矿物名：刚玉），是五大宝
石之一。蓝宝石硬度高，但其性脆经不起碰撞，所以佩戴时应小心，
以免受撞击后碎裂。世界上最大的蓝宝石，同时也是最大的星光蓝
宝石，产于缅甸，重达 63000 克拉（合 12.6 千克）。之前，世界上

图 2 - 16　蓝宝石

最大的蓝宝石（未切割）为"印度之星"（563 克拉），陈列在美国自然博物馆。已切割的最大蓝宝石为"蓝色巨人"，重达 486.52 克拉，源自克什米尔地区，是全球珠宝中的稀世珍品。主要产地有缅甸、泰国、斯里兰卡、柬埔寨拜林地区、澳大利亚等。

图 2 - 17　祖母绿

（4）祖母绿（Emerald）。祖母绿与钻石、红宝石、蓝宝石和猫眼并称为"世界五大宝石"，是绿柱石家族中最"高贵"的一员。祖母绿不仅名贵，而且有着深厚的文化内涵，是忠诚、仁慈和善良的象征。祖母绿是一种有着悠久历史的宝石。据考证，约在 4000 多年前，祖母绿就被发掘于埃及的尼罗河上游红海西岸地区。国际珠宝界更将其定为 5 月的生辰石。主要产地有哥伦比亚、俄罗斯、巴西、印度、南非、津巴布韦等。

（5）金绿宝石（Chrysoberyl）。"Chrysoberyl" 这个词来源于希腊语，是金黄色（chryso）和绿柱石（beryl）两个词合并而成，并高度概括了金绿宝石的颜色特征。金绿宝石的名字反映了其明亮的蜜黄色和绿黄色。金绿宝石的成因有气成热液型矿床和伟晶岩型两种。主要产地有巴西、马达加斯加、美国等。金绿宝石的变种以亚历山大石（alexandrite）和猫眼石（cymophane）两种最为著名。猫眼石（Cat's eye），即"猫儿眼""猫睛""猫精"。猫眼石，又称东方猫眼，是珠宝中稀有而名贵的品种。由于猫眼石表现出的光现象与猫的眼睛一样，灵活明亮，能够随着光线的强弱而变化，因此而得名。严格说来，"猫眼"并不是宝石的名称，而是某些宝石上呈现的一种光学现象。

图 2 - 18　猫眼石

图 2 - 19　玉石

（6）玉石（Jade）。玉是矿石中比较高贵的一种。玉石富含人体所需的多种微量元素，如锌、铁、铜、锰、镁、钴、硒、铬、钛、锂、钙、钾、钠等。中国是世界上开采和使用玉最早、最广泛的国家。玉有软、硬两种，平常说的玉多指软玉，硬玉另有一个流行的名字——翡翠。中国最著名的玉石是新疆和田玉，它和河南的独山玉、辽宁的岫岩玉、湖北的绿松石，并称为"中国的四大玉石"。

（7）金饰。

①黄金（Gold）。黄金的密度很大，仅次于铂，为 $19.32 \mathrm{g/cm^3}$，俗话说，真金不怕火炼。其熔点相当高，约为 1063℃，经得起一般高温。

②K 金。18K，含金量 75%，故称 750。18K 黄金、18K 白金，成品镀膜处理，与金量无关。

③铂金（PT）。铂金开采困难，比黄金更罕有，富有收藏价值。铂

图 2 - 20　金饰

金为银白色，光泽、亮度俱佳，摩氏硬度 4～4.5 度，几乎是金属中最硬的，防腐性强。熔点为 1773℃，稳定性高。

3. 珠宝的保养

（1）存放及佩戴珠宝饰品的注意事项。①珠宝饰品应独立存放，以免相互碰撞摩擦刮出划痕。②珠宝及金类饰品在佩戴时应尽量避免接触化妆品、香水、指甲油、漂白剂及含铅、汞元素的化学品，以免被腐蚀而影响美观。③睡眠、沐浴、剧烈运动时请不要佩戴饰品，以免首饰压折、变形、镶嵌饰品金属松动，导致钻石脱落。④钻石首饰虽然性质稳定、坚硬，但千万不能让它与坚硬物体撞击或跌落地上，以防钻石碎裂或缺损。⑤佩戴两枚以上戒指时，应隔开一个手指，以免首饰相互磨损。⑥钻石具有亲油性，易将油渍吸附于表面，请避免在从事厨房工作时佩戴。

（2）对珠宝饰品进行日常清洗的方法。在器皿中将中性清洁剂用温水稀释。将钻石镶嵌饰品浸在水中，用柔软的毛刷轻轻刷洗，然后用清水冲净，再用鹿皮或眼镜布、丝绸等柔软的面料擦干净即可。清洗后请注意检查钻石的牢固度。

（3）特殊饰品的保养注意事项。①铂金饰品，要单独存放在珠宝盒或鹿皮中，以防对其他珠宝饰品产生划痕。铂金首饰不宜和黄金首饰同时佩戴，因黄金较软，如果互相摩擦，不但会使黄金饰品受损，而且会使黄金染在铂金上，使之变黄，且很难去掉。②脆弱的宝石如绿宝石等，很容易破碎，佩戴时须特别小心。③有色宝石，需要分别存放并定期清洗。如红宝石沾上人体分泌的油脂和汗水，便会失去光亮。因此，如果经常佩戴，宜每月清洗一次。④不论何种珠宝首饰，都必须小心护理和定期清洁，以保持其光泽亮丽和完整无缺。经常佩戴的珠宝首饰应每月检查一次，查看是否有磨损或镶嵌松脱的现象，然后加以补救修理。

（二）手表

手表商店是邮轮购物商店中不可或缺的一部分。手表也逐渐成为商务人士随身必备物品，"戴表热"潮流掀起了一场"购表热"。处于信息化时代的人们似乎觉得可以不佩戴手表，但不能不携带手机，曾有那么些年手机的确取代了手表的基本功能，但是那些爱表人士对表的热衷与坚持换来了它的新一轮春天。

图 2-21 精工手表

另外，手表的收藏、保值、增值的价值已被越来越多的人所发现。从另一个角度来看，手表往往象征着佩戴者的品位与身份。因此，很多邮轮公司会根据实际情况在邮轮上开设一个或者多个腕表店来满足消费者的需求。有些国际名表品牌企业甚至把专卖店开到了邮轮上以抢占这块新兴的消费热土。

1. 手表的定义

手表，或称为腕表，是指戴在手腕上、用以计时及显示时间的仪器。通常是利用皮革、橡胶、尼龙布、不锈钢等材料制成表带，将显示时间的"表头"束在手腕上。本来作为仪器的"錶"应该带"金"字旁，但汉字简化把"錶"变成"表"。

2. 手表的来历

世界上的第一只手表是 1868 年由制表商百达翡丽制造给匈牙利的 Koscowicz 伯爵夫人的。但这种形式的钟表在当时并不流行。手表的普及化要推迟至 20 世纪初。在 1904年，经营珠宝的法国商人路易斯·弗朗索瓦·卡地亚接到飞行员好友亚伯托·桑托斯·杜蒙的抱怨："当我驾驶飞机时要把怀表从口袋里拿出来十分困难，希望你协助解决这个问题，以便在飞行途中也能看到时间。"因此卡地亚便想出了用皮带及扣，将怀表绑在手上的方法，以解决好友的难题。而这种绑在手上的怀表，就是现今的手表。

1911 年，卡地亚正式将这种形式的钟表商业化，推出了著名的 Santos 手表。自此以后，手表便开始普及。

3. 手表的种类

（1）机械表。机械表包括普通机械手表、自动手表、机械盲人表、机械闹表、机械秒表、机械怀表、多功能机械表等。

（2）指针式石英手表。指针式石英手表包括普通指针式石英手表、指针式石英怀表、人工功能指针式石英手表、多功能指针式石英手表等。

（3）液晶式石英手表。液晶式石英手表包括普通液晶式石英手表、液晶式石英语言报时表、附加背透光闹时功能的液晶式石英手表、液晶式石英怀表等。

（4）特殊功能表。特殊功能表包括盲人表、祈祷表、脉搏计数表、世界时、收音机/电视遥控表、带计算器的表、游戏手表、带 MP3 的手表、电话表、电视表、带指南针的表、带温度计的表、带高度计的表、带寻呼机的表、卫星定位表等。

（5）古董表。古董表主要为收藏品。

4. 世界名表介绍

（1）世界名表集团

① 历峰集团（Richemont）。瑞士奢侈品公司，由南非亿万富翁安顿·鲁伯特（Anton Rupert）于1988 年建立。该公司涉及的四个商业领域是珠宝、手表、附件以及时装。自 2004 年以来，按营业额计算，它是世界第二大奢侈品公司，排名在路易·威登（LVMH）和巴黎春天（PPR）之

图 2 - 22　历峰集团旗下品牌

间。集团主要下属及手表品牌有：卡地亚（Cartier S. A.）——珠宝、手表等；梵克雅宝（Van Cleef&Arpels）——珠宝、手表等；伯爵（Piaget）——珠宝、手表等；江诗丹顿（Vacheron Constantin）——手表；朗格（A. Lange & Sohne）——手表；积家（Jaeger-LeCoultre）——手表；沛纳海（Officine Panerai）——手表；万国（International Watch Co）——手表；名士（Baume et Mercier）——手表；万宝龙（Montblanc）——笔和手表；登喜路（Afred Dunhill）——服饰和手表等。

图 2-23　LVMH 集团旗下品牌

② LVMH 集团。世界第一大奢侈品集团。1987 年，贝尔纳·阿尔诺（Bernard Arnault）将全球著名的酒业家族酩悦·轩尼诗（Moet Hennessy）与皮件公司路易威登（Louis Vuitton）合并成为 LVMH 集团。作为当今世界第一大奢侈品集团，LVMH 有约 56000 名员工，旗下拥有 50 多个知名品牌，主要经营葡萄酒及烈酒、时装及皮革制品、香水及化妆品、钟表及珠宝、精品零售五大类业务。LVMH 旗下公司手表的品牌包括：豪雅表（TAG Heuer）——成立于 1860 年，主营钟表及计时器；迪奥（Dior）——成立于 1985 年，主营腕表及书写用品；尚美（Chaumet）——成立于 1780 年，主营珠宝、顶级珠宝及腕表。

③ Swatch 集团。尼古拉斯·G. 海耶克（Nicolas G. Hayek）生于 1928 年，是 Swatch 集团（总部设在瑞士比尔市）的创始人之一。在 Swatch 及其腕表品牌的复兴之路上，海耶克发挥了决定性作用。他在 20 世纪 80 年代初制定的发展战略最终使瑞士制表业重新走向辉煌，并于 1984 年再次奠定全球领先地位。Swatch（斯沃琪）手表作为瑞士名表的典范，是世界名表中的青春力量，以其时髦缤纷的色彩、活泼的设计以及颠覆传统的造型，获得全世界的认

图 2-24　Swatch 集团旗下品牌

同与接受，风格独具的 Swatch 手表在全球各地已经卖出超过数百万只，一切只花了短短的 18 年就创下世界纪录！Swatch 集团旗下拥有众多腕表品牌，其中包括 Swatch（斯沃琪）、Breguet（宝玑）、Blancpain（宝珀）、Jaquet Droz（雅盖·德罗）、Glashutte、Original/Union（格拉苏蒂）、Leon Hatot、Omega（欧米茄）、Longines（浪琴）、Rado（雷

达）、Tissot（天梭）、Calvin Klein（卡尔文·克莱恩）、Certina（雪铁纳）、Mido（米度）、Hamilton（汉米尔顿）、Pierre Balmain（皮尔·巴尔曼）、Flik Flak（飞菲）和 Endura。

④劳力士集团。拥有近百年历史的劳力士集团目前是瑞士第二大钟表企业，年销售额逾 20 亿瑞郎，瑞士境内员工有 3700 多人。集团的构成十分"精锐"——只生产连年荣居世界销售额之首的劳力士牌手表及其兄弟品牌帝舵表。这两个身价不凡的品牌使劳力士集团成为瑞士最大的奢侈表生产者，每年瑞士全国生产用黄金总量的半数都被使用在劳力士集团

图 2 - 25 劳力士 Logo

的成品表中。劳力士集团旗下拥有以下品牌：劳力士牌手表及其兄弟品牌帝舵表。

（2）世界十大名表。世界十大名表品牌均拥有悠久的历史，最早可追溯至成立于 1775 年的宝玑和江诗丹顿。这其中，绝大部分品牌产于瑞士这个制表帝国，具体的内容请参见表 2 - 2。

表 2 - 2　世界十大名表

名称	英文名	产地	创始人	创始年份
宝玑	Breguet	瑞士	宝玑	1775
百达翡丽	PatekPhilipe	瑞士	安东尼·百达	1839
卡地亚	Cartire	法国	路易卡地亚	1847
万国	IWC	美国	佛罗伦汀·琼斯	1868
爱彼	Audemarspiguet	瑞士	Audemars 与 Piguet	1881
劳力士	Rolex	瑞士	怀斯道夫	1905
伯爵	Piaget	瑞士	奇奥杰斯·庇埃其	1874
积家	JaegerLelonltre	瑞士	查而斯·安东尼·拉考脱	1883
江诗丹顿	Constantin	瑞士	让·马克·瓦什隆	1775
欧米茄	Omega	瑞士	里昂·百年灵	1848

5. 手表的保养

（1）电子手表的保养。电子手表在温度 25~28℃时，一昼夜计时误差在一秒以内，当温度至 0℃以下或 50℃以上时，每昼夜会慢两秒钟。当温度高达 60℃时，液晶板会变黑，而温度降到 0℃以下时，液晶板就会失去显示作用，因此到冬季，电子手表只能戴在手腕上，靠人体的恒温来保持它的正常计时。另外，高温和过低温还会造成电池漏液，腐蚀机芯。电子手表的电池一般可用一年以上，不过照明灯耗电量大，开亮一秒钟所耗电量相当于计时用一小时以上。电池的电将要用完时，灯光会变暗淡，或在开启时数字显示变暗甚至消失。更换电池时，如果自己不懂修表技术，应送修表店安装。而且电池规格没有标准化，各种牌号的电池很多，不能随意采用。电子手表要注意：按按钮

不能用力过猛，以免失灵；液晶板使用 5～7 年，需另换新的；电池没电了要及时取出，以免流液腐蚀机芯。发现灯不亮、按钮失灵、计时突然有较大误差时要及时修理，可能是元件焊点接触不良或脱落了。电子手表，特别是数字式电子手表，防水性能一般较差。尽管有的在说明书或后盖上印有"防水"字样，也要尽量避免与水接触。电子手表的结构与机械手表不同，都是电子线路和电子元件，万一进了水，就会是灾难性的，使整只手表报废。特别是液晶板和集成线，不仅怕水，就是受了潮，时间一长也会出现故障。因此，洗脸、洗衣时最好把表摘下来。下雨时要防止溅上雨水。如果发现电子手表进了水，或表蒙子内壁聚有水气，应立即送修表店进行除水、排潮处理。

（2）机械手表的保养。机械手表送修最常见的状况，不外乎进水和碰撞。机械表除非标示具有防水功能，否则千万要避免表壳进水，因为水会造成机械零件腐蚀，破坏力很强。即使是注明防水表，也只能有一年的防水保障，因为表的防水圈经过一整年的耗损，加上汗水、灰尘等种种不可避免的外在因素，一定会疲乏，所以一年之后必须更换新的防水圈，否则即不具有防水的功能。除防水外，更要防碰撞。在经济能力许可的范围下，不妨有两三只表在日常生活中替换使用：静态活动时佩戴机械表；从事运动时则戴运动表，因地制宜，有助于延长表的使用寿命。机械表是靠机械齿轮及发条的带动而运转，转动难免产生摩擦，所以日久必须加油、润滑，以降低零件磨损率。否则等到出毛病才送修，往往问题就已经很严重了。机械表最好每年都要检查有无使用不当或进水的情形。尤其在气候湿热地区，汗水、雨水加上脏空气等长年累积，对机械造成慢性侵蚀，损害的频率和程度都较高，所以定期检查非常重要；每三年需做一次彻底的清洗、保养。

（3）石英手表的保养。①避免强烈冲击。手表虽有防震功能，但仍需避免突然冲击，因此作运动时，最好将手表取下。②勿近磁性物品。手表零件为金属制品，虽有防磁装置，但遇磁性物体时，易使时间不准，故最好少放于收音机、电视机等电器旁边。③请勿沾湿，石英手表防水一般是生活防水，只能防止偶尔洗手、淋雨溅到的水，不能戴着洗澡或游泳。

（4）镀金手表的保养。镀金手表上的镀金层大多是 14K 金，这种黄金除含有 58.5% 的纯金外，还含有一定数量的银。银和空气中的一些挥发性工业废气发生反应后，在表面上会产生一层黑色的硫化银膜，从而使镀金手表失去黄金色的光泽。因此，戴镀金手表要避免接触化学物质和废气，如煤气、液化气和硫黄香皂等，并要经常保持镀金手表的干燥和清洁。最好每周用绒布擦拭一次。另外，汗水中的氯化物对镀金手表有很大的腐蚀性，镀金手表沾上汗水时应及时擦拭干净，以免汗液侵蚀使手表失去原有的光泽。

手表进水的处理方法

方法一：手表如被水浸湿，可用几层卫生纸或易吸潮的绒布将表严密包紧，放在40瓦的电灯泡附近约15厘米处，烘烤约30分钟，表内水即可蒸发。切忌将手表的表蒙靠近火直接烘烤，以免使表蒙受热变形。

方法二：将表蒙朝内、底壳朝外，反戴在手腕上，两个小时后水汽即可消除。如果进水严重，最好立即送表店擦油，清除机芯的水分，以避免零部件生锈。

方法三：用颗粒状的硅胶与已经积水的手表一起放进一个密闭的容器内，数小时后，取出手表，积水即全部消失。此法简单经济，对表的精度和寿命均无任何损害。已经多次吸水后的硅胶，可在120℃下干燥数小时，吸水能力可再生，还能反复多次使用。

（三）顾客群分析

在欧美航线上的邮轮游客多为有钱有闲的"银发族"，他们或结伴而行，或一人独行，享受着邮轮上的慢生活。他们大多时候都很懂得照顾好自己，愿意花钱消费使自己漂亮、快乐。相反，中国大妈们则更多地把钱省下来，或者会购买黄金这样的保值首饰，买了之后要么给儿女戴，要么就放家里收藏起来。所以，在欧美航线邮轮上的珠宝首饰店里，你会看到更多的"银发族"在店里为自己挑选适合的饰品；在中国航线邮轮上的珠宝首饰店里，你则会看到更多的年轻人在店里为自己挑选价格不菲的首饰。这时，中国大妈们往往负责埋单或者是在周边的促销台上"淘金"。另外，欧美的买家更多看中饰品是否适合自己而不是品牌是否响亮。

针对以上的消费特点，邮轮公司也会对珠宝首饰商店里的商品进行适度调整。例如，海洋水手号上开设了专门售卖高端品牌的珠宝首饰店，还扩充了施华洛世奇（在中国年轻群体中广受欢迎的饰品品牌）的货柜数。一个航程下来，你会发现施华洛世奇柜台原先满满的货架基本被抢购一空。由于进货渠道运输的原因，有些款式甚至要等好几个航程才能重新补货上架。歌诗达邮轮的维多利亚号首次引进了GUCCI专卖店，为游客提供了高档名表和珠宝系列。

图2-26　"海洋水手号"上的
IWC专卖店

有人说，"看一个男人的品位，首先看他戴的手表"，可见手表之于男人如同香水之于女人。邮轮上的各色商店里，似乎只有在钟表店里才能看到如此多的男人的身影，其余的商店都已成了女人的天下。为了迎合不同消费水平的男士的品位，海洋水手号上开设了三家钟表商店，一家主要经营适合工薪族消费的卡西欧、天梭、浪琴、西铁城等品牌，另一家经营适合中产阶级消费的帝舵、豪雅、保时捷、宝格丽、卡地亚等品牌，另外，还有一家万国表的专卖店。邮轮上针对钟表、眼镜的促销力度不是很大。一般会把低端品牌、过季产品拿出来进行限时特卖或者与其他商品进行搭售。如果只是为了买个好用的小品牌手表戴，那可以考虑在促销时出手购买，最便宜的时候可以买到 10 美元一块的手表。

三、高端时装与箱包商店

　　邮轮上的高端时装与箱包商店是必不可少的一部分。如果你还认为高端时装与箱包店肯定是女性的世界，那么你就大错特错了，其同样受到男士的大力追捧，他们的购买热情并不低于被称为"购物狂"的女士们。邮轮上令人心动的免税价格往往更能吸引那些想买奢侈品箱包但又要考虑到预算问题的消费者前去购买。

（一）高端时装

　　高端时装主要是指高端女装，但是由于市场的不确定性和消费群体的局限性，大多数高端时装品牌不断延长品牌线，开始涉足男装、鞋、手袋、皮具及其他类产品。高端时装从设计、选料到做工，每一个细节都精益求精。正因为有如此卓越的品质，高端时装在价格上也绝对"高档"，在市场上成为极少数人的梦想。一般来说，高端时装有以下几个衡量标准：面料极其昂贵；做工绝对精细，甚至是纯手工制作；设计独特、个性、富有美感，这是高端时装最为重要的一个标准；产量很少，只满足少数人。

 小 资 料

有关服装的几个概念

　　●服饰（Clothing），装饰人体的物品总称，包括服装、鞋、帽子、袜子、手套、围巾、领带、提包、阳伞、发饰等。

　　●服装（Garments），即"衣服"或是"衣裳"，中国古代称"上衣下裳"，是穿于人体起保护和装饰作用的制品。

　　●时装（Fashion），款式新颖而富有时代感的服装。在中国，时装主要是当前流行的时髦女装，其实还应包括男装和童装。在国外，与时装配套的包括鞋帽、包袋，甚至首饰、太阳眼镜、遮阳伞等配饰用品，也属于时装的范畴。

●成衣（Ready-to-wear），按照国家规定的型号规格系列标准，以工业化批量生产方式制作的服装称为成衣。

1. 世界四大时装周

世界四大时装周分别为纽约时装周、伦敦时装周、巴黎时装周和米兰时装周。四大时装周每年一届，分为春夏时装周（9 月～10 月上旬）和秋冬时装周（2 月、3 月）两个部分，每次在大约一个月的时间内相继举办 300 余场时装发布会。具体时间不定，但都在这个时段内发布。

（1）纽约时装周。每年在纽约举办的国际时装周，在时装界拥有着至高无上的地位，名设计师、名牌、名模、明星和各种服饰共同交织出一场奢华的时尚盛会。

（2）伦敦时装周。全球四大时装展之一的伦敦时装周在名气上不及巴黎和纽约的时装周，但它却以另类的服装设计概念和奇异的展出形式而闻名。一些"奇装异服"以别出心裁的方式呈献出来，给出席者带来惊喜。

（3）巴黎时装周。法国巴黎被誉为"服装中心的中心"。国际上公认的顶尖级服装品牌设计和推销总部大部分都设在巴黎。从这里发出的信息是国际流行趋势的风向标，不但引领法国纺织服装产业的走向，而且引领国际时装的风潮。

（4）米兰时装周。米兰是意大利一座有着悠久历史的文化名城，曾经是意大利最大的城市。米兰是世界时装业的中心之一，其时装享誉全球。意大利是老牌的纺织品服装生产大国和强国，意大利纺织服装业产品以其完美而精巧的设计和技术高超的后期处理享誉世界，特别是意大利的男、女时装的顶级名牌产品及皮服、皮鞋、皮包等皮革制品在世界纺织业中占有重要的地位。

世界四大时装周基本上揭示和决定了当年及翌年的世界服装流行趋势。因为对于大多数的时装公司，至少要花费半年到 8 个月的时间才能把设计转变成成品，所以四大时装周要提前约 6 个多月进行翌年的时装发布。时尚编辑们在时装周发挥了极大的作用，在每场秀中，他们的主要任务是寻找各场秀的交叉点，而这些交叉点基本上是明年的流行重点。这样，就得出了每年的流行趋势。另外，各大品牌通常在发布秀后，还会邀请大牌的时尚记者到品牌总部样品间零距离接触走秀的服饰，并采访设计师。很多记者就曾深入米兰、巴黎 Chanel、Dior、Gucci 等一线大牌的样品间，直接采访品牌设计师。四大时装周都各有侧重，纽约的自然、伦敦的前卫、巴黎的奢华和米兰的新奇已成为这四个时装中心各自的标志。

2. 世界高端时装品牌分布状况

世界高端时装品牌主要集中在欧洲，其中法国的巴黎、意大利的米兰、英国的伦敦都是世界上著名的时装设计中心，左右着世界服装的流行趋势。除了欧洲，美国的高端时装也指引着近年来的流行风尚。美国味十足的美国品牌主要采用简约自由的设计风格，如拉夫·劳伦（Ralph Lauren Polo）、卡尔文·克莱恩（Calvin Klein）等。第二次世界大战后随着日本的崛起，东京成为又一个服装品牌的发源地，三宅一生（Issy Miyake）、高田贤三（Kenzo）、无印良品（Muji）等设计的品牌以亚洲特色风靡全球（见表2－3和表2－4）。

表2－3　世界主流高端时装品牌

品牌名称	国家	品牌创立时间	品牌风格
爱马仕 Hermès	法国	1837 年	优雅经典、精湛的手工艺
路易·威登 Louis Vuitton	法国	1854 年	旅行精神、传统与创新的完美结合
巴宝莉 Burberry	英国	1856 年	浓厚的英伦风情、优雅奢华
杰尼亚 Ermenegildo Zegna	意大利	1910 年	经典优雅、高贵奢华
香奈儿 Chanel	法国	1913 年	高雅、简洁、精美
普拉达 Prada	意大利	1913 年	简洁、冷静
古驰 Gucci	意大利	1921 年	高档、豪华、性感
克里斯汀·迪奥 Christian Dior	法国	1947 年	华丽、高雅
乔治·阿玛尼 Giorgio Armani	意大利	1975 年	贴身剪裁、强调线条感
范思哲 Versace	意大利	1978 年	奢华、高贵

表2－4　世界高端时装品牌国别分布

国别	品牌数量	品牌名称
法国	16 个	爱马仕（Hermès）、路易·威登（Louis Vuitton）、香奈儿（Chanel）、克里斯汀·迪奥（Christian Dior）、纪梵希（Gvenchy）、巴黎世家（Balenciaca）、赛琳（Celine）、尼娜·丽姿（Nina Ricci）、鳄鱼（Lacoste）、仙贷尔（Chantelle）、黛安芬（Triumph）、都彭（S. J. Dupont）、朗万（Lanvin）、瓦伦蒂诺（Valentino）、伊夫·圣·洛朗（Yves Saint Laurent）、索尼娅·里基尔（Sonia Rykiel）
意大利	12 个	杰尼亚（Ermenegildo Zegna）、普拉达（Prada）、古驰（Gucci）、乔治·阿玛尼（Giorgio Armani）、范思哲（Versace）、芬迪（Fendi）、菲拉格慕（Salvatore Ferragamo）、麦丝玛拉（MaxMara）、米索尼（Missoni）、杜嘉班纳（Dolce&Gabbana）、楚沙迪（Trussardi）、费雷（Gianfranco Ferre）
英国	5 个	巴宝莉（Burberry）、登喜路（Dunhill）、Tie Rack、Next、Oasis
德国	1 个	波士（Hugo Boss）
瑞士	1 个	百利（Bally）
荷兰	1 个	C&A

续表

国别	品牌数量	品牌名称
美国	4个	拉夫·劳伦（Ralph Lauren Polo）、卡尔文·克莱恩（Calvin Klein）、盖普（Gap）、维多利亚的秘密（Victoria's Secret）
加拿大	1个	宝姿（Ports）
日本	3个	三宅一生（Issy Miyake）、高田贤三（Kenzo）、无印良品（Muji）

资料来源：根据世界奢侈品牌网有关资料整理。

（二）箱包

箱包是对袋子的统称，是用来装东西的各种包包，包括一般的购物袋、手提包、手拿包、钱包、背包、单肩包、挎包、腰包和多种拉杆箱等。随着人们生活和消费水平的不断提高，各种各样的箱包已经成为人们身边不可或缺的饰品。人们要求箱包产品不仅增强实用性，也要注重装饰性。

图2-27 爱马仕铂金包

根据消费者品位的改变，箱包的材质更加多样化，真皮、PU、涤纶、帆布、棉麻等质地箱包引领时尚潮流。同时，在越来越标榜个性的时代，简约、复古、卡通等各类风格从不同侧面迎合了时尚人士张扬个性的需求。箱包的款式也由传统的商务包、书包，向旅行包、钱包、小香包等拓展。

1. 箱包分类

（1）箱包按款式来分，可以分为手袋、单肩包、斜背包、手提包、钱包、背包等。

（2）箱包按功能来分，可以分为公文包、电脑包、摄像包、医用包、旅行包、化妆箱等。

（3）箱包按材质来分，可以分为真皮包、PU包、PVC包、帆布包、布包等。

（4）箱包按箱体来分，可以分为拉杆包、工具包、行李箱、手提箱等。

 小资料

几种箱包介绍

（1）车载箱包。车载箱包设计理念的初衷，是会让爱车变得更干净整洁、条理有序的同时，彰显出对生活的品位要求和感悟。车载箱包独特的开合设计，无须弯腰就可以轻松取放，箱包底部有四个"魔术锁"，密码锁设计则是确保了贵重物品的安全。车载箱包选用了优质的PU皮料、环保ABS材料和人性化设计，在传统箱包中融入全新的休闲理念、环保理念。

（2）旅行箱包。旅行箱包是指以各种皮革、人造革、合成革、纺织品为面料，采用热压或真空成型、注塑、缝制工艺制作的具有装放携带衣物功能的一种箱包用品；旅行箱包的容量较大、

功能全面，材质具有耐磨、防水、耐腐蚀等特性。选购旅行箱包除了留意材质、做工等因素外，还需留意拉杆、拉链、锁扣、包带、走轮等配件的质量。

（3）帆布箱包。帆布箱包是用粗麻布制作的箱包，由于箱包的材质好，所以最大的特点就是结实耐用。随着帆布箱包的设计元素越来越多，其百搭性也令很多人青睐，可以和任何服饰搭配、相衬。

2. 面料分类

面料是箱包产品的主体材料，面料不但直接影响产品的外观形象，而且关系到产品的市场销售价格，在设计选用时必须给予十分的重视。款式造型、材料和色彩是设计三要素。箱包色彩和材料两个因素直接由面料来体现，箱包的款式造型也依靠材料的柔软、挺括以及厚薄、轻重等特性来保证。所以，概念设计表现效果是应特别注意的。能够用于箱包产品面料的材料有很多种，产品也由于面料的不同而有不同的分类，如真皮包、仿皮包、塑料箱、毛绒袋、布手袋等。

（1）天然皮革材料。天然皮革材料的原料即是各种动物皮，外观高雅大方，手感柔软丰满，产品耐用性能好，深受使用者的欢迎。但由于它的售价较高，在一定程度上限制了皮革箱包的使用。应用于箱包产品的天然皮革材料很多，而且随着种类的不同，性能方面也有很大的不同。

（2）人造皮革和合成皮革。人造皮革的外观酷似天然皮革，而且价格低廉，花色品种繁多，已在工农业生产和人民生活中大量使用。早期生产的人造皮革是用聚氯乙烯涂于织物表面制成的，外观和实用性能都较差，后期使用聚氨酯合成的皮革品种，使人造皮革的质量获得显著改进，特别是底基用非织造布，面层用聚氨酯多孔材料仿造天然皮革的结构组成的合成革，具有良好的实用性能。因此，人造皮革按原料分类，可分为两大类，即聚氯乙烯人造革和聚氨酯合成革。其中，在人造革系列中，有人造革、人造漆革、人造麂皮革、聚氯乙烯增塑薄膜等材料。在合成皮革材料系列中，那种表面涂有聚氨酯发泡层，外观与天然皮革十分相似的合成革应用得最广。

（3）人造毛皮。随着纺织技术的发展，人造毛皮有了较大的发展，人造毛皮具有天然毛皮的外观，而且价格低廉易于保管，性能方面也与天然毛皮接近，在箱包设计中不但可以用于饰边材料，而且可以用来制作充满童趣的包袋产品。其外观和性能主要取决于生产方法，品种有针织人造毛皮、机织人造毛皮、人造卷毛皮等。

（4）纤维布类（织物）。织物在箱包中既可以用于面料，也可以用于里料部分。应用于面料的织物有聚氯乙烯涂布和普通织物两大类。其中，聚氯乙烯涂布，即是在正面或反面贴有透明或不透明聚氯乙烯薄膜的纺织物，如苏格兰方格布、印花布、人造纤维布等，这种材料有各种颜色和图案，而且有相当高的防水性和耐磨性，可以用来制作旅行包、运动包、学生用包等。在普通织物当中，帆布、绒布、斜纹布、苏格兰方格布都可以用来制作包袋产品。

（5）塑料。塑料是箱包常用的材料品种，多用于热压成型的箱体部件，是旅行箱的主体材料。不但颜色丰富多彩，而且使用性能非常好。

（6）里料。箱包里料主要是用来辅助产品的造型，同时起到保护产品面料的作用。主要品种有人造革和纺织物两大类。在人造革产品中，主要应用那些比较柔软的品种，例如，具有泡沫感的仿羊皮革；在纺织物中，主要应用化学纤维面料中的仿丝绸织物，在有些箱包产品中有时也会应用棉织物和人造棉织物。

3. 箱包的保养

很多时候，箱包变脏、变色或磨损了，并不是由于使用时间过长而引起的，有可能仅仅是我们使用过程中没有注意而造成的。爱包的人一定都会有一些这方面的经验教训。平时在使用箱包的时候应留意以下几个问题。

（1）如果手上容易出汗，最好尽量用胳膊挎包或者肩膀背包，而少用手拎包，否则汗液容易在箱包的手柄留下污渍。

（2）在箱包内存放锋利的物品时，一定要将物品完整地包装起来再放。而那些有割破、弄坏箱包之嫌的物品最好不要放在珍贵的箱包里。不要硬塞或放过重的物品，否则会使箱包变形或损坏。

（3）在开关箱包的锁件时，千万不要在锁里夹杂异物，这样会损坏箱包的五金件。

（4）不要在箱包上粘贴标签或粘胶带，这样很容易造成在扯掉时剥落表皮。

（5）使用手袋时尽量让手袋避免与牛仔面料的衣服频繁摩擦，因为这样会很容易发生染色的现象。

（6）雨雪天气，尽量避免使用翻毛皮、磨砂皮、绒面皮之类皮质的箱包，因为一旦大面积沾水会很难打理，而且皮质还会变硬。

（7）长时间直射阳光及靠近暖气，会使箱包脱色、变色以及变形。应尽量避免箱包与阳光、暖气长时间接触。

 小 资 料

箱包保养的相关知识

一、收纳时

（1）过季要收藏的箱包，最好在收纳前先进行清洁和护理，一定要在包内放入干净的填充物（例如：碎纸团或棉衫），以保持皮包的形状，然后再将皮包放进防尘袋中进行收藏。

（2）收纳箱包的柜子必须保持良好的通风，最好是有百叶窗的衣帽间或者衣柜，柜子里最好不要放太多的物品。若是潮湿的环境，可在包内放少许防潮珠。

二、紧急情况

（1）如果不小心把箱包弄湿了，正确的处理方法应该是先用干布吸去箱包上的水分，然后再放到阴凉处让它自然风干。千万不要把湿了的皮包直接放在阳光下暴晒或用电吹风吹，也不能放在冷气旁边吹，不然会出现皮料爆裂的现象。

（2）若发现箱包有污渍，千万不要用化学产品自行擦拭。不同的皮革制品有完全不同的处理方法，自行处理反而容易损伤皮包，最好是拿到专业的皮具养护机构进行清洁或修理。而且，皮革本身的天然油脂会随着时间太久或使用次数过多而渐渐减少，因此即使是很高级的皮件也需要定期做保养。

三、皮质箱包保养

（1）不可用水洗，平日打理包面上尘污正确的方式是用干布蘸清水或清洁液擦拭。

（2）擦拭皮质箱包要顺着毛皮的方向。

（3）皮质箱包清洁及保养时使用的护理品不能带有酸性或碱性成分，也不可含有易挥发的成分。

（4）过季收纳皮质箱包，要摆放在具有通风条件的柜子里，收纳时要注意避免箱包被挤压、扭曲、霉蛀等。

四、布质箱包保养

（1）清洗布质箱包时，应将包带拆卸下来再清洗。

（2）清洗布质箱包时，要防止面料褪色。

（3）如果布质箱包沾染较深污垢，可在清洗时加入少许苏打水。

四、烟草与酒类商店

邮轮上所售卖的免税卷烟和雪茄因其优惠的价格而吸引了众多的游客前来购买，特别是男性吸烟游客。在长期航行于欧美航线的邮轮上，游客往往会在中央购物区找到一个雪茄吧。这里是邮轮上屈指可数的允许吸烟的室内场所。雪茄的销量也是相当可观的。

（一）烟草商店

1. 雪茄的概念

图 2-28　雪茄

雪茄（英文：Cigar），属于香烟的一类，是由干燥及经过发酵的烟草卷成的香烟，吸食时把其中一端点燃，然后在另一端用口吸产生烟雾。制造雪茄用的烟草的主要生产国是巴西、喀麦隆、古巴、多米尼加共和国、洪都拉斯、印度尼西亚、墨西哥、尼加拉瓜和美国。古巴生产的雪茄普遍被认为是雪茄中的极品。常见的品牌有 COHIBA（古巴）、Graycliff（巴哈马）、MacanuDc（美国）、Davidoff（瑞士）、Dannemann（巴西）、Punch（古巴）、Romeo（古巴）等。

2. 雪茄的分类

雪茄的大小通常是以长度描述的，以英寸为测量单位，直径是以"环"为测量单位，一环等于 1 英寸的 1/64。一支雪茄烟的大小用 7"×32 来描述是指一支较小的雪茄，7 英寸长，32/64 英寸的直径，即 1/2 英寸圆。一般来说，雪茄烟越长越宽，烟的味道就越丰富顺滑。雪茄烟的长度和直径的关系影响到雪茄的味道和品位特点。

（1）雪茄按形状分类常见的有 T 型、桶型、绅士型（大众化形状，直径 13 毫米，长度 117 毫米）；还有一些特殊形状，比如大卫杜夫的 Special "c" 就是一个很经典的形状，它是将三支不同味道的雪茄缠在一起，像三根相互交缠的树干。

（2）按直径大小可分为

①大直径雪茄。制作大直径雪茄烟时，卷烟大师可以在雪茄里置入更多烟叶，这可使雪茄有更丰富的味道，因为如果增加了更多的烟叶，外部包裹层决定雪茄烟味道的程度就会降低。雪茄直径越大，吸的时间就越长。雪茄直径越大，吸之或拿之时就越有乐趣。

②小直径雪茄。小直径雪茄意味着雪茄中烟草填充量会减少，使雪茄烟味道减弱。雪茄外部包裹层对小直径雪茄的味道起到更加决定性的作用。小直径雪茄较之大直径雪茄会吸得快一些，看上去要华美些，更容易用手拿着或衔在嘴上。

（3）按长短可分为

①长雪茄。由于烟要通过长长的烟体，到达嘴部时会变得较凉。雪茄加长等于延长吸食的时间。

②短雪茄。短雪茄的烟相对较热，因为烟到达嘴里时，没有足够的时间凉下来。

（4）按照制作方法可分为

①手卷雪茄（Hand-Made）。手卷雪茄多为古巴雪茄，是由很多烟叶提炼成一支。整支雪茄包括茄心、茄套、茄衣，完全经由人工卷制，原汁原味，价格相对比较昂贵。

②半机卷雪茄（机制手卷完成雪茄）（Machine-Made and Hand-Finish）。由机器用捆绑叶卷实填料叶制造烟芯，然后用人工卷上包扎叶制成。

③机制雪茄（Machine-Made）。机制雪茄俗称"烟仔"，是用烟叶的碎料制成，味道较淡，价格便宜，整支雪茄由内到外全部由机器制造，适合于初抽雪茄者。

3. 雪茄的保存

在 20 世纪 20 年代，欧洲人发明了雪茄窖用来窖存雪茄，雪茄窖是用雪茄木构建的，最好的雪茄木来源于巴西和加拿大，其中加拿大的雪茄木最为珍贵。

窖中的温度为 18~20℃，湿度为 65%~75%，这是维持雪茄生命的条件，在这样的窖存条件下雪茄保持了最好、最原始的味道，不会因为时间和气候的变化而消逝。一支普通的雪茄在这样的条件下保存20年以上，它的价格会升至几千美元。从技术的角度讲，经过这么长时间的窖存，雪茄在味道上是会发生变化的，就像窖存的好酒一样，滴滴都是甘露了。

以上都是专业雪茄俱乐部或专卖店所必需的专业窖存条件，一般雪茄客也有自己保存雪茄的方法。雪茄客要置备一个雪茄保湿盒，这是最基础的保存器具，雪茄保湿盒的大小形状有很多种，它的材质也是雪茄木制成的。内部一般都有加湿装置，用来保持盒内的水分。还有一个湿度计用来检测盒内的湿度。

雪茄盒的功能只有一个，但其美学品位和美观却是任何一个雪茄客不会忽略的，雪茄盒的价格从几百元至几千元不等，如果是进口的名牌雪茄盒一般都在万元以上。著名欧洲雪茄保湿制作大师专为个人定制的桃花心木雪茄保湿盒，其价格可以达到数十万元人民币。一个美观实用的雪茄保湿盒无论出现在什么场合，其本身都是一个艺术品。很多雪茄客同时拥有很多的雪茄保湿盒。

4. 香烟品牌

世界上最流行的香烟品牌是万宝路，由菲利浦·莫里斯公司生产，在美国、德国、中国香港以及其他国家和地区的销量均列前茅。万宝路卷烟自20世纪60年代推出，销售量猛增，20世纪70年代扩大到海外，到现在销售面已覆盖170多个国家和地区。

图2-29　万宝路香烟

由跨国烟草公司生产，在世界流行较广而有一定影响的国际性品牌还有英美烟草公司生的健牌（Kent）、总督（Viceroy）、希尔顿（Hilton）、三五（555）、雷诺士烟草公司生产的云丝顿、骆驼、沙龙，菲利浦·莫里斯公司生产的荣誉（Merit）、国会（Pariament），乐富门公司生产的登喜路、乐富门（Rothmans）和皇家乐富门（Rothmans Royal）等。

在中国，比较有名的香烟有如下品牌：中华、红塔山、玉溪、大红鹰、红河、一品梅、五一、利群、红梅、牡丹、红双喜、芙蓉王、南京、阿诗玛、云烟、迎客松、红山茶、红杉树、黄山、石狮、中南海、人民大会堂、熊猫烟等。

（二）酒类商店

邮轮上的洋酒销售店也是游客们经常会去光顾的地方。随着中高端消费群对洋酒日常消费量的提升，又考虑到在岸上购买洋酒所支付的高额税费，尽管一瓶750毫升的洋酒分量不小，人们还是会考虑在邮轮上购买几瓶洋酒带回家。邮轮上除了设有专门售卖洋酒的商店外，往往会在中央购物街区摆设临时销售点以开展一些促销活动，特别是在临近航程结束，促销力度会比较大。

邮轮上的红酒消费分为两部分，一部分是在餐厅里的即时消费，另一部分则是在商店里的消费，后者往往是带回岸上的。邮轮上的酒水同样是免税的，而且品质有保证。有些客人甚至想方设法地多买多带。曾有一个在邮轮上工作的朋友告诉我，她曾卖了4箱（6瓶装）68美元/瓶的法国拉菲给一位中国客人。

1. 洋酒的概念

洋酒是进口酒类的总称。它包括烈酒、啤酒、葡萄酒、利口酒（Liqueur）等不同酒精含量的酒水品种。酒的制作过程都少不了发酵这一工艺，它是通过酵母菌的作用，将糖类分解成乙醇（酒精）的可饮用的液体，乙醇含量在0.5%～75.5%，同时含有一定的营养成分和香味成分。

2. 酒的分类

世界各地酒的种类有数万种之多，酿酒所用的原材料和酒的酒精含量也有很大差异，人们为了便于了解和记忆，就用不同的方法将它们予以分类。

（1）若以生产原料对酒进行分类，大致可分为谷物酒、香料草药酒、水果酒、奶蛋酒、植物浆液酒、蜂蜜酒和混合酒七大类。

（2）若以饮用时机来进行酒类的划分，有餐前酒（开胃酒）、佐餐酒、餐后酒和特饮酒的不同。

（3）若以酒精含量的不同进行分类，有低度酒、中度酒和高度酒之分。

（4）若以酒的性质来加以划分，可以将它们分为三大类：

①发酵酒类，包括葡萄酒、啤酒、米酒和果酒等。

②蒸馏酒类，包括中国的白酒、法国的白兰地（brandy）、威士忌（whisky）、荷兰金酒（gin）、伏特加（vodka）、朗姆酒（rum）、特其拉酒（tequila）等。

③精炼和综合再制酒类，包括英国金酒（gin）、利口酒（liqueur）、味美思酒/苦艾酒（vermouth）、苦味酒（bitter）、药酒（medicated liquor）等。

3. 几大洋酒知识介绍

（1）白兰地（Brandy）。法国白兰地是一种烈酒，由葡萄酒或水果发酵后蒸馏而成，须放在木桶里经过相当时间的陈酿。世界各国都出产白兰地，而葡萄酒以法国产的较好，所以法国白兰地也较好。法国著名白兰地产区有两个，一个为干邑地区（Cognac），另一个为雅文邑地区（Armagnac）。干邑酒知名品牌有轩尼诗（Hennessy）、人头

图2-30　白兰地

马（Remy Martin）、马爹利（Martell）、拿破仑（Courvoisier）、百事吉（Bisquit Prvilivege）、路易老爷（Louts Royer）、奥吉尔（Angler）、欧德（Otard）及金花酒（Camus）。

（2）威士忌（Whisky）。威士忌是用大麦、黑麦、玉米等谷物为原料，经发酵、蒸馏后放入旧的木桶中进行酵化而酿成的。世界上许多国家和地区都有生产威士忌的酒厂，但最著名最具代表性的威士忌分别是苏格兰威士忌、美国威士忌和加拿大威士忌。世界著名的威士忌品牌主要有红方（Johnnie Walker red label）、黑方（Johnnie Walker black label）、芝华士（chivas）、皇家礼炮（Royal Salute）、百龄坛（Ballantines）、杰克丹尼（Jack Daniel'S Bourbon）、占边威士忌（Jim Beam Bourbon）、威雀威士忌（Famous Grouse），等等。

图2-31 歌顿金酒

（3）金酒（Gin）。世界上许多国家和地区都有生产威士忌的酒厂。但最著名最具代表性的威士忌为金酒，又名叫杜松子酒，最先由荷兰生产，在英国大量生产后闻名于世，是世界第一大类的烈酒。金酒的主要品牌有哥顿金（Gordon's）、伯纳特金（Burnett's）、必富达金（Befeater）、钻石金（Gilbey's）、水晶宫金（Crystal Palace）等。

荷兰金酒是以大麦芽与裸麦等为原料，首先经发酵后蒸馏三次获得谷物原酒，其次加入杜松子香料再蒸馏。最后将蒸馏而得的酒储存于玻璃槽中待其成熟，包装时稀释至酒度数40°左右。荷兰金酒色泽透明清亮，香味突出，风格独特，适宜单饮，不宜作鸡尾酒的基酒。

金酒按口味风格又可分为辣味金酒、老汤姆金酒和果味金酒。

（4）朗姆酒（Rum）。朗姆酒也叫糖酒，是制糖业的一种副产品，它以蔗糖做原料，先制成糖蜜，然后再经发酵、蒸馏，在橡木桶中储存3年以上而成。朗姆酒的主要品牌有百家得（Bacardi）、奇峰（Mount Gry）、摩根船长（Captain Morgan）等。根据不同的原料和酿制方法，朗姆酒可分为朗姆白酒、朗姆老酒、淡朗姆酒、朗姆常酒、强香朗姆酒等，含酒精42%～50%、酒液有琥珀色、棕色，也有无色的。根据风味特征，可将朗姆酒分为浓香型、轻香型。浓香型：首先将甘蔗糖澄清，再接入能产丁酸的细菌和产酒精的酵母菌，发酵10天以上，用壶式锅间歇蒸馏，得86%左右的无色原朗姆酒，在

图2-32 百家得朗姆酒

木桶中储存多年后勾兑成金黄色或淡棕色的成品酒。轻香型：甘蔗糖只加酵母，发酵期短，塔式连续蒸馏，产出95%的原酒，储存勾兑，成浅黄色到金黄色的成品酒，以古巴朗姆为代表。

（5）伏特加酒（Vodka）。Vodka，语源于俄文的"生命之水"一词，当中"水"的

图 2-33　皇冠伏特加

发音"Voda"，约 14 世纪开始成为俄罗斯传统饮用的蒸馏酒。但在波兰，也有更早就饮用伏特加的记录。伏特加酒分两大类：一类是无色、无杂味的上等伏特加；另一类是加入各种香料的伏特加（Flavored Vodka）。伏特加酒以谷物或马铃薯为原料，经过蒸馏制成高达 95°的酒精，再用蒸馏水淡化至 40°~60°，并经过活性炭过滤，使酒质更加晶莹澄澈、无色且清淡爽口，使人感到不甜、不苦、不涩，只有烈焰般的刺激，形成伏特加酒独具一格的特色。因此，在各种调制鸡尾酒的基酒之中，伏特加酒是最具有灵活性、适应性和变通性的一种。俄罗斯是生产伏特加酒的主要国家，但在德国、芬兰、波兰、美国、日本等国也都能酿制优质的伏特加酒。特别是在第二次世界大战开始时，由于俄罗斯制造伏特加酒的技术传到了美国，使美国也一跃成为生产伏特加酒的大国之一。伏特加酒的主要品牌有：瑞典伏特加（Absolut）、皇冠伏特加（Smirnoff）、芬兰伏特加（Finlandia）等。

（6）特其拉酒（Tequila）。特其拉酒产于墨西哥，它的生产原料是一种叫作龙舌兰的珍贵植物，其实它属于仙人掌类，是一种怕寒的多肉花科植物，经过 10 年的栽培方能酿酒。特其拉酒的酒精含量大多在 35%~55%。我们通常能够见到无色特其拉酒为非陈年特其拉酒。金黄色特其拉酒为短期陈酿，而在木桶中陈酿 1~15 年的，称为老特其拉酒。特其拉酒的主要品牌有守护神波尔多（Gran Patron Burdeos）、

图 2-34　特其拉

亚桑·布罗索（Asom Broso）、金快活（Jose Cuervo）、龙宫龙舌兰酒（Casa Dragones）、唐胡里奥皇家龙舌兰酒（Don Julio Real）、白金武士（Conquistador）等。

4. 葡萄酒介绍

葡萄酒是指以葡萄或葡萄汁为原料，经全部或部分发酵酿制而成、酒精含量（体积分数）大于等于 7% 的酒精饮品。葡萄酒的品种很多，因葡萄的栽培、葡萄酒生产工艺条件的不同，产品风格各不相同。

以成品颜色来说，可分为红葡萄酒、白葡萄酒及粉红葡萄酒三类。其中红葡萄酒又可细分为干红葡萄酒、半干红葡萄酒、半甜红葡萄酒和甜红葡萄酒。白葡萄酒则细分为干白葡萄酒、半干白葡萄酒、半甜白葡萄酒和甜白葡萄酒。以酿造方式来说，可以分为葡萄酒、气泡葡萄酒、加烈葡萄酒和加味葡萄酒四类。

葡萄酒的口感除了受酿造方法与储存方式影响外，很大程度上还取决于酿制葡萄酒的葡萄品种。常见的葡萄品种有：赤霞珠（Cabernet Sauvignon），别名为解百纳、解百纳索维浓；品丽珠（Cabernet Franc），别名为卡门耐特、原种解百纳；梅鹿辄（Merlot），别名为美乐、梅洛；佳丽酿（Carignane），别名为佳里酿、法国红、康百

耐、佳酿；黑品乐（Pinot Noir），别名为黑品诺、黑比诺、黑皮诺；宝石解百纳（Ruby Cabernet），别名为马加拉什宝石、宝石红；霞多丽（Chardonnay），别名为莎当妮；蛇龙珠（Cabernet Gernischet）；雷司令（Riesling）；长相思（Sauvignon）；西拉（Syrah）等。

五、其他商店

（一）艺术品拍卖

世界各大邮轮几乎都会在船上安排一块公共区域用于艺术品的展览与拍卖。这些艺术品往往来自于世界各大画廊、艺术品收藏工作室，并与艺术品拍卖行有着密切的联系。如果足够细心，你会发现在邮轮上的装饰品中无处不在的各种艺术作品。

艺术品（artwork），一般指造型艺术的作品。一般的艺术品可视为含有两个成分：一是作品上的线、形、色、光、音、调的配合，寻常称为"形式的成分"或"直接的成分"；二是题材，通常称为"表现的成分"或"联想的成分"。

艺术品分为很多类，陶艺、国画、抽象画、乐器、雕刻、文物雕塑、砂岩、仿砂岩、琉璃摆件、铁艺、铜艺、不锈钢雕塑、不锈钢、石雕、铜雕、玻璃钢、树脂、玻璃、透明树脂、玻璃制品、陶瓷、瓷、黑陶、陶、红陶、白陶、吹瓶、脱蜡琉璃、水晶、黑水晶、木雕、花艺、花插、浮雕等。

艺术品拍卖是整个拍卖事业的重要组成部分，其原因主要是由艺术品具有的四个属性所决定，即艺术品的特性：①非统一性。②非实用性。强调艺术品的非实用性，只是说明这种商品的奇特之处。③非再生性。非再生性带来了艺术品尤其是文物类艺术品的稀缺性特点，可统计的有限的数量使人们的收藏、投资和交易有了保值、升值的可靠保证。④非确定性。艺术品的价值往往是不确定的，艺术品在拍卖时几倍、几十倍地超出预先的估价，但也有的最后流标，这有力地证明艺术品是一种有价值但价值难以揭示的商品，因人而异，难以达成共识，因情感及财力、眼力、胆量的不同，往往造成人们对同一件艺术品看法的差别。人们对艺术品看法不同，造成了价值的不确定性，而不确定性又造成人们出价时的差异。

（二）纪念品商店

邮轮上的购物内容丰富多彩，除了以上提到过的化妆品与香水、珠宝首饰、钟表、高端时装与箱包、烟草与酒水、数码及周边和艺术品店之外，各个邮轮公司往往还会设立一个专门销售属于本邮轮品牌的纪念品与特产商店。该商店里售卖的物品基本上围绕以下几大类：

（1）邮轮模型。邮轮模型是邮轮乘客购物的常见选择，也是纪念品商店里的必备产品。邮轮模型的表现形式也变化多端，可以是按比例缩小的整船模型，也可以是船模钥匙圈，还可以是船模图形构成的冰箱贴、杯垫、开瓶器，等等。

（2）运动休闲系列。邮轮品牌的 LOGO 往往被印在各种物品上出售给乘客以作留念，有些产品还发布限量版以显示其珍贵性。这些产品往往有运动衫、T 恤、休闲裤、休闲鞋、浴巾、围巾、鸭舌帽、运动水杯、运动背包、各种球类产品（乒乓球拍与乒乓球、高尔夫球、篮球、排球、水球等）、扑克牌。

（3）儿童系列。邮轮上的品牌店还会专门为儿童提供各种卡通毛绒玩具、儿童休闲服饰、益智游戏玩具等。

（4）食品系列。邮轮上还会提供来自世界各地的独具特色的，或者是畅销品牌的产品，有些包装是为合作邮轮公司特制的，在别处买不到。如好时巧克力、M&M's、乐事等。有些邮轮商店还会售卖由本邮轮厨师制作的巧克力产品，加上独有的带 LOGO 的包装，这个巧克力的独特性不言而喻。

（三）数码产品商店

邮轮上的数码产品商店与周边产品商店不同于前几章所提到的购物商店，它所售卖的除了数码产品硬件外，还有最主要的就是顾客在邮轮上被那些专业摄影师所抓拍下来的照片。当然，如果你爱好摄影，喜欢摆弄相机，不妨去店里逛逛看看，说不定能淘到中意且便宜的好货呢！有些邮轮上的数码商店还售卖一些手机保护壳、挂件等数码配件产品。

我们通常说的"数码"指的是含有"数码技术"的数码产品，如数码相机、数码摄像机、数码学习机、数码随身听，等等。随着科技的进步，计算机的出现、发展带动了一批以数字为记载标识的产品，取代了传统的胶片、录影带、录音带等，这种产品统称为数码产品。例如电视、电脑、通信器材、移动或者便携的电子工具等，在相当程度上都采用了数字化。

数码产品主要包括以下种类：电脑、摄像头、摄像机、数码相机、音箱、MP3、MP4、MP5、手机、录音笔、DVD 机、子母电话机（有数字的也有模拟的）、机顶盒（数模转换器）、卫星接收装置、电视机（过去的不是，因为那是波形电路的，现在电视机都是采用数字信号处理的）以及其他数控家电。这里，我们主要介绍邮轮上售卖得比较好的数码相机产品。

数码相机，是一种利用电子传感器把光学影像转换成电子数据的照相机。按用途分为：单反相机、卡片相机、长焦相机和家用相机等。主要品牌有佳能（Canon）、索尼（Sony）、尼康（Nikon）、三星（Samsung）、松下（Panasonic）、富士（Fujifilm）、明基（BenQ）等。

邮轮上的数码与周边产品主要与数码相片售卖相结合。坐过邮轮的人都知道，当你

图 2－35　邮轮照片廊

通过码头边检，甚至还在码头排队等候边检的时候，你会发现有一些邮轮员工穿着醒目别致的服装、拿着专业的相机设备在附近对着游客咔嚓咔嚓一通拍照。当你进入邮轮之后，在邮轮的各个场所尽情享受时，你也会发现这些敬业的摄像师会在你周围按快门。游客不用害怕或者不好意思，他们会解释说"请随便摆好姿势，我们拍照不收费的"。其实，也不是完全不收费。拍照的确不收费，但是如果你想要他们帮你拍的照片，这时就需要收费了。那么，游客可以在哪里看到这些照片呢？

这里就需要提到我们所说的数码产品与数码相片商店。还没进入商店，你就会被密密麻麻的相片墙所吸引，走近一看，说不定你就会发现自己在攀岩时的帅气相片。工作人员会对所有照片进行挑选，陈列出最吸引眼球的照片供游客选择。如果你喜欢这些照片想留个纪念，那么你就得支付一定的费用。他们也可以帮你做成精美的带邮轮 LOGO 的相片册。在邮轮上，与船长合影是一个十分受欢迎的活动。这时，工作人员往往会要求大家关掉自己携带的相机，通过排队登记由专业人员为您与船长一一合影。这张合照的价格比较贵。

目前，不少邮轮公司从环保及资源节约的角度出发，对相片展示方式进行了改革。比如，皇家加勒比邮轮就采取了数字化展示，用平板电脑代替了传统的已打印好的纸质相片展示。乘客可以先在平板电脑上寻找自己的身影，如果有喜欢的照片再根据指示付费打印即可。这样一来，大大节约了照片打印耗材。

（四）特产

不管是以何种方式出去旅游，游客们都会携带一些所到之处的特产回家赠送给亲朋好友。除了岸上琳琅满目的特产商品店之外，有些固定航线的邮轮也会在船上的商店里摆放一些沿岸停靠国家与地区的特产。各个主要邮轮停靠国家与地区的特产如表 2－5 所示。

表 2－5　邮轮主要停靠国家和地区的特产

国家和地区		当地特产
亚洲	日本	和服、时装、手袋、磁性项链、数码产品、手表和钟表、竹制品、生鱼片
	韩国	人参、皮衣、玩具、泡菜等
	菲律宾	银器、首饰、木刻、手工艺品、杧果干、辟邪眼
	泰国	鳄鱼肉、海味、椰子糖、牛肉干、猪肉干、"冬阴功"汤
	新加坡	鸡肉干、祛风油
	马来西亚	风筝、蜡染、豆蔻油、榴梿膏

续表

国家和地区		当地特产
亚洲	印度尼西亚	海产、燕窝、木刻、印花、牛皮、宝石、丁香烟
	印度	宝石、地毯、咖喱
欧洲	英国	古玩、陶器、绒布料、皮革制品、威治活陶瓷器、书刊、茄士羊羊毛、烟斗、皮鞋、苏格兰威士忌和格子呢、Wedgwood 骨瓷、红茶、Fish & Chips
	荷兰	阿姆斯特丹的花种、陶瓷、钻石、木屐、风车、Coster 厂的钻石、古董、Gouda 芝士、Delft 蓝白瓷器、Leardam 水晶、银器、Haagse Hopjes 糖
	梵蒂冈	圣彼得大教堂的邮政纪念邮票、圣物、银币
	意大利	①罗马：丝绸、时装、皮革制品、念珠及宗教工艺品 ②佛罗伦萨：皮革制品、金银饰物、古玩、手工缝制的女性内衣 ③威尼斯：水晶及玻璃制品、皮革制品及丝质领巾领带
	比利时	手织地毯、台布、服装及餐巾、各式巧克力、钻石、挂毯
	法国	奶酪、鹅肝、酒类、香水、化妆品、时装、手表、皮革制品、瓷器、珠宝饰物、丝质制品、手袋、领带、领巾及艺术品
	丹麦	丹麦奶酥
	捷克	水晶、玻璃、皮衣
	德国	啤酒、摄影及音乐器材、光学及医学仪器、陶瓷制品、孜人牌剪刀、厨具、木刻制品、工艺品及古玩、猪肉制红肠、香肠及火腿
	土耳其	手织地毯、精美手织花边、台布、皮货、海泡石、陶瓷器、银器、陶盘、彩蛋等手工艺品，以及用铜或者银制作的碗、杯、盘和装饰品等，还有丝巾、大披肩
大洋洲	澳大利亚	袋鼠玩具、鲍鱼干、树袋熊玩具
	新西兰	雕刻、羊毛制品、绵羊油
美洲	美国	花旗参、急冻海产、急冻龙虾片、蔓越莓、蓝莓和康科特葡萄
	夏威夷	夏威夷草帽、贝壳、木刻品、项链
	加拿大	急冻三文鱼、皮衣、多伦多的木刻、温哥华印第安人工艺品
	阿拉斯加	深海鱼油、旅游纪念品、首饰、动物毛皮制品
	墨西哥	手工制品、啤酒、美食、银饰
	古巴	雪茄
	阿根廷	肉类加工、乳制品、粮食加工、水果加工和酿酒
	智利	葡萄酒、三文鱼、鲍鱼、王蟹
	巴西	烤牛肉
非洲	埃及	纸莎草制品、香精、香水、铜盘、银器
	埃塞俄比亚	咖啡、狮子像、古十字架和圣母像等
	摩洛哥	染料
	乌干达	香蕉

　　有些邮轮上有专门售卖日用品的杂货铺，有些则把这些日用品放在纪念品商店里进行售卖。这些杂货铺配备有少量日常用品供客人购买以应对不时之需，一般包括牙膏、牙刷、香皂、洗发露、沐浴露、剃须刀、女士剃毛器、毛巾、女士卫生棉、雨伞等。

第二节　邮轮购物商店岗位介绍

一、邮轮购物商店的岗位设置

一般来说，邮轮上购物商店的工作人员主要分为普通销售员工和销售经理。但是，不同的邮轮购物商店有不同的管理制度及人员配备体系（见图2－36）。

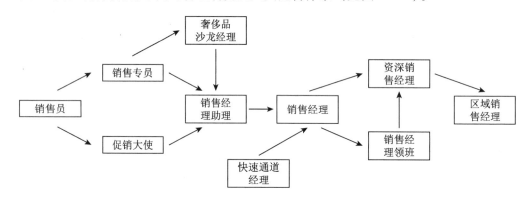

图2－36　邮轮购物商店员工职业发展路径

从图2－36可知，邮轮购物商店的基层岗位包括：销售员（Sales Associate）、销售专员（Specialist）、促销大使（Promotional Ambassador）；管理层岗位包括奢侈品沙龙经理（Luxury Salon Manager）、销售经理助理（Assistant Sales Manager）、快速通道经理（Fast Track Manager）、销售经理（Sales Manager）、销售经理领班（Lead Sales Manager）、资深销售经理（Senior Sales Manager）、区域销售经理（District Manager）。

二、各岗位介绍

（一）销售员（Sales Associate）

1. 岗位职责

（1）销售方面：按照规定或要求达到甚至超过销售目标。

（2）服务方面：①向每一位进入商店的顾客问好；②主动发起对话，采用开放式提问以便了解顾客的需求；③以有效的、礼貌的方式准确回答顾客的提问；④热情地向顾客展示商品，向顾客推荐商品并帮助其选购；⑤准确回答顾客关于商品本身及其包装等的提问；⑥在商品使用及护理上向顾客提供准确的建议；⑦告知顾客关于商店里的特价和促销活动以及他们将获得的好处；⑧尽可能快速、高效地执行销售过程；⑨总是感激顾客的来访并鼓励他们再次造访；⑩使用附加销售法、追加销售法和商品升级销售等技巧来增加销售量。

（3）商品和陈列：①准确地收取及录入来船商品；②确保所有商品总能被准确地扫码及标价；③总是保持商店的干净、整齐；④确保货架和展示台的整齐并摆放充足的货物；⑤维护商店内及橱窗的商品展示；⑥协助定期盘存；⑦能准确熟练地操作 POS 机；⑧根据商店经理的要求执行其他与 POS 机相关的交易。

（4）失窃预防：①保持对窃贼的警惕；②向管理层沟通潜在的失窃渠道；③向商店经理汇报任何商店失窃的情况。

（5）安全方面：遵守邮轮上与安全、安保和环境相关的法律、法规及政策。

2. 销售员应具备的关键能力

销售员应具备以下关键能力：全面的、值得信任的；具备结果驱动力；以顾客为中心；快速的学习能力；具有亲和力；行动导向的能力；团队合作能力。

3. 销售员的工作技能要求

销售员应具备以下工作技能：具备清楚及有效地与顾客和同事沟通的能力；具备在团队内设立并完成目标的能力；具备在压力下工作并能在截止日期前完成任务的能力；具备随时随地接收必要的指令和要求的能力；具备持续负重 55 千克重量的能力；具备 2 年的销售经验者优先；具备高中及以上学历；具备较好的操作 Word 和 Excel 的能力；具备流利的英语交际能力；具备多种语言交际能力（对特定的船只）。

（二）销售专员（Specialist）

销售专员是指专门负责销售某一类商品或者某一个品牌商品的人员，他们除了需要具备销售员应有的素质与能力外，还需对所销售的商品有深刻的了解，熟悉商品的特质及其文化内涵。有些邮轮商店会对所招聘的员工进行专业知识的测试，从而分配其到具体的门店进行销售工作，如手表销售专员、珠宝销售专员、施华洛世奇销售专员、香水销售专员等。

（三）促销大使（Promotional Ambassador）

促销大使是邮轮购物商店的重要成员之一，他负责商品促销活动的开展实施。邮轮的购物商店几乎每天都有集中促销活动，每次促销可以是一类商品，也可以是多类商品。这些商品被摆放在人流集中的公共区域，通过各种促销信息标牌以及广播的形式吸引乘客前来购买。为了节约人工成本，邮轮上的促销大使一般由销售人员担任。

（四）销售经理（Sales Manager）

邮轮购物商店的销售经理主要起到统筹管理商店员工和商品销售正常运作，确保销售额能达到甚至超过预期目标。主要从以下几个方面来体现：

（1）人员管理。确保员工对顾客的服务质量；正确合理安排销售人员岗位；根据运营要求制定班表；定期进行内部培训。

（2）库存管理。做好库存记录；及时安排员工补充货架上的缺失商品；根据运营状况做好补货、进货清单。

（3）销售管理。制定各个阶段的销售目标；确保销售人员积极的销售表现；保证优质的对顾客服务的执行；监督商品交易过程中的交易金额的正确性；制作日销售业绩报表。

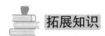 拓展知识

斯达伯德邮轮销售岗位招聘信息

斯达伯德邮轮服务有限公司（Starboard Cruise Services，Inc）是世界上最大的邮轮奢侈品、高档品牌零售商。斯达伯德邮轮与世界各大著名邮轮公司如美国嘉年华（Carnival Cruise Line）、皇家加勒比邮轮（Royal Caribbean Line）、名人邮轮（Celebrity Cruise）、意大利哥斯达邮轮（Costa Line）、挪威邮轮（Norwegian Cruise Line）、荷美邮轮（Holland America Line）等邮轮公司联手，为豪华邮轮乘客提供世界顶级的免税商品，给邮轮乘客带来兴奋、难忘的购物体验。

图 2-37　斯达伯德邮轮

斯达伯德邮轮总部设在美国迈阿密，销售专卖店遍布全球各条著名邮轮航线。雇员人数超过 1200 名，均来自世界各地。由销售专员组成的各专业团队，以专业的服务精神和丰富的销售经验，为邮轮乘客提供无与伦比的购物享受。

以下为斯达伯德邮轮销售岗位的要求和福利待遇信息。

岗位要求：

1. 对世界顶级品牌有所了解，有销售经验者优先。

2. 有 1~2 年珠宝、化妆品、手表、手提包、服装、食品、酒水或纪念品等零售工作经验者优先。

3. 外貌形象良好，20 周岁以上。

4. 英语口语流利，有较好的书写能力。

5. 具有良好的沟通能力和领导能力。

6. 性格开朗外向，有良好的服务意识。

7. 能熟练使用电脑，如 Word、Excel 等。

8. 能适应长期在国外的工作环境。

福利待遇：

1. 基本工资：500 美元/每月 +2.5% 团队销售提成（平均月收入 1500~4000 美元）。所去的邮轮公司以及航线均需服从斯达伯德邮轮公司安排。

2. 合同周期：每6个月签订一次合同，期满回国休假一个月后可续约工作。

3. 免费食宿（2人一间，自助餐）。

4. 合同期内提供良好的医疗服务和高额保险。

5. 购物时享受员工折扣。

6. 各种相关的晋升培训机会。

7. 第一个合同期完成后公司提供返程机票。

8. 邮轮靠岸时免税店不营业，有较多下船游玩的机会。

 # 本章小结

　　本章对邮轮购物商店的分类及其经营内容进行了详细介绍。化妆品与香水、珠宝与手表、高端时装与箱包、烟草与酒类、数码产品、艺术品、纪念品等这些购物商店是邮轮船上收入的主要来源之一。另外，本章还就邮轮购物商店的岗位设置和各个岗位的工作职责以及任职要求做了充分的介绍。希望这些对将要从事邮轮购物服务工作的人士有一定的帮助。

？思考与练习

1. 请说出邮轮购物商店和主要分类。

2. 请简单陈述其中一类邮轮购物商店的经营内容。

3. 请说出邮轮购物商店的岗位设置情况。

4. 请就其中一个岗位进行具体的描述。

 # 实用英语词汇

Cosmetic 化妆品　　　　　　　Garments 服装

Perfume 香水　　　　　　　　Handbag 手提包

Jewelry 珠宝　　　　　　　　Cigar 雪茄烟

Watch 手表　　　　　　　　　Liquor 烈酒

第三章 世界奢侈品品牌介绍

课前导读 »

　　奢侈品品牌的文化内涵是丰富的，是多数人梦寐以求的。由于它的价格昂贵，注定只有少数人才能拥有。路易·威登、香奈儿、迪奥、卡地亚、蒂芙尼等林林总总的奢侈品品牌在人类历史的舞台上渐次登场，经历了无数个抑或是繁华抑或是萧索的时代。它们的历史萦绕着奢华的光环，让人充满无限的遐想。

　　本章介绍这些奢侈品品牌背后的历史故事，让从事奢侈品销售服务的人员能够透过品牌的历史文化去体味另一番奢华的韵味，从而更好地销售这些奢侈品。

教学目标 »

通过本章的学习，读者应该能够：

1. 了解世界顶级奢侈品品牌的知识与文化。
2. 了解各大奢侈品的经典产品知识。
3. 熟悉邮轮上的主流奢侈品品牌。

第一节　奢侈品品牌知识与文化

一、世界顶级香水与化妆品品牌历史

在奢侈品行业中，香水独一无二的品质将奢侈升华为一种标志，缔造了众多超越时尚的经典。再美丽、再奢华的服装也只能改变人的外表，再耀眼的钻石珠宝也只是一种佩件，而香水却会与人融为一体。所以，只有香水拥有这种与人体不可分离的魅力。香水用它那特有的香氛诠释了人们对品位、格调和美好人生的永恒追求。

香水的奢侈品品牌有悠久的历史、丰富的文化，充满了传奇色彩。无论是香奈儿，还是迪奥，奢侈品品牌往往都拥有一段悠久的品牌历史和传奇故事，这使得奢侈品品牌文化深深地扎根于它们的传承之中。从迈克尔·波特（Michael E. Porter）的竞争优势理论来看，奢侈品品牌的历史与品牌文化特性是新品牌进入奢侈品市场参与竞争的最大障碍，也是奢侈品品牌巩固自己地位得天独厚的优势。"罗马不是一天建成的"——这句话充分体现了一个奢侈品品牌的建立过程充满着艰辛，沉淀了厚重的历史、丰富的文化内涵。要想在短时间内建立一个消费者接受的奢侈品品牌几乎是不可能的，品牌的历史传奇和文化积淀需要时间的长河来叙写。

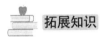 **拓展知识**

全球四大奢侈品集团

香水化妆品行业常被形容为一个将希望装在瓶子里出售的行业。香水化妆品行业的突出特点是品种繁多、琳琅满目、市场庞大以及迎合不同的消费层次。然而从整个世界范围来看，香水化妆品行业几乎全部被四大豪门（集团）所垄断。这四大集团分别是法国酪悦·轩尼诗—路易·威登集团、欧莱雅集团、雅诗兰黛公司以及资生堂公司。这四大集团享有盛誉，旗下产品更是并驾齐驱，它们在化妆品市场争奇斗艳。

一、法国酪悦·轩尼诗—路易·威登（LVMH）集团

法国酪悦·轩尼诗—路易·威登集团（Moët Hennessy-Louise Vuitton, LVMH 集团）是世界上最大的奢侈品企业集团，由贝尔纳·阿尔诺（Bernard Arnault）将全球著名的皮件公司路易·威登与酒业家族酪悦·轩尼诗于 1987 年合并而成。合并以后，新公司 LVMH 随即重组了几家公司的酒和香水部门，将原酪轩公司旗下的酪悦公司、轩尼诗公司，以及路易·威登控股公司与 1986 年收购的法国第四大香槟制造商凯歌香槟（Veuve Clicquot）全部整合在一起。整合完成后，LVMH 在香槟、干邑白兰地、香水的品质方面高居世界第一，这次整合极大地促进了酒类和香水行业的发展。

之后，LVMH 开始了在其他奢侈品细分行业的大举收购。在服饰方面，LVMH 收购了法国品牌纪梵希、高田贤三（Kenzo）和Celine、西班牙品牌Loewe、英国衬衣品牌（Thomas Pink）、美国服饰品牌（Donna Karan和Marc Jacobs）、意大利品牌Emilio Pucci等。在皮具和皮鞋方面，收购了意大利皮革商芬迪和StefanoBi以及法国鞋商伯鲁提（Berluti），如今，LV和芬迪皆是LVMH倾力打造的明星品牌。在珠宝和钟表方面，吞下绅美（Chaumet）、真利时（Zenith）、奥玛斯（Omas）和玉宝（Ebel），并以4.74亿美元收购豪雅。在香水和彩妆方面，收购高田贤三香水和Perfumes Loewe，进一步充实其香水部门。2001年，LVMH又一举收购6家化妆品公司：Bliss、Hard Candy、BeneFit Cosmetics、Urban Decay、Make Up For Ever和Fresh。在零售渠道方面，1996年，LVMH以25亿美元收购DFS免税商场，1997年，又收购化妆品零售店丝芙兰（Sephora），2000年，设立电子商务网站eLuxury，并且收购两家法国高档百货公司（Le Bon Marché和Samaritaine），以及一家游艇零售公司Cruise Line Holdings Co.。在传媒方面，拥有D.I集团和2001年收购来的两家杂志：*Connaissance des Arts*和*Art & Auction*。此外，LVMH还于2007年接手福特公司成为英国顶级轿车生产商阿斯顿·马丁（Aston Martin）的新东家。

LVMH集团旗下现有五个领域：葡萄酒及烈酒（Wines & Spirits）、时装及皮革制品（Fashion & Leather Goods）、香水及化妆品（Perfumes & Cosmetics）、钟表及珠宝（Watches & Jewelry）、精品零售（Selective Retailing），有60多个奢侈品品牌，拥有超过100000名员工，是当今世界上最大的精品集团，每年有超过100亿美元销售收入的进账。如此高额的收入在奢侈品世界是一个令人咂舌的数字，LVMH集团在整个行业的领头作用毋庸置疑。

二、欧莱雅（L'Oréal）集团

欧莱雅集团于1907年由化学家欧仁·舒莱尔创立。目前欧莱雅已经成为一个超大规模的化妆品帝国。欧莱雅集团的分支机构遍及150多个国家和地区，在全球拥有300多家分公司及100多家代理商、42家工厂及100多个配送中心。2012年，该集团营业收入超过224.63亿欧元，比2011年增长10.4%，利润额突破28.7亿欧元，同比增长16.7%。2013年，销售额为229.8亿欧元，同比增长2.3%，净利润为29.6亿欧元，同比增长3.2%。

欧莱雅集团拥有巴黎欧莱雅、卡尼尔、兰蔻、赫莲娜、碧欧泉、欧莱雅专业美发、卡诗、薇姿和理肤泉等18个国际知名大品牌。产品包括护肤、防晒、护发、染发、彩妆、香水、卫浴、药物性皮肤科疾病辅助治疗护肤品等。

欧莱雅的女士护肤系列产品已经深得世界各地女性的喜爱。而面对日益庞大的男士护肤品市场，欧莱雅也跃跃欲试。2006年，它在中国推出了第一个男士系列产品，欧莱雅这一系列的男士产品已经在欧洲获得了极好的口碑，在中国推出后，也备受追捧，迅速掀起了一股男士护肤美容热潮。欧莱雅集团推出男士系列产品这一做法在整个化妆品行业引起了很大的轰动，也为已壮大的化妆品行业开拓了又一个新的领域。

三、雅诗兰黛（Estée Lauder）集团

由雅诗·兰黛和约瑟夫·兰黛始创于1946年的雅诗兰黛集团，傲居世界化妆品行业领先地位，生产和营销高品质的护肤、化妆、香水和护发产品，产品销售遍及全世界130多个国家和地区。雅诗兰黛集团的总部设在美国纽约市，生产设施分布在美国、比利时、瑞士、英国、德国、日本和加拿大等地，在全球范围内共有雇员2万余人。

公司拥有 22 个知名品牌：LA MER 海蓝之谜 、Estée Lauder 雅诗兰黛、Aramis、Clinique 倩碧、Prescriptives、Origins、M·A·C、Bobbi Brown、Tommy Hilfiger、Donna Karan、Aveda、Stila、Jo Malone、Bumble and bumble、kate spade beauty、Darphin、Michael Kors、Rodan & Fields、Sean John 和 American Beauty、Flirt、Good Skin。

　　从一开始，雅诗兰黛集团就非常注重保持品牌的平衡，并将此作为公司的一个根本立足点。即使在集中力量开发新品牌的时候，公司同样强调通过保持"经典"产品的完整性、发明护肤和化妆品的新种类以及在生产过程中不断使用新技术，使现有品牌获得纵深发展。公司对于锐意进取、资金充盈的营销计划，不惜投以重金。在广告和商业促销中，它的每一个品牌都有自己全球独一无二的形象。

　　雅诗兰黛集团成长的诀窍之一，就是收购对公司具有意义的品牌。它在兼并新品牌或公司时，奉行自己的标准，即这些品牌或公司必须带来独特的商业机会，而且与公司现有品牌形成互补而不是削弱的关系。另外，它们必须为公司在美国乃至国际上的长期发展增添潜力。对 M·A·C、Bobbi Brown、Jane、Aveda 和 Stila 这些品牌的购进，充分体现了公司的这一战略。

四、资生堂（Shiseido）集团

　　日本著名企业资生堂创办于 1872 年，其取名源自中文《易经》中的"至哉坤元，万物资生"，"至哉坤元，万物资生"意为"赞美大地的美德，她哺育了新的生命，创造了新的价值"，资生堂的含义即为孕育新生命，创造新价值。这一名称正是资生堂公司形象的反映，是将东方的美学及意识与西方的技术及商业实践相结合，将先进技术与传统理念相结合，用西方文化诠释含蓄的东方文化。

　　1872 年，资生堂在日本东京银座创立了第一家西式调剂药房。1897 年，科学性地开发出了以西洋药学处方为基础，名为红色蜜露（EUDERMINE）的化妆水。从此，资生堂便一直致力于美肌和秀发的研究，研发出了许多革新商品和美容方法。1965 年，推出婵（Zen）香水，1978 年，推出滋润喷雾（Moisture Mist）化妆品系列。期间，资生堂另外推出的各种化妆品、香氛及护肤系列都选用了充满西方时尚的包装，甚至可与化妆品行业的其他三巨头相媲美。今天的资生堂不仅在日本，在世界范围内也受到众多消费者的喜爱，其产品已在全世界 85 个国家销售，成为亚洲第一、享誉全球的化妆品集团。与一般化妆品公司不同，资生堂对其公司品牌的管理采取分管品牌策略，每一品牌都设立独立的子公司，每个子公司均针对目标顾客制定销售方针。

（一）香奈儿（Chanel）——风华绝代的时尚经典

1. 品牌简介

　　加布里埃·可可·香奈儿（Coco Chanel，原名 Gabrielle Bonheur Chanel）于 1910 年在法国巴黎创立香奈儿品牌。该品牌产品种类繁多，有服装、珠宝饰品及其配件、化妆品、护肤品、香水等，每一类产品都闻名遐迩，特别是香水与时装。香奈儿是一个有着百年历史的著名品牌，其时装设计永

图 3-1　香奈儿 logo

远保持高雅、简洁、精美的风格。

香奈儿的标识由反向"双 C"组成，取自创始人 Coco Chanel 名字的首字母。双 C 交叠设计，常常出现在服装的扣子或者皮件的扣环上，是香奈儿的象征。双 C 展现了香奈儿追求完美的设计理念：女人要由内到外达到内在气质和外在形象的双向完美。

2. 品牌历史

1910 年，香奈儿女士在法国的巴黎创立了香奈儿品牌。当时的香奈儿只有帽子、服装等为数不多的产品系列。1920 年，香奈儿在巴黎坎朋街 31 号创立了自己的设计沙龙，从此香奈儿扎根巴黎。1921 年，香奈儿推出了"香奈儿 5 号"，把奢华与优雅融合在一起，打破了传统的香水风格，这标志着香奈儿开始向香水、化妆品领域进军。她与著名的魏泰玛（Wertheimer）兄弟合作，创建了香奈儿香水公司，当时她只拥有 10% 的股份，并于 1931 年将代理权拱手相让，使得香奈儿一生都未拥有过香奈儿香水公司，这也成为香奈儿最大的遗憾。

著名的"香奈儿 5 号"香水是由香奈儿的调香师恩尼斯（Ennis）于 1921 年创制的，他是一个很有才华的调香师。恩尼斯在 1924 年制造出了"Cuir de russie"香水，两年后推出了"Bois des Iles"香水，1927 年，发布"Ardenia"香水，成功地为香奈儿建立起庞大的香水帝国。"香奈儿 5 号"香水是香奈儿公司推出的第一款合成花香香水，它打破了当时风行的纯甜美风格，香气持久而清新，让人享受到无与伦比的美妙。这使得"香奈儿 5 号"香水一直稳居世界销售冠军的宝座。

第二次世界大战期间，香奈儿被迫关闭了她在巴黎的店铺，但是香奈儿香水却依然被魏泰玛兄弟重新包装宣传，再次占领了全球市场。1954 年，香奈儿重返法国，东山再起。1970 年 8 月 19 日，推出了"香奈儿 No. 19"清新冷艳的芬芳花香香水，这是香奈儿最喜欢的香水，那天是香奈儿 87 岁生日，这也是香奈儿生前亲自推出的最后一款香水。

20 世纪 80 年代，雅克·波热（Jacques Polge）被任命为香奈儿公司的新一代调香师。他最著名的作品就是 1984 年推出的"COCO 小姐"（COCO MADEMOISELLE），这款香水表达了香奈儿一生追求完美、绝不妥协的强烈个性，被称为"香奈儿风尚"。

1925 年，香奈儿开始生产少量腮红、口红和护肤品，供自己和客人使用。在化妆品方面，香奈儿可谓煞费苦心，每一季都会推出一种新商品，而且过季不售。现在，香水和化妆品已成为香奈儿表现相当出色的项目。对于香水，香奈儿自有一套理论："香水应当像当面受了一巴掌那样，用不着待了 3 个小时才让人闻出来，要很浓郁才行。"

3. 品牌评价

香奈儿不仅是全球知名的品牌之一，更是地球上女人最想拥有的品牌。曾经担任过法国文化部部长的安德烈·马尔罗（Andre Malraux）在被问到他对香奈儿的看法时说：

"20 世纪的法国，将会留给世人三个名字：戴高乐（Charles de Gaulle）、毕加索（Picasso）和香奈儿（Coco Chanel）。"从这句话可以看出，这个品牌在法国乃至世界的巨大影响力。

香奈儿已经不仅仅是一个品牌，它在时尚界缔造了一种历久弥新的风格，自信热情的香奈儿女士将这种精神融入她的每一件产品设计之中，形成独特的品牌文化，使香奈儿成为独具个人风格的奢侈品牌。

4. 代表作品

（1）"香奈儿 No. 5" 香水

香奈儿 No. 5 香水是 1921 年推出的第一支乙醛花香调的香水。它的味道由法国南部 Grass 的 5 月玫瑰花、茉莉花和乙醛等 80 种成分组合而成，清幽的繁花香气凸显女性的娇柔妩媚。前调是伊兰花和若橘的新鲜花香，配以湿草味，给人摩登现代的感觉，然后香体由玫瑰和茉莉带出，最后以白檀为基底衬托。其中的主味大多是人工合成的现代花香香精（通称乙醛），可使香味多变化，而这正是 Chanel NO. 5 的最大特色。在香奈儿之前，没有人敢朝花香之外的香氛求发展。

为什么命名为"香奈儿 5 号"呢？这是很多人乍见这瓶香水所共有的疑问。其实香奈儿女士早就和"5"这个数字结下了不解之缘，"5"是香奈儿女士的幸运数字，当时巴黎香水界的名鼻 Ernest Beaux 研制了几款香水样品，香奈儿女士在众多香水样品中，选择了第 5 支香水，而 Chanel No. 5 香水的发表日，与 Chanel 第 5 场的时装发布会同时举行。

香奈儿女士认为，香水是女性整体装扮中最后一道画龙点睛的重要步骤。因此，就算当时只有香水世家才会推出香水，以服装设计师出身的香奈儿女士也决定坚持要以 Chanel 的品牌推出香水，并在瓶形设计方面有明显的天赋和卓越的见解："我的美学观点跟别人不同：别人唯恐不足地往上加，而我一项项地减除。"正是这个理由，使香奈儿 5 号香水瓶简单的外形设计在同一个时期的香水作品里面，成为看起来最奇怪的一支，因为在所有极尽繁复华美之能事的香水瓶里面，唯有香奈尔 5 号香水像一只光溜溜的药瓶。可是这一种简单，形成了一股新的美学力量成功地打进了名媛淑女们高雅的心房，她们终于不必溺于浮华的富贵中，而可以在简洁有力的设计中，找到可贵的质感。

（2）"CoCo 小姐" 香水

CoCo 小姐香水的创作灵感来自香奈儿女士深爱的东方情调。CoCo 小姐香水给人的感觉很特别，尤其是清新与浓郁的强烈对比，从辛辣刺激到芬芳花香，使用者可以体会到完全不同于以往香水的特殊感受。CoCo 小姐香水以令人振奋的柑橘香调为开瓶主调，并借此牵引出混合了 Grass 玫瑰花的味道和东方茉莉花的清香两种

图 3－2　香奈尔 CoCo 小姐香水

花香组成的主调。随后，香水香调融合了波本香草的感性、印度广藿香的深沉，以及海地香根草的温暖，让人体会到浪漫唯美的异国情调。最后，伴随着温柔而舒畅的白麝香，CoCo 小姐香水圆润独有的尾香香氛气息更是令人回味无穷。CoCo 小姐香水重新诠释了充满现代风味的轻盈和性感，低调的香气更是强调了一位性感出众女人的独立特质、自信且妩媚女性的风范，同时兼具艺术性、知性与绝对的性感，深受新时代女性的喜爱。这款香水的外观设计和"香奈儿5号"一样，也是一个长方体，体现了香奈儿女士所追崇的形式简洁、精神完美、绝不妥协的强烈个性。

（3）"Chance 邂逅"香水

继经典的 Chanel No. 5 后，全新香氛 Chance 邂逅以崭新的浑圆形象，成为香水新经典、明日世界的新典范。香奈儿香氛大师 Jacques Polge 以三年时间调制的 Chance 邂逅香水，是特别针对年轻勇于尝试、爱好幻想、热情活力、狂野却又纤细的年轻女性所设计。香奈儿为 Chance 邂逅香水找来俄罗斯模特儿 Anne Vyalitsyna 为国际形象大使，正是看准她那份年少轻狂的自信、多元化的性格特质和自然的美态，成为反映现代年轻女性的最佳人选。

Chance 邂逅一推出，即在美国造成轰动，以清新花香为主调，动态香味层融合风信子、白麝香、粉红胡椒、茉莉、香根草、柑橘果、鸢尾和琥珀广藿香，散发甜美的感觉之余，也带有感性及热情的气息、甜美与辛辣交织的嗅觉体验，充分表现时代女性朝气勃勃及勇敢果断的一面，香奈儿创新的行星式香味，摆脱一般前、中、后味的固定形式，让你的甜美气质充满无限惊喜。

外包装及瓶身摆脱了过往的设计，创造了令人难忘的新感受，以浑圆的瓶身愉悦视觉，粉红色包装挑逗感官。有别于 Chanel 经典香氛的方形瓶身，香奈儿 Chance 邂逅香水是香奈儿史上第一款圆形瓶子的香水，正式为 Chanel 揭开了这个新纪元的序幕！在浑圆之内，注满的是狂野的动力、性感的魅力及澎湃的创造力，亦蕴含着宇宙无限的意义，成功地为 Chanel 香水写下历史的新一页。

（二）雅诗兰黛（Estée Lauder）——极致奢华的美国香氛

1. 品牌简介

图 3 - 3　雅诗兰黛 logo

雅诗兰黛是美国雅诗兰黛公司旗下的化妆品旗舰品牌，以具有抗衰修护功能的护肤品闻名。雅诗兰黛公司是全球领先的大型生产商和销售商。1946 年，雅诗兰黛公司成立于美国纽约，拥有的护肤品品牌包括倩碧（Clinique）、海蓝之谜（La Mer）、朗仕（LAB SERIES）、Prescriptives、悦木之源（Origins），化妆品品牌 Bobbi Brown、M. A. C.，男性香水品牌 Aramis 等，同时，该公司也为七大美国顶级时装品牌，如

Donna Karan、Michael Kors 等进行香水的贴牌生产。

雅诗兰黛品牌标识由两部分组成，上半部分是 Estée Lauder 首字母的手写花体 E 和 L 的组合；下半部分则是雅诗兰黛的英文全称 Estée Lauder。黑底金字的搭配，透出品牌的高雅与超凡脱俗。

2. 品牌历史

1946 年，雅诗·兰黛和约瑟夫·兰黛在美国纽约建立了一个小公司，主要出售四种护肤品，这个不起眼的小公司就是雅诗兰黛公司的前身。1948 年，兰黛夫人凭借出众的口才，说服纽约著名大百货公司 "SAKS 第五大道" 允许自己开设专卖柜台。雅诗兰黛作为高档美容护肤品牌的知名度，从此直线上升。

1953 年，雅诗兰黛推出 "青春之露"（Youth Dew），这是一种香氛沐浴油，可以当香水使用。"青春之露" 上市后大获成功，打破了法国香水一统天下的局面，使得高档的香水不再是少数贵妇人才能使用的奢侈品，而雅诗兰黛也获得了创新和优质的美誉。此后，雅诗兰黛的香水一直颇受时尚界推崇。比如，它的 BEAUTIFUL 香水，其广告一直以新娘为主角。据说，BEAUTIFUL 香氛的创作灵感源自兰黛夫人此生最美好的回忆以及令人感动的誓言。兰黛夫人曾说过："我不希望 BEAUTIFUL 闻起来像是玫瑰花、栀子花或任何一种单独的花香。我要令 BEAUTIFUL 成为世上最奇妙、最丰富、最和谐的千百种花香调集于一身的香氛。"

20 世纪 60 年代，雅诗兰黛开始大举拓展国际市场，先后进入英国、加拿大、澳大利亚、德国、法国和日本。雅诗兰黛的专柜大多设立在高档百货店内，如伦敦的哈罗德、巴黎的老佛爷等。越是时尚昂贵的地方，就越符合兰黛夫人的心意。

此外，公司还不断扩充自己的产品线，1964 年，推出男用香水和美容护肤产品，1968 年，建立倩碧实验室，研制生产经过抗敏试验、不含香精的美容护肤产品。1990 年，为适应全球环保潮流，雅诗兰黛成立了 Origin 有限公司，该公司研制的产品突出纯天然植物配方，不经动物实验，所有包装都可以回收利用。

雅诗兰黛仍然保持着浓郁的家族色彩，最高管理层中有 4 人是家族成员。2004 年 4 月，一手创建雅诗兰黛公司的兰黛夫人在曼哈顿的家中去世，享年 97 岁。兰黛夫人在 1998 年被《时代》周刊评为 20 世纪最有影响力的 20 位商业奇才之一，并且是唯一的女性。

兰黛夫人一直认为，"每一个女人都可以永远拥有美丽和时尚"。由此，她将自己的生活品位和对时尚的敏感度融入雅诗兰黛品牌中，不但重塑了美国化妆品行业的面貌，更影响了全球的化妆品市场。尽管业绩斐然，雅诗兰黛品牌始终坚持创造这个美丽事业时的初衷——为每个女性带来美丽。坚信科学研发的力量；保持积极向上的精神状况；体验护肤品带来的改变；保持与人良好的交流，这些精神至今仍是品牌为女性带来的指引与启迪。

3. 品牌评价

雅诗兰黛被誉为化妆界美国式的传奇，备受美国女性的追捧。在全球，雅诗兰黛已经成为时尚完美的典型代表。它在全球高端化妆品领域的地位牢固可靠、不可动摇。在消费者眼中，雅诗兰黛已经成了完美的代名词。他们相信这个品牌，相信兰黛夫人所提倡的"好产品会为自己说话"的理念，从而成为这个品牌的忠实消费者。

"从来就不拒绝昂贵，但要物有所值"，这是雅诗兰黛让世界顶级时尚女人为之倾倒的经典秘诀。凭借对产品质量的严格控制和顾客承诺的忠实履行，雅诗兰黛这个品牌在不断地创新、精于研发中赢得了品质优良的美誉，更成了科学与艺术完美结合的最佳范例。

4. 代表产品

（1）雅诗兰黛"欢沁香氛"（Estée Lauder Pleasures）

1995年，雅诗兰黛推出了"欢沁香氛"，它采用了首创的二氧化碳萃取技术，直接攫取整个花朵的香味，令花香栩栩如生，达到气味逼真却又不伤害真花的目的。"欢沁香氛"的花香乍浓还淡，前调在馥郁与清冷中环绕展开，纯净的绿百合花与新鲜紫罗兰花叶的香味相混合，就如春雨过后清风拂面，淡雅的香味唤起人们所有的甜蜜记忆；中香由香味持久的紫丁香、白牡丹、粉红玫瑰和纯茉莉花的香味组成，四种花香各有所长，混在一起整个香水飘送出清新自然的香气，使人感到欣喜和放松；最后香水以澄清的印度紫檀和薄荷油收尾，宛如大提琴低声的鸣奏，带人穿越到所有过往愉悦的回忆。这款香水花香纯净，给人传递一种温馨和热情的感觉，因此是一款男、女接受度都很高的香水。此外，由于后调中没有常用的植物香材定香，香水表现没有某些香水的张扬性暗示，更显得纯净和清新。

（2）雅诗兰黛"ANR系列护肤品"

雅诗兰黛ANR系列护肤品包括即时修护眼部精华霜、密集特润修护精华露以及即时修护特润精华露。1982年，Night Repair Cellular Recovery Complex 的推出标志着肌肤护理科技的发展进入了肌肤修护的全新阶段，首创细胞DNA修护概念，与肌肤自身修

护机制和生理代谢周期同步发挥作用，增强了肌肤天然的修复能力，帮助肌肤在夜间修复因受外界环境侵袭而造成的损伤和老化迹象。1991年，特润修护露 Advanced Night Repair Cellular Recovery Complex 再次创新，在 Night Repair 的配方中添加了专利技术，将与改良配方的特润修护露模拟肌肤天然修护机制，增强了肌肤天然的修复能力并有效地减退肌肤老化迹象。临床试验的结果表明，这种高效的配方能帮助肌肤抵御高达90%来自外界各种污染造成的自由基侵害，并支持肌肤构筑天然防御系统，自然抵御更多的外界刺激。

图 3-4 ANR

1998 年，特润嫩白修护露 Advanced Night Repair Whitening Recovery Complex 融汇特润修护露专利配方和尖端美白科技的特润嫩白修护露，专门针对亚洲女性最关注的肌肤美白问题，由内而外，具有修护、保护、美白三重功效。产品蕴含独有的美白复合物，能迅速渗入肌肤真皮层，彻底修复褶皱，日复一日使用，肌肤将如同婴儿般幼滑嫩白。其独特配方能强化细胞修护能力，防止黑色素沉淀，淡化细纹及斑点；菁纯植物性配方在细胞表面形成防护膜，有利于抑制黑色素分泌，从早到晚，由内而外，全方位保护肌肤。

2002 年，眼部修护精华霜 Advanced Night Repair Eye Recovery Complex 专享的眼部配方，汇集特润修护露配方的所有精华与功效，将眼部护理升级为眼部修护。柔和轻盈的凝胶质地，能直达眼肌真皮层，密集呵护娇嫩纤薄的眼周肌肤，深层滋润，全方位改善浮肿、眼袋和黑眼圈，深层修护细纹、皱纹等各种眼部问题。

（三）兰蔻（Lancôme）——优雅浪漫的巴黎玫瑰

1. 品牌简介

兰蔻 1935 年诞生于法国，是由阿曼达·珀蒂让（Armand Petitjean）创办的品牌。作为全球知名的高端化妆品品牌，兰蔻涉足护肤、彩妆、香水等多个产品领域，主要面向教育程度、收入水平较高，年龄在 25 ~ 40 岁的成熟女性。

图 3 – 5　兰蔻 logo

兰蔻的标识很容易被人们记住。兰蔻标识的上方是一枝盛开的玫瑰花，标识的下方是兰蔻的英文名称 Lancôme，彰显了唯我独尊的不凡魅力以及对自己品牌的崇高责任。最下面的一行小字 Paris，再一次印证了兰蔻诞生于时尚、文化和爱情浪漫之都——法国巴黎。

2. 品牌历史

很多人都说，兰蔻的诞生起始于彩妆大师阿曼达·珀蒂让的一个华丽的梦。在梦的开端，有一地的玫瑰花瓣厚厚铺散，玫瑰花的红搭配其优雅的香，蔓延成一段精致的表演，阿曼达·珀蒂让便是这场表演的发起者，也是唯一的演绎者，他挥霍着自己独有的对美的灵感还有不断散发的热情，为美容界带来了一幕幕关于品牌、关于时尚的精彩。

对芬芳一直情有独钟的阿曼达·珀蒂让选择了用香水来开启自己完美的梦，1935 年，他从 5 个有名的香料中提取灵感，大胆地创造了兰蔻的品牌。此举看似狂妄，却又和阿曼达·珀蒂让"20 世纪奢华香水之父"的身份极为契合，晚些时候，兰蔻又推出了 Océane 产品系列（1955），产品的概念至今仍然在使用，即配方中含有非常纯净的海草，辅之以海藻和标记元素。这些革新在很大程度上要归功于"techniciennes"，即那些毕业于兰蔻的学校并将兰蔻的品牌带到了世界各地的女性技术人员的努力。

1936 年，兰蔻发布了著名的护肤系列 NUTRIX，这一产品的滋养和活力配方被沿用至今，经久不衰。之后的 1955 年，兰蔻上市了一款新的护肤产品系列 Océane line，该系列产品蕴含极致纯净的海藻精华，这种独一无二的创新科技使得兰蔻品牌的科研声誉传遍全球。

兰蔻以其对女性的独特热爱，创造出了 Rose de France 这样一款散发着保加利亚野玫瑰花香味的粉色唇膏。这款有着 18 种不同颜色、散发诱人芬芳的唇膏俨然是一件艺术珍品，是彩妆世界中的一颗明珠。

1950 ~ 1960 年，兰蔻相继推出了 Marrakech 极品香水、Magie 魔幻香水、Trésor 真爱香水。这几款香水无论在包装原料还是香氛上都获得了巨大成功，确立了兰蔻在香水品牌中不可动摇的地位。一年后，被誉为"香水的凡尔赛宫"的兰蔻新工厂在巴黎南部投入运营。

20 世纪 70 年代，兰蔻进军美国市场，以高档的品质、优雅的形象、亲切的个性魅力征服了西方市场。

1975 年，兰蔻第一款睫毛膏推出，至今仍处于世界行业领先地位和最畅销的单品行列。护肤品也是兰蔻最引以为傲的项目，微脂囊最早运用在 1985 年推出的新生日间修护霜当中，毫微胶囊分子运用在 1996 年推出的再生青春修护液及再生青春眼霜中，这些高科技的保养品输送系统都是兰蔻率先应用在护肤品中，印证了兰蔻的高科技形象，强化了兰蔻在业界的领导地位。

2005 年 6 月 28 日，兰蔻设备完善的现代化实验室诞生了，秉承权威性、有效性、安全性和愉悦性四大终极理念，超过 1400 名的研究人员研发先进技术和产品，与散布全球的实验室和科学家合作，针对各类人群的不同需求提供高效安全的产品。兰蔻已在全球拥有三大实验室，以奉献用户最有针对性和完美效果产品为目标，历久弥新的经典兰蔻不断焕发出新的活力。

诞生于时尚、文化和浪漫爱情之都的兰蔻蕴含稀世的优雅。它始终坚持"美的承诺"的品牌理念，用特有的迷人玫瑰魅力使自己成为闻名世界的经典香水品牌。

3. 品牌评价

兰蔻这一品牌早已成为法兰西精神的代名词。兰蔻被誉为法国国宝级化妆品牌，带着法兰西与生俱来的优雅和美丽，为世界各地的人们所熟悉和喜爱。兰蔻将细心、迷人和富有文化底蕴的气质与美丽结合，为世人传递着来自法兰西的优雅的艺术品位和简练的生活方式。兰蔻的品牌符号是一枝玫瑰，用长达 80 多年的历史凝结成这枝玫瑰所代表的品牌精髓，承载着一缕私密的浪漫，永恒地根植于女性的心中。经典的 Logo 加上法兰西玫瑰造就了兰蔻的精美包装，造就了一个美容界的成功品牌。发展至今，已成为引导潮流的全方位化妆品品牌。

4. 代表产品

（1）璀璨（Trésor）香水

璀璨香水，又称"珍爱"香水，诞生于 1990 年，法文原名 Trésor，是"珍贵时刻的香水"的意思，是世界上最受喜爱的香氛之一。它蕴含着玫瑰、铃兰花、紫丁香花的淡雅芬芳，点缀以杏花、鸢尾花等的浓郁香液。足以激发心间含苞待放的激情。"璀璨"是一款生气蓬勃的香水，独特的香调组合，让它在香水世界中名留青史。

图 3-6　璀璨香水

香调：花果香调；前调：玫瑰、水蜜桃、杏花；中调：紫丁香、山谷小百合、鸢尾花、香草；尾调：琥珀、麝香。

兰蔻的这款经典香水，沉香悠远，散发着成熟温婉的高贵气息。它含有格拉斯橙花的迷人气息，如同一束花，芳香四溢。

璀璨香水由各种鲜花的香味组合而成，散发着醉人的百花香气，涂后叫人留下深刻的印象。当玫瑰花开启香调时，立刻受到许多清新花朵的簇拥，组成温馨、木质的感性香调。

（2）奇迹（Miracle）香水

2000 年，为了进军美国市场，兰蔻发布了奇迹香水，这也成为兰蔻在新世纪创造的一个经典奇迹。这是一款轻柔、有女人味的香水，花香调和辛辣调和谐散发。小苍兰和荔枝的花香，是如此清新与微妙，散发出自信迷人的女人味。生姜和胡椒的辛辣，瞬间令人精力充沛，充满活力。香调：花香辛辣调；前调：小苍兰和荔枝；中调：生姜和胡椒；尾调：麝香、檀香和茉莉。

奇迹香水以柔曼的苍兰芳香为前调，给人微风拂面的感觉，伴以清雅的木兰花的芬芳，让人心旷神怡；再加上经典的茉莉花香收尾，唯美浪漫的气质使得整款香水达到了极致。奇迹香水的外包装是日出时天空的颜色，瓶身晶莹剔透，富有光线感；它的内部则有圆润的过渡，一切浑然天成。当它蜷缩在你的掌心中时，它就像是从那里诞生的，

令人意外而着迷。奇迹香水的瓶子大胆地运用了现代材质与非凡的比例，超越了流行与时代，创造了现代与永恒。选择奇迹香水更代表一种对生活的不懈追求，只有牢牢掌握自己的命运，每分每秒，奇迹都在演绎。

（3）兰蔻"精华肌底液（小黑瓶）"

10 年的不懈钻研，兰蔻全球研发中心解密了年轻基因所特有的蛋白质模式，开启了未来护肤的大门——"基因保养"。兰蔻精华肌底液是有史以来第一款由蛋白质组学测试证明功效的产品。这项创新研究表明，定期使用精华肌底液后，肌肤表面将出现年轻肌肤的特征。

图 3-7　兰蔻小黑瓶

通过体外实验重建的肌肤模型证实，兰蔻精华肌底液配方中的专利活性物质精华能够重新激发特定基因的活性，从而促进修护蛋白质的合成。通过这种方法，肌肤在 6 小时后便可重新产生这种特有的修护蛋白质。

（四）克里斯汀·迪奥（Christian Dior）——华美浪漫的魅惑风情

1. 品牌简介

Dior

图 3-8　迪奥 logo

克里斯汀·迪奥（Christian Dior），简称迪奥（Dior），是著名的法国时尚消费品牌。迪奥公司由法国时装设计师克里斯汀·迪奥于 1946 年创立，总部设在巴黎。主要经营女装、男装、首饰、香水、化妆品、童装等高档消费品。

迪奥的品牌标识简单直观而又清晰。迪奥的名字"Dior"，在法语中是"上帝（Dieu）"和"金子（Or）"的组合，金色后来也成了 Dior 品牌最常见的代表色。迪奥的很多产品系列还使用他的名字 Christian Dior 或首字母 CD 作为标识，以彰显其品牌的独特个性。

Christian Dior 有三种标识，最常用的两种是：Dior 和 CD。这两种标识同时用在迪奥的香水、化妆品、配件等不同系列中。在时装上则单独使用 Christian Dior Paris 的标识。

2. 品牌历史

克里斯汀·迪奥并不是服装设计出身，他毕业于巴黎政治学院，作为企业家之子，他对艺术的热情却从未消退。1946 年，在时尚领域不断浮沉后，已经不惑之年的克里斯汀·迪奥才在巴黎 Montaigne 大道开了第一家个人服饰店。

1947 年起，迪奥公司即成立了自己的美妍研发中心。公司有近 200 位研究人员、生物学家、医师、药物学家与全球联网的 20 多家大学研究中心与科学机构合作，共同在创新美妍科技的最前线努力工作。对于每款产品，触感一直是迪奥强调的重点，亦是他们坚持不变的传统。柔滑的触感，美丽的肌肤以及迷人的芳香都是女性所要求的重点；迪奥的护肤产品带来的是科技与愉悦的完美结合。

1947 年，克里斯汀·迪奥推出了他的第一个时装系列：急速收起的腰身凸显出与胸部曲线的对比，长及小腿的裙子采用黑色毛料点以细致的褶皱，再加上修饰精巧的肩线，颠覆了所有人的观念，被称为"New Look"，意指 Dior 带给女性一种全新的面貌。为了配合他设计的 New Look 时装系列而推出了迪奥的第一款香水——"迪奥小姐（Miss Dior）"。"迪奥小姐"是世界上第一款以橙花、鼠尾草、栀子花等清新香气作前调，沉香、岩蔷薇花的浓香作为尾调的香水，这一浓一淡，即典雅又脱俗。后来，迪奥公司又在此款香水的花香中加入了一种清淡的绿叶香气。在当时的欧洲，到了开始使用香水年龄的少女，都喜爱"迪奥小姐"的香味。这款香水为迪奥拉开了香水传奇的序幕，在接下来的数十年中，迪奥推出了 18 款香水，缔造了一个名副其实的香水王国。

克里斯汀·迪奥重建了战后女性的美感，树立了整个 20 世纪 50 年代的高尚优雅品位，亦把 Christian Dior 的名字，深深地烙印在女性的心中及 20 世纪的时尚史上。

3. 品牌评价

自 1947 年迪奥创始以来，这一品牌一直是华丽、高雅和充满艺术感的代名词。不论是香水、时装、化妆品或是其他产品，迪奥在时尚殿堂一直雄踞顶端。迪奥品牌之所以被消费者誉为经典，主要是其设计注重创新又不失优雅，能够给女性带来一种全新的面貌。迪奥品牌已经诞生 100 多年了，但仍然是时尚史上最有名的品牌之一。

21 世纪的新女性对传统有着与生俱来的叛逆，她们渴望新奇、渴望诱惑、渴望充满了梦想又向往着实现这些梦想。她们雄心勃勃、冷艳如花；她们乐观向上、追求生活前卫。迪奥为她们设计出魅力十足的香水，激情冷艳中包含着慷慨与神秘，让这些女性的渴望实现、梦想成真。迪奥也由此成为永恒的传奇、永恒的经典。

4. 代表产品

（1）"毒药系列"香水

毒药（Poison）香水是法国迪奥公司出品的女用香水，属于东方香型。瓶身造型典雅，有红绿白紫蓝五种不同香氛的水晶包装。毒药香水问世于 20 世纪 80 年代，与其时而强调物质，时而强调个人成就的时尚风气相吻合。毒药香水所塑造的正是这种炽热而进取的女性神秘性感的体现，充满着诱惑与迷人的气息，一种叫人无法不为之心动、为之吸引的浓浓芬芳。

毒药香水共有五款：紫毒（Dior Poison）、绿毒（Tendre Poison）、红毒（Hypnotic Poison）、白毒（Pure Poison）和蓝毒（Midnight Poison）。

图 3 - 9　毒药系列香水

紫毒的香型为，香调：东方花香调；前调：芫荽；中调：野莓、橙蜜、夜来香；尾调：防风根。

绿毒的香型为，香调：柑橘花香调；前调：柑橘、白松香；中调：小苍兰、橙花；尾调：檀木、香草精。

红毒的香型为，香调：辛香花果调；前调：马来西亚胡椒、铃兰肉桂；中调：橘花蜜、黑醋栗、卡他夫没药；尾调：龙涎香、黎巴嫩蔷薇。

白毒的香型为，香调：东方花香调；前调：茉莉、甜橙、佛手柑、西西里柑橘；中调：橙花、水栽栀子花；尾调：檀香、白琥珀、龙涎香。

蓝毒的香型为，前调：天竺薄荷为主；中调：玫瑰为主；尾调：黄金琥珀为主。

（2）"真我"香水

真我（J'adore）香水由迪奥于1999年推出，随即受到女性的追捧。真我香水的前调为黄缅桂花、常春藤叶和柑橘，中调则由兰花、紫罗兰、玫瑰花的香味组成，配合以由大马士革梅、黑莓麝香、圭亚那紫木组成的基调，表达了女性化的感性、妩媚、自信、能量，阐释出女人最真的情感和内心深处的真实自我，可谓21世纪女性的真我宣言。J'adore纯净、永恒的瓶身造型，体现了迪奥香水一贯的格调，高雅而迷人。细长的瓶颈，用金色的领巾环绕了一周，更加显得高贵不凡。瓶身光滑透明没有一点修饰，J'adore这几个字母很美地隐藏在水晶瓶盖上。犹如那句广告词："这个世界不再是黑白两色，而是金色的。"

图3-10
真我香水

（五）伊丽莎白·雅顿（Elizabeth Arden）——美国纽约的尊贵红门

1. 品牌简介

图3-11　伊丽莎白·雅顿 logo

伊丽莎白·雅顿（Elizabeth Arden）是全球最负盛名的化妆品及香水公司之一。由佛洛伦丝·南丁格尔·格雷厄姆于1910年在美国纽约创立。早在几十年前，伊丽莎白·雅顿便彻底改变了整个世界对美的认识！雅顿夫人以跨世代的创新想法将美与运动相结合，通过红门沙龙向消费者灌输健康美以及形体塑型的理念。

雅顿的产品线包括护肤保养品、彩妆、香水等，雅顿不断攀升的业绩及来自世界各地的认同使它已成为一个全球知名的化妆品名牌。

伊丽莎白·雅顿的标识中间是一扇红色的大门，这个大门的设计源于雅顿在纽约第五大道开设的第一家全方位的美容沙龙的大门。大门以粉红色为基调，华丽高雅的装潢，代表了伊丽莎白·雅顿通向高端时尚的梦想之门。标识的底色为黑色，表现了品牌的深厚底蕴和庄重的承诺。

2. 品牌历史

1910年，伊丽莎白·雅顿（Elizabeth Arden）创始人弗洛伦丝·南丁格尔·格雷厄姆女士从亲戚手中借了6000美元，在美国时尚中心纽约第五大道开设了自己的美容沙龙。不久后，弗洛伦丝·南丁格尔·格雷厄姆改名为伊丽莎白·雅顿（Elizabeth

Arden），并以此作为美容沙龙的名称。"伊丽莎白"这个名字是从当时一本著名的小说《伊丽莎白和她的德国花园》中得来的，而雅顿这个名字是从一本诗集《伊诺克·雅顿》中获得的。伊丽莎白·雅顿这个名字一开始就赋予了浓郁的诗情画意。

最初，伊丽莎白·雅顿只卖别人生产的香水，直到 1922 年，第一款由伊丽莎白·雅顿自己配制的香水正式推出。此后，雅顿夫人陆续推出了一系列安全有效的护肤品，一跃成为化妆品品牌的权威，到现在这个地位还一直保持着，佛洛伦丝也因此得到英国皇室的嘉奖。20 世纪 70 年代，公司以最高水平的配方，开发了至今仍很畅销"精纯渗透护肤系列"产品。另一突破性产品是"矿泉口红"，这类含水性的新型口红，滋润效果特佳，获得了各界消费者的一致好评。1989 年，推出的红门香水（Red Door），既使人联想到闻名遐迩的美容院，也继承了伊丽莎白·雅顿一贯雅致、明丽的风格，至今畅销不衰。1990 年，雅顿公司推出根据先进的科研成果生产的抗衰老护肤产品——"脸部时空复合胶囊"，上市后好评如潮，根据市场反馈雅顿再接再厉，又相继推出了 6 种"时空保养"系列护肤产品，使"时空保养"系列护肤产品成为行销全球的伊丽莎白·雅顿招牌产品。1993 年推出的 Sunflowers 香水、1996 年推出的第五大道香水（Fifth Avenue）等都为雅顿公司赢得了香水界的奥斯卡奖—— FiFi 大奖。凭借公司在香水业的盛誉，Elizabeth Arden 先后取得了 Chole、Karl Lagerfeld、Fendi、Elizabeth Taylor 等品牌的香水制造权，为这些品牌推出了经典的香水系列。1999 年，推出的"绿茶香水"也以其创新的思维与绿茶的首度引用震撼了香水界。

1966 年，伊丽莎白·雅顿逝世，那时她已是 88 岁高龄。雅顿夫人生前曾留下遗嘱，伊丽莎白·雅顿公司不可以被分割出售。然而，公司最后还是在 1971 年被出售给了其他公司，并于 1989 年落到联合利华集团手中。近年来，联合利华旗下的伊丽莎白·雅顿公司一直致力于扩大包括护肤品、彩妆、香水在内的多元化产品线，推广并提高其产品在世界各地的认知度。

3. 品牌评价

享誉全球的"红门王国"——伊丽莎白·雅顿品牌是化妆品业的一个传奇。《财富》杂志曾这样评价："美国只有三个品牌能够享誉全球：可口可乐、辛格缝纫机和伊丽莎白·雅顿的化妆品。"消费者认为使用伊丽莎白·雅顿这一品牌给他们带来了自信和时尚，这一品牌早已成为高雅和自信的代名词，深受女性的喜爱。雅顿夫人曾说过："追求自然与美丽是每位女性与生俱来的权利，我就是来帮助她们达到此目的的。"正是秉持着这样的信条，雅顿夫人始终走在美容业的最前沿，不断地给爱美的女性带来新产品与新理念。她还被《生活》杂志评选为"20 世纪最有影响力的美国人"。这是因为她所创建的雅顿品牌改变了人们的美容观念，引领了美容、保养的时尚潮流。

4. 代表产品

（1）"第五大道"香水。第五大道（5th Avenue）香水由美国伊丽莎白·雅顿公司在1996年推出。这是一款清甜的东方花香调香水。前调由紫丁香、菩提树花、木兰香、铃兰、中国橘、佛手橘组成，给人清新甘甜的感觉；中调为保加利亚玫瑰、紫罗兰、茉莉、印度长梗玫瑰、桃花、丁香叶，表现出女性自信、现代以及优雅时尚的一面；尾调则由琥珀萃取物、西藏麝香、檀香、香水草构成，给人温和淡雅的感觉。淡雅的花香是时尚白领女性的最爱，自推出以来一直是最畅销的香水之一。第五大道香水的瓶身设计简洁大方，颇具现代节奏，以纽约曼哈顿

图3-12 第五
大道香水

的摩天大楼为瓶侧的线条，简单、利落、优雅、冷傲。第五大道处于曼哈顿的中轴线，是纽约最繁华的街道。这款香水表现了伊丽莎白·雅顿的事业发源地，又体现了雅顿夫人追求尽善尽美、不屈不挠、孤傲群雄的精神，自然成为那些自信、时尚、追求个性的女性的最爱。第五大道香水完全诠释出了纽约第五大道的华丽和高贵，至今也是一款在浪漫之都巴黎畅销的北美香水，这也是雅顿最成功的经典产品之一。

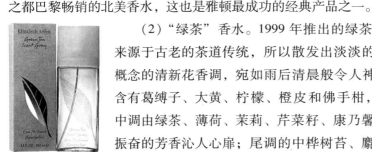

图3-13 绿茶
香水

（2）"绿茶"香水。1999年推出的绿茶（Green Tea）香水的灵感来源于古老的茶道传统，所以散发出淡淡的知性及高雅气息。其全新概念的清新花香调，宛如雨后清晨般令人神清气爽、心旷神怡。前调含有葛缚子、大黄、柠檬、橙皮和佛手柑，散发出清新悦人的芳香；中调由绿茶、薄荷、茉莉、芹菜籽、康乃馨、茴香的香味组成，令人振奋的芳香沁人心扉；尾调的中桦树苔、麝香和白琥珀的香味令人身心舒缓，散发着温暖心灵的芳香。绿色的香水瓶身也给人淡雅宁静的感觉。对于全世界的忠实用户来说，伊丽莎白·雅顿绿茶香氛不仅仅是一种香氛，更是一种生活方式，一个让女性充分感受健康的感觉世界。

（六）娇兰（Guerlain）——绚丽奢华的法兰西时尚

1. 品牌简介

娇兰（Guerlain）由皮埃尔·娇兰于1828年在法国巴黎创立，当时主营香水，经过几代人的不懈努力，今天的娇兰已经成为在香水、护肤和彩妆各方面美容产品的领军品牌，娇兰旗下的每一款产品均有极高的口碑评价和大批稳定的忠诚使用者。

娇兰（Guerlain）的标识最上方是一个蝴蝶型兰花团，象征着美丽的愿景。中文翻译成娇兰，就像一朵很娇嫩、美丽的兰花。下面大写的英文是创始人姓氏GUERLAIN，

图3-14 娇兰logo

凸显以家族姓氏命名的品牌。下方一行小字 PARIS 表示娇兰的诞生地是充满浪漫色彩的法国巴黎。背景是淡紫色的花纹图案，表现了高贵典雅的巴黎风范。

2. 品牌历史

身为国际香水业大师，皮埃尔·娇兰先生当时在整个欧洲的地位实属独一无二，单是使用他旗下香水的名人就数不胜数，这其中包括欧也妮皇后、维多利亚女皇和无法使人忘记的奥地利皇后希茜。

皮埃尔·娇兰是一个才华横溢的艺术家，出生于巴黎。他早年去英国学习化学，学成后返回法国，住在巴黎。1828 年，身为医生和药剂师的他本着对香水的钟爱及对精妙品质的不懈追求，经过反复试验和多方面的大胆尝试，终于得以在巴黎开设了一家香水专营店。最初，娇兰的香水店里出售的多为自英国进口的时尚品。也许是命运，也许只是巧合，医学背景为他提供了发挥灵感的现实途径，皮埃尔·娇兰开始调配香水。这位年轻的香水家在一个街角的小工厂内，发明了很多崭新的香水品种。

自 1830 年开始，他尝试着把他的香水产品个性化，为某个特定的人或场合而制造。在皮埃尔·娇兰创立他的生意之初，他就以能为客户配制不同个性的香水而出名。当时娇兰最著名的顾客是大文豪巴尔扎克。

当时巴黎即将重建，一条林荫大道即将出现在人们面前，而娇兰很快就在新建的帕斯大道上设立了办事处，并开办了一家工厂。在两个儿子爱默和加布里埃尔的帮助下，他的品牌逐渐建立起良好的声誉，曾得到过比利时王后给予的王室许可。1853 年，皮埃尔·娇兰亲自研制出品的"皇家香露"的瓶子上印有拿破仑时代的蜜蜂标识，因此得到了欧也妮皇后的欢心，皮埃尔·娇兰也因此被指定为皇家御用香水师。

娇兰是名副其实的香水家族，皮埃尔·娇兰一手创立家族事业，而其儿子爱默及加布里埃尔更是将事业发扬光大的天才。1864 年，皮埃尔·娇兰逝世，秉承了父亲天赋的大儿子爱默接管了娇兰公司，他凭借着一系列新款香水的不断推出，迅速巩固了娇兰在香水业界的地位，从而为娇兰的非凡成就打下了坚实的基础。爱默继承了父亲的天赋，在父亲逝世仅 5 年以后，1889 年，就推出了著名的"姬琪"香水。这款娇兰香水和以前的娇兰香水都不同，非常时髦、非常完美，被看成是第一款现代香水，而且是最伟大的经典之作。"姬琪"被界定为半东方调的馥奇族香水，以今天眼光看来它并不复杂，但是它使调性的分层得以实现，第一次运用了综合方法来架构香料的排列。"姬琪"是爱默前女友的名字，也是雅克·娇兰（Jacques Guerlain）的昵称。香水瓶由娇兰家族的人担任设计，巴卡莱特制造，模仿了古典的化学试剂瓶的样子，瓶塞很像是香槟酒瓶塞。象征着香水所代表的快乐和幸福。非常奇怪的是，没有人规定它是为男人还是女人准备的，因为那时候分别并不明显，所以姬琪从此成了一款中性香水，但主要还是女用居多。

1900 年，娇兰家族事业传至第三代，加布里埃尔的两个儿子成为接班人：皮特专责管理，雅克专注创作。对于历史如此悠久的公司而言，最大的挑战莫过于如何把握传统资源以及创新精神这两者之间的平衡，在不失既有创作风格的前提下，开创并引领未来潮流。雅克承担起这个沉重而有分量的艰巨使命，推动着娇兰公司继续向前发展，从而成为20世纪香水界无人不晓的大师级人物。雅克神色郁郁，沉默寡言，对应酬场合有天生的厌恶，而且，与其他大师不同的是，他在家里进行香水的整个调配过程，而不是在工厂的实验室里。兄弟两人通力合作，最终奠定了娇兰在香水领域的领导地位。

3. 品牌评价

"光辉实属短暂，只有美誉才是永恒"。这是娇兰曾经说过的话。这一品牌被誉为百年的奢华传奇，它开创了法国娇兰与皇帝的渊源。1853年，法国娇兰创始人被拿破仑三世皇后钦点为御用香水专家，充分证明了这一品牌的影响力。娇兰推出"Eau de Cologne Imperiale"后被称为"帝王之水"，意为即使是君王也对它爱不释手，难以割舍。这个香水王国最娇艳的品牌骄子已经成了优雅浪漫的代名词。近200年来，娇兰共推出300余种香水，这些高产量和高品质的产品，使得娇兰不仅在法国几乎成了香水的代名词，而且在全球高档化妆品市场上也享有着至高无上的声誉。

4. 代表产品

（1）"一千零一夜（Shalimar）"香水。1925年问世的一千零一夜是历史上第一款东方香型的香水。Shalimar在梵语中是"爱之居所"的意思。它诞生的背后蕴藏着一个古老的印度爱情传说。300多年前，Jahan王继承了父亲的王位，成为印度的第三个国王。他一生一世只爱他的妻子Mumtaz Mahal。Mumtaz Mahal是一位穆斯林波斯公主，拥有倾城倾国的美貌，Jahan王对她一见钟情。结婚后，Jahan王曾为她修建了很多

图3-15　一千零一夜香水

花园，并在花园里种植世界各地香气馥郁的花朵。这些花园被称为Shalimar。她在Behrampur随夫征战、生下他们第14个孩子的时候因难产而去世。她的去世给Jahan王以沉痛的打击，短短几个月里，Jahan王就已是满头白发。为了纪念妻子，他按照妻子的遗愿为她在印度北部城市阿格拉修建了泰姬陵Taj Mahal。这款香水的制造过程中，曾经命名为"泰姬陵"，但最终还是命名为"Shalimar"，以纪念永恒而伟大的爱情。香调：东方型；前调：佛手柑、橘皮、紫罗兰叶、玫瑰；中调：鸢尾花、蜜桃、红醋栗；尾调：檀香木、香根鸢尾、雪杉。

图3-16　香榭丽舍香水

（2）"香榭丽舍（Champs-Elysées）"香水。1996年，迄今为止由让·保罗出品的系列香水中最卓越的一款"香榭丽舍"问世。完美的花香型，主要香氛由含羞草和醉鱼草构成。该香水舍弃浓郁的木香，

改为极难萃取香味的含羞草作为主要香调。以法国女星苏菲玛索为本香水产品的代言人。香水瓶身的设计让人联想起娇兰的香水殿堂。整个瓶身造型由巴黎的地标建筑凯旋门转化而来，它充满建筑之美的形状由拱门、娇兰印章和三角组成，象征着进入娇兰的神秘殿堂。前调：玫瑰、黑醋栗、杏仁、含羞草；中调：含羞草、醉鱼草；尾调：芙蓉花、杏仁木。

图 3 - 17　幻彩流星粉珠

（3）幻彩流星（Météorites）粉珠。幻彩流星是又一项才华横溢的创作，诞生于 1987 年的它堪称绝技。这些奇幻的彩色珠子在改善肤色方面无与伦比。每一种色彩都有专门的作用：粉红令肤色健康；绿色修正泛红瑕疵；紫色展现天然亮泽；白色令肤色白皙；珠光增添明亮和闪光。幻彩流星适合作为彩妆的最后润色，它赋予肌肤独特的光辉，将肌肤笼罩在神秘而柔和的光环中。幻彩流星粉珠的制造条件是绝顶机密，这些彩色珠子逐一经手工检验包装，并由精美珍贵的粉盒守护，以优美高雅的方式表达了真正属于娇兰的奢华。

二、世界顶级珠宝品牌历史

顶级珠宝首饰集独特的文化内涵、珍贵的材料、精致的工艺和高雅的气质于一身，是身份、地位和财富的象征。它们通常与皇宫贵族、影视明星、世界富豪有着千丝万缕的联系。世界顶级珠宝品牌在演绎辉煌的过程中对文化、历史、寓意有独创性的认识，他们通过广告、口碑效应、各种展览对品牌文化进行着精确的传播，并且数十年如一日不曾改变。也正是这种执着与坚持，使它们逐渐脱离了大众品牌低层次的价格战争，继而书写着璀璨百年的经典神话。

（一）国际珠宝类奢侈品牌分布状况

国际顶级珠宝品牌的数量，按照洲际排名依次是：欧洲、亚洲、美洲；按照国别排名依次是：法国、意大利、美国、希腊等（见表 3 - 1）。

表 3 - 1　国际珠宝类奢侈品牌分布

国别	数量	品牌
美国	2 个	蒂芙尼（Tiffany&Co.）；海瑞·温斯顿（Harry Winston）
法国	5 个	卡地亚（Cartier）；梵克雅宝（Vancleef&Arpels）；帝爵（Derier）；宝诗龙（Boucheron）；尚美（Chaumet）
意大利	4 个	宝嘉丽（Bvlgari）；德米亚尼（Damani）；爱伦斯特（Ancient）；波米雷特（Pomellato）
奥地利	1 个	施华洛世奇（Swarovski）

续表

国别	数量	品牌
希腊	2个	希腊女神（Oxette）；Folli Follie
日本	1个	御木本（Mikimoto）
中国香港	4个	周大福（CHOW TAI FOOK）；周大生（CHOW TAI SENG）；周生生（Chow SangSang）；谢瑞麟（TSL）

（二）国际珠宝类奢侈品品牌简介

1. 美国著名珠宝品牌简介

（1）蒂芙尼（Tiffany&Co.）

图 3 - 18　蒂芙尼 logo

蒂芙尼的创始人查尔斯·刘易斯·蒂芙尼（Charles Lewis Tiffany），于 1837 年在纽约创立了这个品牌。170 多年来，蒂芙尼一直以设计富有惊世之美的原创作品为宗旨。迄今为止，为包括英国维多利亚女王、意大利国王以及丹麦、比利时、希腊和美国众多声名显赫的百万富翁设计过作品。而创始人查尔斯本人也获得了"钻石之王"的美誉。

蒂芙尼是美国设计的象征，以爱与美、浪漫和梦想为主题而风誉了近两个世纪。它以充满官能的美和柔软纤细的感性，满足了世界上所有女性的幻想和欲望。"经典设计"是蒂芙尼作品的定义，也就是说，每件令人惊叹的蒂芙尼杰作都可以世代相传。蒂芙尼的设计从不迎合起起落落的流行时尚，因此它也就不会落伍，因为它完全凌驾于潮流之上。蒂芙尼的创作精髓和理念皆焕发出浓郁的美国特色——简约鲜明的线条诉说着冷静超然的明晰与令人心旷神怡的优雅。和谐、比例、条理，在每一件蒂芙尼设计的杰作中都能自然地融合并呈现出来。蒂芙尼的设计讲求精益求精，它能随意从自然万物中获取灵感并撇下烦琐和矫揉造作，只求简洁明朗，而且每件杰作均反映着美国人民与生俱来的直率、乐观以及乍现的机智。

拓展知识

蒂芙尼的代表产品

一、婚戒系列

1. Tiffany Setting, TS

1886 年，蒂芙尼独创了闻名于世的"Tiffany Setting"。这款"钻戒中的钻戒"是最光彩夺目，也是最美轮美奂的。它的六爪铂金设计将钻石高高托起在戒环之上，最大限度地衬托钻石，使其光芒得以全方位折射。

图 3 - 19　蒂芙尼钻戒

"六爪镶嵌法"面世后，立刻成为订婚钻戒镶嵌的国际标准。

2. Tiffany Harmony，TH

Tiffany Harmony 订婚钻戒系列将精湛手工切割而成的圆形美钻镶嵌于两侧渐变而成的纤细铂金戒环之上，独特的镶嵌设计优雅托举纯美的钻石，灵动轻盈。蒂芙尼珠宝工匠还以手工打造沿袭订婚钻戒戒环轮廓的同款婚戒。闪耀的钻戒和婚戒完美地诠释了无可挑剔的迷人风格。

图 3-20　TH 钻戒

二、"1837" 系列

图 3-21　1837 系列

为了纪念蒂芙尼的创始年度，蒂芙尼的设计师们将 1837 这个意义非凡的数字铭刻在其珠宝上，从而诞生了蒂芙尼"1837"系列。"1837"系列每款都刻有"T&CO"和"1837"标识，包括戒指、宽大环饰、卡式手镯、链式和锁扣等多种类型的首饰及配饰。1837 三环手镯是"1837"系列中最受欢迎的时尚配饰。此款设计将 3 枚别致脱俗的镯子串在一起，手镯上锁喉仍可独立活动，锁式线条简约，令手镯更加飘逸，富有灵动感。

（2）海瑞·温斯顿（Harry Winston）

海瑞·温斯顿是享誉全球超过百年的超级珠宝品牌，在切割钻石上的精湛工艺与周密谨慎的考量，总能让钻石转手增加数倍的价值。除伊丽莎白女王、温莎女公爵等王室贵族之外，好莱坞知名影星更是海瑞·温斯顿珠宝的偏爱者。

图 3-22　海瑞·温斯顿 logo

海瑞·温斯顿向来只挑选最出色的宝石原料，经手过的无数珍宝也是公司最大的骄傲之一。另外，海瑞·温斯顿品牌的手工艺可谓无可挑剔。为了能让钻石在最小的体积内容纳最大的光芒，好的切割手法起着关键的作用。作为钻石花式切割翘楚的海瑞·温斯顿宁愿牺牲重量而为每颗原钻石找寻最适合的切割形状，尊重每一块原钻石的本型，最终让钻石闪耀出最完美的光芒。同时，海瑞·温斯顿独特的镶嵌手法也是其享誉国际的原因。为了尊重每颗钻石自身的特点，海瑞·温斯顿从不会事前画好设计图再寻找钻石，而是根据每颗钻石的原型进行创意发挥。最为著名的"Cluster"镶嵌设计法不仅保持了钻石原有的色泽，更将钻石最自然、纯粹的一面呈现出来，成了海瑞·温斯顿设计中的经典。

　拓展知识

海瑞·温斯顿的代表产品

一、"The Incredibles" 顶级珠宝系列

海瑞·温斯顿最新推出全新"The Incredibles"顶级珠宝系列，独一无二的精选上等宝石，非凡精致的设计，极美的线条比例，成就的不仅仅是这个

图 3-23　"The Incredibles" 钻戒

系列，也让我们体验到 Harry Winston 的传奇魅力——几近完美的稀有祖母绿，粉红、靛蓝、翠绿、金黄……色彩浓艳的彩色宝石闪耀摄人光华。美石当前，一切言语都显得苍白乏味。

二、"希望之星（Hope）"蓝钻

海瑞·温斯顿自创立以来，不断搜珍猎奇，收藏了大量的绝世珍宝。"希望之星"是海瑞·温斯顿历史上最为神秘、最为知名的蓝钻。"希望之星"来自印度，重达 45.52 克拉，有着令人窒息的美感——在深邃静谧的湛蓝色中泛着一点灰色调，周围以 16 颗梨形及枕形切割的白钻点缀，搭配 45 颗钻石打造而成。

目前，"希望之星"保存于史密森博物馆的海瑞·温斯顿展馆，每年都有将近 700 万人前来参观。

图 3－24　希望之星

2. 法国著名珠宝品牌简介

（1）卡地亚（Cartier）

卡地亚（Cartier SA）是一家法国钟表及珠宝制造商，于 1847 年由 Louis-Franèois Cartier 在巴黎 Rue Montorgueil 31 号创办。1874 年，其子亚法·卡地亚继承管理权，由其

图 3－25　卡地亚 logo

孙子路易·卡地亚、皮尔·卡地亚与积斯·卡地亚将其发展成世界著名品牌。现为瑞士历峰集团（Compagnie Financière Richemont SA）下属公司。1904 年，曾为飞机师亚伯托·桑托斯·杜蒙设计了世界上首只戴在手腕上的腕表——卡地亚山度士腕表（Cartier Santos）。

回顾卡地亚的历史，就是回顾现代珠宝百年历史的变迁，在卡地亚的发展历程中，一直与各国的皇室贵族和社会名流保持着息息相关的联系和紧密的交往，并已成为全球时尚人士的奢华梦想。百年以来，美誉为"皇帝的珠宝商、珠宝商的皇帝"的卡地亚仍然以其非凡的创意和完美的工艺为人类创制出许多精美绝伦、无可比拟的旷世杰作。

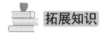 拓展知识

卡地亚的代表产品

一、"LOVE"系列

1970 年，当全世界广为传颂"爱与和平"的主题时，卡地亚设计师 Aldo Cipullo 专门为情侣们设计了互相表示爱意的 LOVE 系列手镯。LOVE 系列带有独特螺丝设计的手镯只能由情侣用特制的螺丝刀打开，意味着爱情的永恒。之后，LOVE 系列还衍生出了戒指、耳环、手链、项链等产品。

图 3－26　LOVE 系列产品

二、"猎豹"系列

图 3-27 猎豹系列

动物在卡地亚的发展历史中扮演着重要的角色，珠宝大师总是善于捕捉虎豹伸爪的微妙细节和昆虫展翅的优雅姿态，以精湛的工艺打造出载入史册的经典之作。其中，温莎公爵夫人最为青睐的猎豹系列是引导世界潮流的代表作，已成为卡地亚的传奇象征。卡地亚猎豹系列珠宝的神态活灵活现，细节生动完美，将猎豹刚柔并重的神韵刻画得出神入化。

（2）梵克雅宝（Vancleef&Arpels）

梵克雅宝（VanCleef&Arpels）的故事开始于一段美好的姻缘。19 世纪末，Estelle Arpels 和 Alfred VanCleef 的结合促成了梵克雅宝于 1906 年的诞生。那一年，他们在法国凡顿广场 22 号设立了梵克雅宝的第一家精品店。从此，梵克雅宝坚持采用上乘宝石

图 3-28 梵克雅宝 logo

和材质，加以精湛的镶嵌技艺、匠心独具的理念，成就了其不朽的百年传奇。梵克雅宝自诞生以来，便一直是世界各国贵族和名流雅士所特别钟爱的顶级珠宝品牌。

梵克雅宝以其独树一帜的设计理念和精湛的工艺赢得了世界的赞誉。它浸染了巴黎的艺术气息，紧随自然的韵律，应和一颗颗渴望飞扬的心，在珠宝的殿堂中，演绎着和谐轻盈之美。

 拓展知识

梵克雅宝代表产品——"仲夏夜之梦"系列

图 3-29 仲夏夜之梦
系列

梵克雅宝以莎士比亚的著名剧作《仲夏夜之梦》为创作灵感复活了一个充满神秘魅力的"珠宝花园"。并以莎士比亚浪漫诗句"A Midsummer Night's Dream"为名，缔造出一个小仙子与小精灵居住的梦境国度：四周是浪漫而神秘的树林、令人心醉的天与地，钻石及珍贵宝石精密配合制成的 Folie des Prés 系列，将设计师的匠心独运表露无遗。仲夏夜之梦又一次创造了珠宝的视觉盛宴。

仲夏夜之梦的几组珠宝各具特色，充分调动了大自然的元素，当中包括以钻石及珍贵宝石精密配合制成的叶片系列；运用特别的镶嵌技术的水之镜系列；以风为灵感，轻盈纤巧的爱抚系列，弥足珍贵，令人爱不释手。

（3）宝诗龙（Boucheron）

宝诗龙是 GUCCI 集团旗下的顶级珠宝公司。1858 年，年仅 28 岁的设计师 Boucheron

成立了自己的品牌，并在巴黎最时尚的皇家宫殿区开设精品店，设计了许多贵重的珠宝首饰、腕表和香水。现如今，Boucheron成为一个国际化品牌，在欧洲、俄罗斯、美国、日本、韩国和中国台湾等地开设了精品店，并且在中国大陆开设了第一家精品店——外滩18号店。Boucheron是世界上为数不多的始终保持高级珠宝和腕表精湛的制作工艺和传统风格的珠宝商之一。

图3-30　宝诗龙logo

 拓展知识

宝诗龙代表产品——"危险美丽"系列

宝诗龙危险美丽系列是新艺术风格的代表，"蛇形"是危险美丽系列的重点：将闪闪发光的钻石蛇项链戴在颈上时，蛇头吊坠会垂荡在胸前，而在黄金嵌钻蛇形戒指上，蛇的尖牙清晰可见，嘴中还含着红宝石。该系列运用了宝诗龙钟爱的蓝宝石——由蓝宝石串成的几何形耳坠从耳际一直垂到肩，令佩戴者妩媚非凡。拥有60件精品的危险美丽系列，设计大胆果断，继承了宝诗龙以往的奢华张扬的气势，诠释出名副其实的"危险之美"，加之珠宝大师无懈可击的工艺技巧，该系列已经成为宝诗龙的经典之作。

图3-31　危险
美丽系列

3. 意大利著名珠宝品牌简介

BVLGARI

图3-32　宝格丽logo

宝格丽（Bvlgari）。1879年，索帝里欧·宝格丽举家移民到意大利的那不勒斯，1884年，他在罗马开了一家银器店，专门出售精美的银质雕刻品。意大利的宝格丽是继法国卡地亚和美国蒂芙尼之后的世界第三大珠宝品牌。宝格丽在首饰生产中以色彩为设计精髓，独创性地运用多种不同颜色的宝石进行搭配组合，再运用不同材质的底座，以凸显宝石的耀眼色彩。

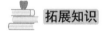 **拓展知识**

宝格丽代表产品——"B. Zero 1"系列

1999年推出的B. Zero 1系列是宝格丽最成功的产品系列之一。"B. Zero 1"中的B代表宝格丽的品牌名称缩写，Zero 1意指0与1皆为万物的起始，也象征了对所爱的人始终如一。B. Zero 1以弹性瓦斯管的旋涡曲线为设计理念，沿用了宝格丽招牌式的双标识，巧妙地运用了白金和

图3-33　B. Zero 1
系列

黄金等各种贵重金属，以及彩色凸圆形宝石、心形宝石、密镶圆形切割的钻石等珍贵宝石。设计新颖，极具时尚感，温润的风格完全显现了宝格丽的品牌精神。

4. 希腊著名珠宝品牌简介

Folli Follie。Folli Follie 于 1982 年由现任总裁 Dimitris Koutsolioutsos 先生及其夫人 Ketty Koutsolioutsos 在希腊创立，专长于设计、制作与销售首饰、手表及时尚配饰。如今，Folli Follie 在全世界 25 个国家已拥有超过 390 个销售网点，

图 3 – 34 Folli Follie logo

秉承"完全时尚理念"，为人们创造"价位合理的时尚奢华"，以满足现代白领的时尚需求。Folli Follie 集团旗下拥有 Folli Follie 和 Links of London 两个品牌，在国际市场上设计、生产并经销这两个品牌的首饰、手表、配饰和礼品。

拓展知识

Folli Follie 的代表产品——"K"系列

Folli Follie 最高端的珠宝系列就是以创始人 Ketty Koutsolioutsos 夫人的名字命名的 K 系列。K 系列将繁复高贵的气韵演绎得淋漓尽致：金、银与宝石、半宝石等珍贵材质奢华混搭。华丽的流苏、粗犷却不失优雅的银链，深赋民族风情的细节设计，带着浓郁的怀旧气息令人眼前一亮。镀银链式与黑水晶的唯美邂逅，更迸发出时尚高贵的气场。

在 K 系列中，异域元素大放异彩，所有珠宝的灵感均源于 Ketty 本人的亚洲和远东之行。Ketty 一直将这一系列视为自己最为喜爱的作品，每年都会为大家带来一些来自世界各地的别样风情。

图 3 – 35 K 系列

5. 日本著名珠宝品牌简介

御木本（Mikimoto）。日本御木本珠宝的创始人御木本幸吉先生享有"珍珠之王"（The Pearl King）的美誉，以他创造的人工培育珍珠方法历代传承，到 2003 年，已有整整 110 年的悠久历史，向世人展示了各种珍珠首饰的无穷魅力。御木本珠宝对经典品质与典雅完美有着永恒的追求，无愧为"珍珠之王"的美誉。

图 3 – 36 御木本 logo

御木本的代表产品——"环球小姐后冠"系列

图 3-37 环球小姐后冠

御木本自 2002 年开始成为环球小姐的官方珠宝赞助商，而为其所设计的后冠，也全程在珍珠岛上制作完成。仿似凤凰飞舞的活灵线条，镶有 800 颗共重约 18 克拉的圆形切割钻石，搭配 120 颗南洋珠与日本养珠，每一年绝不缺席地为新任的环球小姐增添美丽。另一件相同的以凤凰为灵感的钻石别针，表现的是如羽毛般的层次感，也隐喻出生命的重生及延续，就如同浴火凤凰般地永恒。而融入 Art Deco 装饰主义新思维的春季商品，活泼的线条及串接形式，则让典雅的珍珠饰品多了摩登的气质。

6. 奥地利著名珠宝品牌简介

施华洛世奇（Swarovski）。1895 年，来自波西米亚的发明家丹尼尔·施华洛世奇（Daniel Swarovski）以其远见卓识，携同他最新发明的仿水晶首饰石切割打磨机器，移居到奥地利泰利莱郡的华登斯市。

图 3-38 施华洛世奇 logo

自此，施华洛世奇开始在时尚世界中迸发火花，更发展成为全球首屈一指的精确切割仿水晶制造商，为时尚服饰、首饰、灯饰、建筑及室内设计提供仿水晶元素。

施华洛世奇企业的两个主要业务，分别负责制造及销售仿水晶元素，以及设计制造成品。施华洛世奇仿水晶已成为国际设计作品必备的元素。自 1965 年起，公司便为高级首饰业提供精确切割的天然及人造宝石。

施华洛世奇的代表产品

图 3-39 花之海
系列戒指

施华洛世奇（Seaof Flowers）花之海主题产品（Happiness Pendant）选用超过 8 克拉的紫晶，配以钻石和蓝色托帕石点缀，凭借施华洛世奇的高精度贴合镶嵌技术，散发着令人着迷的魔力。整个饰品造型独特，扑闪着翅膀的蝴蝶拥簇在曼妙的花朵周围，如同精灵般的孩子永远依偎于母亲怀抱。

三、世界顶级钟表品牌历史

在奢侈品领域里，瑞士名表占有很大的比重。瑞士表已经成为奢侈品的一个代名词，一只表少则几万，多则几百万甚至上千万，深得富商贵族及收藏家的青睐。在绚烂夺目的名表世界中，四大钟表集团通过有步骤地兼并收购行动分别控制了各大品牌，在钟表业生产中占据主导地位。它们分别是斯沃琪集团、劳力士集团、历峰集团和 LVMH 集团。其中，前三家集团的制表商共占据全球 46.8% 的市场份额，即世界近一半的市场。斯沃琪集团 85% 的营业额来自钟表，劳力士集团 100% 的营业额来自钟表，历峰集团 48% 的营业额来自钟表。

（一）世界十大名表品牌介绍

（1）宝玑（Breguet）：现代制表之父。1747 年，宝玑在瑞士的纳沙泰出生，一生中创造了无数伟大的发明，如改良自动表、发明自鸣钟用的鸣钟弹簧，以及避震装置等。而其新古典主义的简洁设计更予人惊喜。1823 年，宝玑逝世。近代，宝玑的第五代孙在 20 世纪 50 年代制成具有飞返计时功能

图 3-40　宝玑 logo

的手表。其忠实用户有爱因斯坦、作家柴可夫斯基、法国路易十六、英国维多利亚女王。

图 3-41　百达翡丽 logo

（2）百达翡丽（Patek Philippe）：贵族的标志。于 1839 年建厂。百达翡丽表平均零售价达 13000～20000 美元。该公司是瑞士仅存的真正的独立制表商之一，训练一名制表师需要 10 年。前不久，百达翡丽再次刷新古董表的世界拍卖纪录，一只 1933 年为美国一位银行家定制的手表，成交价高达 1100 万美元。这只表具有 24 种功能，设计时间花了 3 年，又用 5 年时间才制成，一只表经历 8 年才完成。

（3）万国（IWC）：机械制造、品质超凡。万国表创立于 1868 年，制表已有 130 年历史。万国的创办人是美国波士顿工程师佛罗伦汀·琼斯，他在莱茵河畔的厂房中创立了瑞士最早期的机械制表工厂，实现了他的新颖构想——以机械取代部分人工制造出更精确的零件，而

图 3-42　万国 logo

后由一流的制表师装配成品质超凡的表。万国表的标识见图 3-42，IWC 是万国表公司的缩写。

（4）卡地亚（Cartier）：上流社会的宠物。卡地亚家族在 19 世纪中叶已是闻名遐迩的法国珠宝金银首饰制造名家。路易·卡地亚是当时颇受皇室权贵赏识的金饰工艺家。1888 年，卡地亚尝试在镶嵌钻石的黄金手镯上装上机械女装表。卡地亚表除了一部分由

设在巴黎的总厂制造之外，还有相当一部分与"爱彼""积家""百达翡丽""江诗丹顿""欧洲钟表公司"等著名公司签约特制，其功能造型工艺等可谓博采各家之长。

图 3-43　爱彼 logo

（5）爱彼（Audemars Piguet）：坚持百年传统。1875 年，两位青年才俊 JulesLouis Audemars 与 Edward Auguste piguet 在钟表制造艺术的发源地瑞士，携手开创钟表制造的辉煌事业，1881 年，正式注册"Audemars Piguet & Cie"爱彼表厂，爱彼表厂制造的钟表的图标如图 3-43 所示。从此，在国际表坛展开了一部经典传奇。爱彼表创办人 Audemars 与 Piguet 专注研制超薄机械零件，如鸣响报时器、日月星盈亏、计时码表、两地时间显示、温度测量器及指南针等，创制出精密复杂的机械表，屡获殊荣。

（6）劳力士（Rolex）：手表领域中的霸主。劳力士或许是人们最熟悉的一个牌子。劳力士公司的前身是"W&D"公司。由德国人汗斯·怀斯道夫与英国人戴维斯于 1905 年在伦敦合伙经营。1908 年，怀斯道夫在瑞士的拉夏德芬注册了"劳力士"商标，"W&D"由此改为"劳力士"。劳力士表最初的标识为一只伸开五指的手掌，它表示该品牌的手表完全是

图 3-44　劳力士 logo

靠手工精雕细琢的。以后才逐渐演变为皇冠的注册商标，以示其在手表领域中的霸主地位。劳力士表目前是全球最具价值十大品牌中的第三名。

图 3-45　江诗丹顿 logo

（7）江诗丹顿（Vacheron Constantin）：贵族的艺术品。江诗丹顿，创立于 1775 年，历史悠久，江诗丹顿公司创始人是哲学家让·马克·瓦什隆（Jean Marc Vacheron），他学识渊博，技艺精湛，是钟表业一代宗师，也是卢梭和伏尔泰的好朋友。也就是他，成立了世界上第一家表厂，这家制表厂就是江诗丹顿的前身。"可行性是永远存在的"——成为企业的格言。1891 年，Vacheron 的孙子和 Francois Constantin 携手合作，表厂的名字改为 Vacheron Constantin——也就是表厂今日的名字江诗丹顿。

（8）伯爵（Piaget）：值得欣赏的至尊之宝。伯爵表为表中后起之秀。它跻身于第一流手表行列，还是 20 世纪 40 年代后期的事。这个今天令无数人心向往之的顶级表，在其起飞前，却经历了近百年的缓慢发展。1874 年，庞埃其建立了制表工作室。第二次世界大战之后，庞埃其的两个孙子

图 3-46　伯爵 logo

吉拉德和凡伦汀重新组建公司，推出第一批伯爵手表。伯爵表以精良的品质，很快打入

高端市场。

图 3－47　欧米茄 logo

（9）欧米茄（OMEGA）：成就与完美的代表。佩戴欧米茄手表，代表成就与完美。OMEGA 这个钟表业与广告业都闻名的名字源于希腊字母（omega），始于 1848 年，深受品位人士的喜爱。欧米茄在帆船、田径、游泳等世界级赛事中担任标准计时，荣获奥运会指定计时器达 30 多次。欧米茄是第一只也是唯一一只在月球上被佩戴过的手表。欧米茄更邀请一些名人作为形象大使，如舒马赫、花样滑冰冠军陈露、瑞士头号网球手辛迪斯、皮尔期·布鲁斯南。

（10）积家（Jaeger-Le Coulter）：创造"吉尼斯纪录"。积家公司的前身是 1883 年由查而斯·安东尼·拉考脱所创立的制表公司，创始人是一位能工巧匠。他发明了能够将测量的准确度精确到 1/1000

图 3－48　积家 logo

毫米的"微米仪"，使钟表零件的加工精度大大提高。1992 年，积家制造出创"吉尼斯纪录"的微型机芯 2 令表（1 令＝2.256 毫米），震动了钟表界。1953 年，英女王伊丽莎白二世戴的就是一只全白金的镶嵌钻石的积家 2 令表。2008 年，全球仅一枚镶嵌 3000 余颗宝石玫瑰腕表价值 6908000 元。

（二）日内瓦高级钟表大赏

一年一度由 Edipresse 集团、瑞士日内瓦州与日内瓦市共同举办的"日内瓦高级钟表大赏（Grand Prix d'Horlogerie de Genève，GPHG）"素有钟表界奥斯卡大奖之美誉，堪称"表坛最高荣誉缔造者"。评选针对所有制表品牌开放，每年有约 300 个品牌及制表师竞相参与角逐全球高级制表业最负盛名、最具权威性和影响力的十大奖项。

"日内瓦高级钟表大赏"评委会将授予以下十个奖项：

（1）"金指针"大奖：该奖项颁发给包括所有类别参赛表款在内的最佳手表，是最有威望的荣誉。

（2）评审团特别奖：该奖项授予活动者、机构或者对促进高级制表业发展做出重大贡献的创始人。该奖项不可授予符合此条件的手表或品牌。

（3）最佳女装表奖：该奖项授予最佳女装表。

（4）最佳男装表奖：该奖项授予最佳男装表。

（5）最佳创新表奖：该奖项授予在制表概念上最具创新意义的突破。

（6）最佳珠宝工艺表奖：该奖项授予采用集以下一种或多种精湛技艺的表款：宝石镶嵌技艺、上釉技艺、雕刻技艺、上漆技艺、透雕镂刻技艺。

（7）最佳复杂功能表奖：该奖项授予具有以下一种以上重要复杂功能的表款：全

历、万年历、打簧装置、陀飞轮、追针计时。"小型实用复杂功能表"（带有自动上链、动力储存等功能的表款）不属于此类别。评委会可根据比赛过程中展示的新复杂功能选择是否扩大该类别的范围。

（8）最佳复杂功能表奖：该奖项授予专为运动测量和实践而设计的表款，至少应防水（满足 ISO 标准 2281）、防震（满足 ISO 标准 1413）。

（9）小指针奖：该奖项授予零售价格低于 7500 瑞士法郎的最佳表款。

（10）最佳制表师奖：该奖项授予年度最具创意制表师。制表师们无须申请该奖项。

"日内瓦高级钟表大赏"颁奖典礼上还将颁发以下奖项：

（1）公众奖：该奖项基于"日内瓦高级钟表大赏"颁奖典礼之前全球巡展期间的公共投票，或通过官方网站或合作网站的网上投票颁发。

（2）日内瓦制表学校最佳青年学生奖：该奖项授予日内瓦制表学校最佳一年级学生。获奖者还将获得由"日内瓦高级钟表大赏"主赞助商——Banque Privée Edmond de Rothschild 颁发的奖学金。

（三）顾客群分析

据《世界表业报告》，全球高级钟表市场总额中，排名前十名的国家亚洲占据五席，其中中国香港、中国内地位居前三。近年来，中国一直是高级钟表消费大国，根据瑞士信贷刊物《金融学家》统计，中国购买的瑞士高级钟表总数从 5 年前的 160 万块增长至 2013 年的 320 万块。这一数字代表着一个巨大的市场，这也使得像 GPHG（日内瓦高级钟表大赏）这样的组织愿意来到中国，带来更多的高级钟表新趋势信息，同时投入更多的精力来了解中国。

贝恩咨询的研究也指出，过去典型的奢侈品消费者是年长的欧洲男性或日本女性，而现在则变成了来自中国的年轻男性。考虑到男性通常把手表作为身份的第一象征，这对钟表市场是一个重大利好。来自瑞士钟表联合会的数据颇能证明中国钟表市场的能量。2008 年，中国香港首次登上了瑞士钟表出口地区（国家）排行榜的首位，当年成交金额接近 27 亿瑞士法郎，到 2010 年其与第二位美国的差距已经增加至 15 亿瑞士法郎。而中国内地市场则在 2010 年以近 11 亿瑞士法郎的成交额成为瑞士钟表的第四大出口国，与 2003 年的 2 亿瑞士法郎相比，翻了 5.5 倍。2009 年，钟表成了中国市场上消费额仅次于香水化妆品的奢侈品，而贝恩更据此预计其未来两年的年复合增长将高达 35%，远远领先于排在其后的手袋 20%～25% 的增幅。

基于中国钟表市场强劲的增长表现和发展潜力，各大品牌使出浑身解数讨好中国买家。欧米茄大中华区总裁卢克勤在接受《新财富》采访时就曾指出，早年欧米茄的男款手表很少有带钻的款式，但在中国，"欧米茄销售的手表中镶钻的比例非常之高"，因此，为了顺应中国消费者对钻石的偏爱，欧米茄在基础系列中加入了更多的镶钻款。

四、世界顶级皮具品牌历史

LV、GUCCI、HERMÈS等奢侈品品牌的皮具在人们的生活中越来越成为重要的点缀。这些奢侈品品牌经历了无数个抑或是繁华抑或是萧索的时代。它们有着高贵的血统、丰富的文化内涵，就像那些曾是贵族阶层的符号一样，让拥有它们的人有着别样的荣耀和尊贵。它们的历史中都萦绕着奢华的光辉，让人无法漠视也不敢怠慢。曾经颇受皇室贵族推崇的奢侈品品牌依然低调地华丽着，它们从来不去喧哗自己的奢华身份，相反更专注于从每一个细节上维护自己的品牌，传承品牌文化，依靠精益求精、传承百年的纯熟手工工艺，制造出无与伦比的经典产品。

（一）路易·威登（Louis Vuitton）

图 3 – 49　路易·威登 logo

路易·威登是法国历史上最杰出的皮件设计大师之一，于1854年在巴黎开了以自己名字命名的第一间皮箱店，标识见图3 – 49。一个世纪之后，路易·威登成为皮箱与皮件领域数一数二的品牌，并且成为上流社会的一个象征物。如今，路易·威登这一品牌已经不仅限于设计和出售高档皮具和箱包，而是成为涉足时装、饰物、皮鞋、箱包、珠宝、手表、传媒、名酒等领域的时尚潮流指标。

路易·威登的种种经典设计顺应了旅行历史的重要发展。1837年，法国首条铁路通车，1838年，第一艘欧洲蒸汽轮船首度成功横越大西洋，标志着现代旅游年代正式来临，当时巴黎行李箱工匠以人手制作的白杨木衣箱非常精美，他们又精于为皇室贵族收拾华丽的行装，所以首都巴黎对其产品需求随之急升。

1896年，路易·威登Monogram的帆布包首次面世，宣告了品牌的时尚面貌，独有的创意也成为其经典象征；随着游轮旅行的风靡，1901年，路易·威登推出Steamer旅行袋，标志着旅行软袋时代正式来临；1924年的Keepall旅行袋，改变了旅行的重量与打包方式，使得短途即兴的出行更为轻松优雅；1997年，随着艺术总监Marc Jacobs的加入，路易·威登将其精湛工艺及独有奢华延伸至时装、鞋履、腕表、配饰及珠宝精品，为顾客在法式传统中融入了时尚的色彩。

拓展知识

路易·威登的代表产品——LV "Speedy 手提袋" 系列

Speedy 手提袋堪称 LV 最畅销的明星商品。如图 3 – 50 所示，当初这款包是应顾客要求而特别定做的。这个包的主人就是在电影《罗马假日》里拿着一个 LV 旅行箱出走的奥黛丽·赫本，由于她希望有一个比较小的软袋可以随身携带，因此 LV 特别为她设计出轻巧的 Speedy。

图 3 – 50　Speedy 手提袋

LV Speedy 手提袋一直是众多女性心中的 No.1 经典单品。Speedy 30 恰到好处的大小尺寸、容量及携带型都恰到好处。Speedy 将 Keepall 旅行袋重新演绎，弧圆的外形令手袋空间更加宽敞，拉链阔开口附加挂锁，安全可靠。Speedy 最独特的是，既有挺度也可以折成扁平状而方便旅途中携带。LV Speedy 受到各年龄层人士的喜爱，其优雅的魅力外形，拥有人气不坠的顶级地位，也是许多人入门 LV 的基本款式。此款包无论在人气度、划算度、耐用度和整体感都是上上之选。此款包共有 5 种尺寸，其中最适中的是 Speedy 30，它已是 LV 的招牌包款式，因为太受欢迎，连专卖店也常会有缺货的情形。

（二）古驰（Gucci）

意大利皮具手工艺人 Guccio Gucci 先生于 1921 年创立古驰品牌。1938 年，Gucci 先生于意大利佛罗伦萨 Via Condotti 开设首间古驰专门店。一如大部分国际名牌，Gucci 的崛起也要感谢明星效应。20 世纪 60 年代的好莱坞明星多次被拍摄到用古驰的手袋，间接为古驰做了宣传。当中捧场者包括著名好莱坞影星奥黛丽·赫本及当时的美国第一夫人杰奎琳·肯尼迪（Jacqueline Kennedy）。由于杰奎琳·肯尼迪经常使用一款古驰手袋，此款古驰手袋更被冠以"Jackie"（杰奎琳的昵称）的名字。

图 3 – 51　古驰 logo

古驰的标识设计就如同它的商品一样，奢华高贵。金黄的颜色与设计形式给人们带来的感觉都无可挑剔地展现了其企业的气质，虽然说这样的奢侈品总是会让很多人望而却步，但却在人们心中留下了美好的印象。古驰的品牌标识富有整体感并且和谐，下方的图案体现出整个标识设计的核心，好的标志设计可以把一个企业推上更高的层次，而古驰在标识上就展现出一个更高的层次，一个很多人都想靠近的层次。华丽的设计感使整个古驰的企业标识设计在众多的品牌设计中更显雄风，也增添了其企业气势。

经过打磨过的外观创造出了古驰怀旧风格的产品，这种风格演绎出一种独特的手工制作品质，加强了全新的个性化触感。这种全新的、经过水洗处理的背包融合了工匠大师们创新的专业技能，使每件产品均可呈现出栩栩如生的独特外观。通过在背包上定制金色首字母缩写，更可使您喜爱的配饰成为一件永恒珍贵的传家之宝。

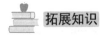　拓展知识

古驰的代表产品——"Bamboo Bag"竹节包

诞生于 1947 年的 Bamboo Bag 竹节包，可谓古驰家族中最具传奇色彩的经典产品。在第二次世

图 3-52 竹节包

界大战刚刚结束的第三年，百废待兴，原料匮乏，为了节省皮料，也因为某种灵感的闪现，古驰的第一只竹节包问世了。这就是 1947年"初生"的竹节包，在这只猪皮小包上，采用了弯曲的竹节手柄，从此之后，这种具有标志性的手柄设计就成为竹节包的象征。到了 20 世纪五六十年代，竹节包声名鹊起，成为当时皇室贵族、时尚名流、好莱坞明星们争相拥有的对象。直至今天，代表了"经典、传奇、品位……"等关键词的竹节包，依然是追求品质感的女性的最爱。

2010 年，在古驰品牌即将迎来 90 周年之际，古驰创意总监 Frida Giannini 对竹节包进行了一番再设计，这就是"New Bamboo（新竹节包）"。当经典遇到现代，带来的便是新生。先说说经典的"相同"。新版竹节包拥有超过 140 个配件，其制作的过程与 67 年来的经典之作相比，几乎没有什么改变。每只包包仍然出自佛罗伦萨的工坊，由工匠们耗费至少 13 个小时才能完成。最特别的

图 3-53 新款竹节包

竹节手柄，制作过程极为不易，需要由工匠用手将配件在火上烤热后进行弯曲。只有十分高超的手艺，才能完成这个完美的弧度。再来说说新版的"不同"。从材质上来看，新版竹节包保留了最经典的猪皮，同时还增加了牛皮、蟒蛇皮等皮质。新版竹节包更增添了流苏元素，成为那一年新竹节包的标志。到了 2014 年，更多、更新鲜也更具突破性的元素纷纷诵现。材质方面，绒布、帆布等都得以运用。而竹节手柄出现在更多包袋款上，令竹节包真正成为古驰最具识别性的象征元素。

（三）蔻驰（Coach）

图 3-54 蔻驰 logo

蔻驰品牌于 1941 年成立于纽约，一向以简洁、耐用的风格特色赢得消费者的喜爱。而拥有历久弥新之口碑的蔻驰包，最初的设计灵感竟是来自于一只垒球手套，品牌创立人在一次观看垒球比赛的现场时，惊讶地发现垒球手套具有越用越光滑、柔软的特性，他回去后就试着将皮革进行特殊处理，使之更柔软，具有不易脱色、磨损的特性，并且只要简单利用湿布擦拭，就能保有皮件的完美如新。这样耐久便利的设计，马上受到广大消费者的喜爱。蔻驰主营男女精品配饰及礼品，包括手袋、钱包、配饰、时尚首饰、鞋类、服饰、手表等。每一款蔻驰产品，都是设计与功能的完美平衡。

一直以来，蔻驰持续增加多种款式和材料，每样蔻驰包都有着强烈的美式风格，并坚持精致的高质量，成为美国皮件的第一品牌。历经了大半个世纪，时至今日，蔻驰的皮革工厂仍是由技艺精湛的皮革师傅负责，他们多半具有 20 年以上的皮革制作经验，

对皮革工艺充满了热爱与执着。对每一位蔻驰的皮匠师傅而言，蔻驰不仅仅是一个品牌的名称，更是他们心血的结晶和传承。

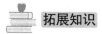 **拓展知识**

蔻驰的代表产品——Coach "汉普顿（Hamptons）" 系列

COAC汉普顿系列包括大提包、超大提包和皮夹，全部由满布蔻驰经典品牌图案的布料搭配精致皮革制成，匠心独运。其中的"汉普顿周末"是蔻驰第一个纯生活风格的系列，轻便、休闲、功能齐全而且经久耐用的特性使它无论在日常工作还是周末、旅游都非常适合携带。该系列从一开始就受到了极大的欢迎，于是品牌季复一季从色彩、风格和材质上不停地为它注入新元素，历久弥新的形象让它魅力日增。

图 3 - 55　汉普顿系列

（四）普拉达（Prada）

PRADA

图 3 - 56　普拉达 logo

1913年，普拉达在意大利米兰市中心创办了首家精品店，创始人马里奥·普拉达（Mario Prada）所设计的时尚而品质卓越的手袋、旅行箱、皮质配件及化妆箱等系列产品，受到了来自皇室和上流社会的宠爱及追捧。今天，这家仍备受青睐的精品店依然在意大利上层社会拥有极高的声誉与名望，普拉达产品所体现的价值一直被视为日常生活中的非凡享受。

最初的普拉达行李箱采用海象皮来制作，重量不轻，实在不适合带上飞机去旅行。因此，马里奥·普拉达改为采用轻便而耐用的皮革来制作行李箱，又研制出防水布料（Waterproof fabrics）销售到美国去。普拉达由行李箱和手袋起家，一直蓬勃发展及扩张，成为闻名世界的意大利品牌之一。普拉达提供男女成衣、皮具、鞋靴、眼镜及香水，并提供量身定制服务。

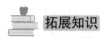 **拓展知识**

普拉达代表产品——Prada 尼龙包

1985年，Miuccia在参观一个空军基地时发现了作为军用帐篷和降落伞材料使用的尼龙面料经久耐用，当时激发了她的创作灵感。尼龙包使用的是聚酯材质，即使在强大压力或者是拉力之下都能完好如初。尼龙不像其他材料容易受损，更重要的是其表面的高密度分子使其不易沾上杂质。其价格也不会像皮革手袋那样昂贵，对于想拥有高品质手袋的人来说，是最好的"入门级"产品。

而且，尼龙的材质不像皮革那么突兀，因此可以很好地与各种套装搭配。Miuccia精心设计出了一款黑色尼龙精致背包，由于其轻盈、实用、时尚的特点很快就风靡起来，专卖店里一款又一款的尼龙手袋总是被抢购一空。自此，尼龙包成了普拉达产品中的经典，被反复推出。

图3-57 尼龙包

（五）芬迪（Fendi）

图3-58 芬迪logo

1925年，芬迪品牌正式创立于罗马，专门生产高品质毛皮制品。1955年，首次举办芬迪时装发布会。1965年，由于卡尔·拉格斐尔德（Karl Lagerfeld）的加入，芬迪逐渐增加了高级女装、男装、鞋靴、香水。其后公司逐渐发展壮大，经营范围扩展到针织服装、泳装等品类，甚至开发了珠宝、男用香水等。发展至今，芬迪品牌以其奢华皮草和经典手袋在世界高级时装界享有盛誉。

芬迪最广为人知的"双F"标识出自"老佛爷"卡尔·拉格菲尔德（Karl Largerfeld）笔下，常不经意地出现在芬迪服装、配件的扣子等细节上，后来甚至成为布料上的图案。定义了"FUN FUR"的概念，这成为芬迪双F标识（DOUBLE F）的灵感来源，而双F标识也在日后成为享誉世界的商标。2013年，正值品牌诞生88年，芬迪的标识又经过重新的设计与改进，加入了"ROMA"的字样，作为代表罗马瑰宝的象征，诠释着品牌真正的灵魂。

 拓展知识

芬迪代表产品——Fendi Baguette包

1997年3月，Silvia Venturini Fendi推出了Baguette包，这是一款备受追捧的手袋，为IT包现象奠定了基础。Baguette包，具有无数的色彩、装饰，以及面料变化。女士们即使同时挑选了Baguette，也会是不同的花色、材质或面料，也因此，每一个Baguette包都具有不同的个人特色，与当时流行的黑色极简主义尼龙系列形成了鲜明的对比。

图3-59 Baguette包

（六）爱马仕（Hermès）

爱马仕早年以制造高级马具闻名于法国巴黎，其后推出的箱包、服装、丝巾、香

图 3-60　爱马仕 logo

水、珐琅饰品及家居用品等 14 个系列产品令品牌更全面和多样化。

让所有的产品至精至美、无可挑剔，是爱马仕一贯的宗旨。爱马仕的大多数产品都是手工精心制作的，无怪乎有人称爱马仕的产品为思想深邃、品位高尚、内涵丰富、工艺精湛的艺术品。爱马仕精品让世人重返传统优雅的怀抱。"这个世界里不存在固定的穿衣模式，只有自然流露的开明个性方显出爱马仕所缔造的男儿本色。"爱马仕男装设计师维罗尼克·妮莎尼安（Veronique Nichanian）如是说。

爱马仕品牌形象建立于其一贯的高档、高质原则和独特的法兰西轻松风格，在此基础上融入流行因素，这正是其产品永具魅力的原因。保持经典和高质，将一流工艺的制作、耐久实用的性能与简洁大方和优雅精美相结合，爱马仕不但是身份、地位的象征，而且也被誉为能够让你一生永不落伍的时尚之物。

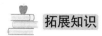　拓展知识

爱马仕代表产品

一、凯莉包（Kelly Bag）

1892 年，爱马仕凯莉包原型 Hight Bag 面世，1930 年，Hight Bag 修改尺码，方便配合女士携带，当时已是爱马仕的限量发行品。爱马仕凯莉包（Hermès Kelly）成名于 1956 年的 *Life* 杂志。当时杂志上刊登了摩纳哥王妃格蕾丝·凯利（Grace Kelly）怀着身孕拎着爱马仕凯莉包的照片，而"Hight Bag"也自此改名为"Hermès Kelly"，并因此卷起了狂潮。1980 年，凯莉包增加了 40 厘米的新款，最初只有 28 厘米、32 厘米和 35 厘米三种型号。

图 3-61　凯莉包

1970 年后所制造的爱马仕凯莉包均拥有一个独一无二的标记于背带内，当中纯字母代表工厂，之后为年份，最后则为制造工匠的编码。当爱马仕凯莉包需要维修时，便依此编号交回该工匠处理。

二、铂金包（Birkin Bag）

1984 年，Jane Birkin 在飞机上偶遇一位男性。当时她包里的东西散落一地，于是旁边的这位男性跟她说："你应该背一个有口袋的包包。"Jane Birkin 回答他说："等到爱马仕品牌出产一个带有口袋的包包，我就会买了。"这个男人回答她说："我就是爱马仕，我会为你制作一个带有口袋的包包。"这个男人就是 Jean Louis Dumas 先生，爱马仕品牌的 CEO，基于这个巧合，铂金包应运而生。Jane Birkin 提了一个建议，可以设计一个比凯莉包大点的包款，于是就有了这个风靡全球的铂金包。

图 3-62　铂金包

五、世界顶级服装品牌历史

有些人把服装称为人们的第二肌肤。服装不只是一件普通的陪衬物，更是一个人内在气质的外在表现。而高级服装更能够最大限度地体现出一个人的身份、品位以及魅力。

顶级服装是指在国际上享有很高的知名度和美誉度，注重品位和质量并且主要面向高端市场的服装产品。这些服装选用高档面料，制作精心，品质卓越，往往代表着服装的最高境界，属于奢侈品的范畴。与一般的服装相比，除了价格上的差别之外，更重要的，是这些服装能使消费者感受到一种精致和高雅的生活方式。

（一）国际顶级服装品牌简介

1. 法国顶级服装品牌简介

（1）香奈儿（Chanel）

1910 年，可可·香奈儿在巴黎开设了一家女装帽子店，凭着非凡的针线技巧，缝制出一顶又一顶款式简洁耐看的帽子。她的两位知己为她介绍了不少名流客人。当时女士们已厌倦了花哨的饰边，所以香奈儿设计得简洁、舒适的帽子对她们来说犹如甘泉一般清凉。短短一年内，生意节节上升，香奈儿把她的帽子店搬到气质更时尚的 Rue Cambon（康朋街区），至今这个区仍是香奈儿总部的根据地。做帽子绝不能满足香奈儿对时装事业的雄心，所以她进军高级定制服装的领域。

步入 20 世纪 20 年代，香奈儿设计了不少创新的款式，例如，针织水手裙、黑色迷你裙、樽领套衣等。而且，香奈儿从男装上获取灵感，为女装添上多一点男儿味道，一改当年女装过分艳丽的绮靡风尚。例如，将西装褛加入女装系列中，又推出女装裤子。不要忘记，在 20 世纪 20 年代女性只是穿裙子的。香奈儿这一连串的创作为现代时装史带来重大革命。她对时装美学的独特见解和难得一见的才华，使其结交了不少诗人、画家和知识分子。她的朋友中就有抽象画派大师毕加索、法国诗人导演尚·高克多（Jean Cocteau）等。那个时候，正是法国时装和艺术发展的黄金时期。1914 年，可可·香奈儿开设了两家时装店，影响后世深远的时装品牌"香奈儿"正式宣告诞生。

1971 年 1 月，香奈儿女士逝世后，1983 年起，由设计天才卡尔·拉格菲尔德（Karl Lagerfed）接班，他一直担任香奈儿的总设计师，将香奈儿的时装推向了另一个高峰。卡尔·拉格菲尔德有着自由、任意和轻松的设计心态，他总是不可思议地把两种对立的艺术感觉统一在设计中，既奔放，又端庄，既有法国人的浪漫、诙谐，又有德国式的严谨、精致。他没有不变的造型线和偏爱的色彩，但从他的设计中自始至终都能领会到香奈儿的纯正风范。还有一处有趣的地方堪可提及，就是品牌创立了接近百年，从未设计过一件男装，直至 2005/2006 的秋冬系列，才制作了几件男装上市而已。

（2）迪奥（Dior）

克里斯汀·迪奥于 1905 年出生于法国的诺曼底，Dior 在法文中是"上帝"（Dieu）和"金子"（or）的组合，金色后来也成了迪奥品牌最常见的代表色。1946 年，克里斯汀·迪奥才在巴黎 Montaigne 大道开了第一家个人服饰店。

1947 年 2 月 12 日，是个辉煌的日子，迪奥举办了他的第一个高级时装展，推出的第一个时装系列名为"新时尚"（New Look）。该时装具有鲜明的风格：裙长不再曳地，强调女性隆胸丰臀、腰肢纤细、肩形柔美的曲线，打破了战后女装保守古板的线条。这种风格轰动了巴黎乃至整个西方世界，给人留下深刻的印象，使迪奥在时装界名声大噪。当一个个模特儿出现在面前时，人们几乎不敢相信自己的眼睛：那圆桌摆大的长裙，那细腰，那高耸的胸脯，还有斜斜地遮着半只眼的帽子，顿时让人们眼前一亮，坐在观众席中的女士们为当时自己身上穿着的短裙及绑在身上的夹克开始感到懊悔不安，这一天迪奥大获成功。

不久，克里斯汀·迪奥带着他第一个时装系列"新时尚"，成功地将崛起的事业发展到大西洋彼岸——美国。消息很快传遍纽约，迪奥终于在纽约的第七街（闻名全国的街道）扎下根。迪奥的到来给一度因战火而与欧洲断绝往来的"山姆大叔"的家乡带来了欧洲时尚特有的魅力和色彩。人们开始告别超短裙、灯笼袖、平跟鞋和椰菜花式的帽子。迪奥的设计同时也打破了战前风靡一时的香奈儿式时装。迪奥那半遮脸的宽边帽及沙沙作响的大摆长裙，让人们追忆到更古典的时代。这便是迪奥强调的一种新风格。随后，迪奥有计划地将他的事业发展到古巴、墨西哥、加拿大、澳大利亚、英国等国家。短短的几年中在世界各地建立了庞大的商业网络。

的确，克里斯汀·迪奥重建了战后女性的美感，树立了 20 世纪 50 年代的高尚优雅品位，亦把其名字深深地烙印在女性的心中及 20 世纪的时尚史上。

（3）纪梵希（Givenchy）

1952 年，纪梵希这个品牌在法国正式诞生。它是以其创始人、第一位首席设计师休伯特·德·纪梵希（Hubert de Givenchy）的名字命名的。几十年来，这一品牌一直保持着优雅的风格，在时装界几乎成了优雅的代名词。而纪梵希本人在任何场合出现总是一副儒雅气度和爽洁不俗的外形，因而被誉为"时装界的绅士"，直到 1995 年 7 月 11 日纪梵希在他的最后一次高级时装发布会后宣告引退。纪梵希的这台展示会是空前的，也是令人难忘的。"时尚、简

图 3-63　纪梵希 logo

洁、女性化"——人们在他塑造的活泼而优雅的女性形象中重温了这一品牌多年来的风格本质。

以华贵典雅的产品风格享誉时尚界30余年的纪梵希，一直是时装界中的翘楚。要看纪梵希品牌的设计，可从经典美女奥黛丽·赫本身上反映出来。他与奥黛丽·赫本相识于1953年，从单纯的主顾关系，因为相互欣赏彼此的才华而进展成好朋友。随后40年的时间里，纪梵希不但为赫本设计日常衣饰，同时也负责设计赫本在电影中所穿的服装，包括《罗马假日》《珠光宝气》《甜姐儿》与《偷龙转凤》等。

2. 意大利顶级服装品牌简介

（1）范思哲（Versace）

来自意大利知名的奢侈品品牌范思哲（Versace）创造了一个独特的时尚帝国。该品牌创立于1978年，品牌标识是神话中的蛇妖美杜莎（Medusa），代表着致命的吸引力。范思哲的设计风格非常鲜明，独特的先锋艺术表征使其风靡全球，它强调快乐与性感，领口常开到腰部以下，撷取了古典贵族风格的豪华、奢丽，又能充分考虑穿着舒适及恰当地显示体形，在考虑不同人所需的同时更是一直坚持自己的风格。其中最魅力独具的是那些展示充

图 3-64　范思哲 logo

满文艺复兴时期特色的、华丽的、具有丰富想象力的女装款式，它们性感漂亮，女性味十足，色彩鲜艳，既有歌剧式的超越现实的华丽，又能充分考虑穿着舒适性及恰当地修饰体形。

范思哲善于采用高贵豪华的面料，借助斜裁方式，在生硬的几何线条与柔和的身体曲线间巧妙过渡，范思哲的作品都以线条为标志，性感地表达女性的身体，比起其他的品牌更提高了一个层面。在男装上，范思哲品牌服装也以皮革缠绕成衣，创造一种大胆、雄伟甚而有点放荡的廓型，而在尺寸上则略有宽松而感觉舒适，仍然使用斜及不对称的技巧。宽肩膀、微妙的细部处理暗示着某种科学幻想，人们称其是未来派的设计。范思哲还经营香水、眼镜、领带、皮件、包袋、瓷器、玻璃器皿、丝巾、羽绒制品、家具产品等。

（2）华伦天奴（Valentino）

华伦天奴是全球高级定制和高级成衣奢侈品品牌。说起华伦天奴，人们自然会感受到这个名字所具有的罗马贵族气息。华伦天奴代表的是一种宫廷式的奢华，高调之中却隐藏深邃的冷静，从20世纪60年代以来一直都是意大利的国宝级品牌。

历久弥新，永不过时，是设计师华伦天奴·格拉瓦尼（Valentino Garavani）对于设计所抱持的信念。如果你仔细观察华伦天奴的作品，就会发现它们精致得好像是艺术品。

华伦天奴大师的设计讲究运用柔软贴身的丝质面料和光鲜华贵的亮绸缎，加之合

身剪裁及华贵的整体搭配，舒展了名流淑女们梦寐以求的优雅风韵，赢得了杰奎琳·肯尼迪、玛格丽特公主、美国前第一夫人南希·里根以及大明星 Julia Roberts、Nicole Kidman、Liz Hurley 的青睐，她们甚至被贯上"Val's Gals"（Valentino 的女人）的称号。

华伦天奴大师许多标志性的设计在服装界有着重大意义。标准色"华伦天奴红"（Valentino Red）的采用，以浓烈而华贵的霸气震慑人心；那极致优雅"V"形剪裁的晚装，更是让人折服在这种纯粹和完美的创意之中。

华伦天奴·格拉瓦尼的传奇被公认为"意大利制造"的标记，他的品牌战略和创意一度推动全球时尚界进入新的水平，显示出胜人一筹的帝将雄风。

（3）杰尼亚（Ermenegildo Zegna）

创始于 1910 年的杰尼亚是世界闻名的意大利男装品牌，最著名的是剪裁一流的西装，亦庄亦谐的风格令许多成功男士对杰尼亚钟爱有加。多年来，杰尼亚品牌一直是众多社会名流所青睐的对象，杰尼亚不追求新奇的款式和华丽的色彩，以其完美无瑕、剪裁适宜、优雅、古朴的个

图 3-65　杰尼亚 logo

性化风格风靡全球。杰尼亚品牌除西装外，现已开拓了毛衣、休闲服和内衣等男装系列。迄今，杰尼亚已在巴黎、米兰、佛罗伦萨、东京、北京、上海、大连等世界服装名城开设了 220 多家专营店。

杰尼亚服饰一向精致无瑕、优雅古朴。长期以来，杰尼亚从不追求新奇的款式和华丽的色彩，而是凭借精美的面料，无与伦比的剪裁以及极高的制作品质享誉世界。自 20 世纪 80 年代起，杰尼亚集团开始进行纵深拓展，并在经营规模方面走向国际化。杰尼亚集团在西班牙和瑞士的分部全面负责新产品的研制及开发，并且在全球拥有近 200 家分店和上千家零售店。杰尼亚每年的销售额，已经占据世界高档男装市场份额的 30% 以上。

图 3-66　阿玛尼 logo

（4）阿玛尼（Armani）

阿玛尼是世界著名时装品牌，1975 年，由时尚设计大师乔治·阿玛尼（Giorgio Armani）创立于米兰，乔治·阿玛尼是在美国销量最大的欧洲设计师品牌，他以使用新型面料及优良制作而闻名。时装个性：优雅、沉稳、权力。

在两性性别越趋混淆的年代，服装不再是绝对的男女有别，乔治·阿玛尼即是打破阳刚与阴柔的界限，引领女装迈向中性风格的设计师之一。阿玛尼在校内主修科学课程，大学念医科，服兵役时担任助理医官，理性态度的分析训练，以及世界均衡的概念是他设计服装的准则。阿玛尼创造

服装并非凭空想，而是来自于观察，在街上看见别人优雅的穿着方式，便用他的方式重组再创造出他自己的、属于阿玛尼风格的优雅形态。许多世界高阶主管、好莱坞影星们就是看上这般自我的创作风格，而成为阿玛尼的追随者。

（5）杜嘉班纳（Dolce & Gabbana）

杜嘉班纳公司创立于1985年，总部位于意大利米兰。今天已成为在奢侈品领域中最主要的国际集团之一。产品系列主要包括女装、男装、内衣、泳装、香水、配饰、皮具、手表、眼镜。

杜嘉班纳的作风非常独特，创业之初不但婉拒交付大成衣工厂代工生产，坚持自己制版、裁缝、样品和装饰配件及所有服装，还只任用非职业模特儿走秀，对于当时讲究排场的时装界，是相当独树一帜的。杜嘉班纳的展示会中，经常播放古典音乐，而化妆、地中海发型及具有一头黑发和南方女子身材的模特所营造出的南意大利西西里岛风情，几乎已成为杜嘉班纳独特的标志风格。

杜嘉班纳首次在时装界脱颖而出，是于1985年在米兰时装秀上展示他们的以3种名称命名的新概念产品系列。杜嘉班纳的服装一直都以天主教妇女身上的黑色作为最主要的用色，南欧宗教色彩也转移为图案的表现上。除了南意大利西西里岛的创作灵感，强调性感的曲线，像是内衣式的背心剪裁搭配西装，是杜嘉班纳最典型的服装造型。

意大利女性穿着讲究饰品，使得杜嘉班纳的配件都显得相当华丽，从皮草制的复古提包，搭配绣满图案的及膝袜，都极具杜嘉班纳设计风格。与饰品相较，杜嘉班纳的眼镜就显得较为低调，避免复杂的金属装饰，复古简单的设计，凸显出干练的都会气质。

3. 英国顶级服装品牌简介

（1）巴宝莉（Burberry）

巴宝莉创办于1856年，是英国皇室御用品，于1879年研制了一种防水防皱、透气耐穿的布料：gabardine，由此赢得大家的认可。1901年，巴宝莉设计出的第一款风衣一直成为历久不衰的潮流，第一次世界大战期间，其设计的风衣被指定为英国军队的高级军服。第一次世界大战后，巴宝莉风衣更成为众多名人明星的大爱，当中包括奥黛丽·赫本和《北非谍影》男主角亨佛莱·鲍嘉及女主角英格丽·褒曼。

图3-67 巴宝莉 logo

巴宝莉品牌于1901年创作的骑士商标成为家喻户晓的标识。时至今日，翻开英国牛津辞典，巴宝莉已成为风衣的另一代名词。今天，巴宝莉通过不断提升它的设计和创新图饰来提高梦寐以求的吸引力，将其经典的感性与现今的时代性完美结合，在时尚中注入品质，成为一个永恒的品牌！

巴宝莉一直深受皇室喜爱，更分别于 1955 年和 1989 年成为皇室御用品牌。1997年，由于管理阶层的变动，现任 CEO Rose Marie Bravo 的加盟，巴宝莉的方向产生了变化，由向来主要为皇室和年纪较长的名人提供服饰转向为多个层面的客人普及，进一步扩大了顾客网络。

巴宝莉深受亚洲人喜爱，而日本人对之更为狂热。巴宝莉鉴于其在日本市场的号召力及炙手可热，特别以特许经营的合作方式让日本生产由当地设计，颜色较鲜艳、较年轻化及较便宜的 Burberry Blue Label 和 Black Label 系列。其产品更只以日本国内为唯一的销售地域，连作为总部的英国亦不可涉及两系列品牌的零售服务。有别于 Burberry London 的沉稳、厚实，Burberry Blue Label 给人的感觉是轻快而简约，故此不少少女也钟情于 Blue Label 和 Black Label 的产品。

（2）登喜路（Dunhill）

1894 年成立的英国男装品牌登喜路，强调将现代与传统相结合，带着浓浓的英伦绅士的优雅。登喜路承载着当代英国绅士的精髓，代表着一种生活品位和生活态度，不受传统思想束缚，热烈追求生活创意和喜悦。早在 20 世纪 20 年代，登喜路就已经成为英国皇家的御用供应商，威尔士亲王更是大力向各国显赫人物推介登喜路的产品。即使在战争时期，登喜路也是英国首相丘吉尔的至爱。

图 3 - 68　登喜路 logo

4. 美国顶级服装品牌简介

（1）拉尔夫·劳伦（Ralph Lauren）

RALPH LAUREN

图 3 - 69　拉尔夫·劳伦 logo

拉尔夫·劳伦来自美国，带有一股浓烈的美国气息。拉尔夫·劳伦名下的两个品牌 Polo by Ralph Lauren 和 Ralph Lauren 在全球开创了高品质时装的销售领域，将设计师拉尔夫·劳伦的盛名和拉尔夫·劳伦品牌的光辉形象不断发扬。除时装外，拉尔夫·劳伦品牌还包括香水、童装、家居等产品。

拉尔夫·劳伦时装设计融合幻想、浪漫、创新和古典的灵感呈现，所有的细节架构在一种不被时间淘汰的价值观上。拉尔夫·劳伦勾勒出的是一个美国梦——漫漫草坪、晶莹古董、名马宝驹。拉尔夫·劳伦的产品无论是服装还是家具，无论是香水还是器皿，都迎合了顾客对上层社会完美生活的向往。正如拉尔夫·劳伦先生本人所说："我设计的目的就是去实现人们心目中的美梦——可以想象到的最好现实。"

拉尔夫·劳伦的主要消费阶层是中等或以上收入的消费者和社会名流，而舒适、好穿、价格适中的拉尔夫·劳伦 POLO 衫无论在欧美还是亚洲，几乎已成为人人衣柜中必备的衣着款式！

（2）卡尔文·克莱恩（Calvin Klein）

从1968年开始建立自己的公司到现在，卡尔文·克莱恩已在时装界纵横了40年，享有盛名，并被认为是当今"美国时尚"的代表人物。他认为今日的"美国时尚"是"现代、极简、舒适、华丽、休闲又不失优雅气息"，从20世纪70年代崛起至今，一贯的现代都会风格深受品位族群的喜爱。卡尔文·克莱恩的作品干净、细致剪裁，在典雅、中性色调的布料中，展现一种简洁利落的时尚风貌，这也是卡尔文·克莱恩的设计哲学。他说："我同时发现美式风格的本质也具有国际化的特征。就像纽约，他并不是一座典型的美国城市，而是一座典型的国际都市。伦敦、东京或是首尔也是一样。居住在这些城市的人会对我的设计作出回应，是因为他们的生活和需求都十分相似。现代人不论居住在哪儿，都有其共通性。"

卡尔文·克莱恩曾经连续四度获得知名的服装奖项；旗下的相关产品更是层出不穷，声势极为惊人。作为全方位发展的时尚品牌，卡尔文·克莱恩旗下一共有三个主要的服装路线：高级时装的Calvin Klein collection，高级成衣的CK Calvin Klein和牛仔系列的Calvin Klein Jeans，而配件产品的种类则涵括了香水、眼镜、袜子、内衣、睡衣、泳衣以及家饰用品的方方面面。

（3）唐纳·卡兰（Donna Karan）

1985年，唐纳·卡兰在丈夫的支持下自立门户，第一个Donna Karan Collection高级时装系列正式面世。服装在唐纳·卡兰看来就是"现代保护罩"，要轻便、美观、舒适、简洁并能突出体态美感。从头到脚，唐纳·卡兰全面性地设计出属于自己风格的

图3-70 唐纳·卡兰logo

系列产品，眼镜、帽子、腰带、鞋类、日常便服、晚宴服装、内衣，甚至是贴身丝袜，一应俱全。受大众欢迎的唐纳·卡兰Home Collection家居饰品系列以厚重的质感与沉稳的外形和品牌服装相呼应。

1988年，唐纳·卡兰因女儿的需要而产生灵感，创立了集团的年轻系列DKNY，就是Donna Karan New York的缩写，把纽约独立、自由的精神融入设计之中，成为国际都会风格的代表，并大获成功。1991年，唐纳·卡兰推出了首个男装系列，满足了成熟男式的着装需求。翌年，DKNY MEN年轻系列男装随即问世，充分展现出男性的无穷活力和纽约的街头气息。DKNY MEN系列包括正式套装、休闲系列、皮件、领带、饰品、泳裤、鞋子等。1999年，DKNY女装内衣和男装内衣的相继推出更完善了DKNY的产品系列。

唐纳·卡兰系列自创立以来，设计师唐纳·卡兰史无前例地在CFDA美国时装设计协会获得了5次表扬：1985年及1990年，被选为最佳设计师；1986年全身造型的多元

设计再受推崇；1987 年的丝袜系列广告获得最佳产品广告推广奖；1992 年凭借 DKNY MEN 系列成为年度最佳男装设计师。可以说，唐纳·卡兰是美国当代时尚界的佼佼者之一。包括美国前总统克林顿在内的许多名人，都曾借唐纳·卡兰设计的服装展现个人的独特魅力。

黑色是唐纳·卡兰永远的主色调。唐纳·卡兰对黑色的钟爱体现在其追求舒适、讲究质感的设计理念上。从黑色紧身衣、黑色毛衣、黑色礼服长裙到黑色茶具，都可以看出她强烈的色彩倾向。黑色融合了该品牌对于快节奏大都市生活的理解和感悟，也与其要创造出既朴实无华又高贵优雅的世界性时装的初衷相吻合。

（二）国际顶级经典服装赏析

1. 香奈儿经典小黑裙（Little Black Dress，LBD）

图 3 - 71　小黑裙

"服装的优雅，在于行动的自由。"在 20 世纪，香奈儿女士为上流社会的仕女创作出简洁而奢华的小黑裙，成功地塑造了亦刚亦柔的独特女性气质。香奈儿女士说，"我想为女士们设计舒适的衣服，即使在驾车时，依然能保持独特的女性韵味。"直到今天，香奈儿的小黑裙，依然是全球女性梦寐以求的选择。小黑裙是一次优雅革命。"我常说黑色包容一切，白色亦然。它们的美无懈可击，绝对和谐。在舞会上，身穿黑色或白色服饰的女子永远都是焦点。"香奈儿女士摒弃了当时花花绿绿、繁复累赘的女装流行，不断在面料、设计细节与制作技巧上求新求变，使得香奈儿小黑裙这款独特的时尚杰作，一直是"现代经典"的同义词。

1926 年，香奈儿女士第一次发布了她的小黑裙，赋予了女性一种全新的自由，展现了传统既定规范外的另一种女性美。"女人一心想着所有的色彩，而常会忽略了无色彩。"她认为黑色与白色一样，凝聚了所有色彩的精髓，它们代表着绝对的美感，展现出完美的和谐。

黑色其实是诠释优雅的词汇。小黑裙享有百搭易穿、永不失手的声誉，因此顺理成章地成为女士衣橱里的必备品，也是服饰史上影响最深远的设计之一。香奈儿小黑裙通常设计简单，因此配饰成为小黑裙的一个看点。珍珠、胸针、胸花、腰带等都成为给小黑裙增色的小要素。出产经典小黑裙的香奈儿品牌的创始人香奈儿女士喜爱珍珠配饰，并且她从来不会只戴一条珍珠项链出门。

2. 迪奥男装（Dior Homme）

图 3－72　迪奥男装

2001～2007 年由法国籍设计师艾迪·斯理曼（Hedi Slimane）设计的迪奥男装，强调完美的线条，同时因其超小尺码的服装以及专门选用偏瘦的年轻模特拍摄广告而引人注目。就连香奈儿的设计师卡尔·拉格菲尔德也是艾迪·斯理曼设计的迪奥男装的粉丝。他努力甩掉 90 磅赘肉，就为了穿上迪奥男装。

艾迪·斯理曼设计的迪奥男装，带有一种近乎病态的纤瘦，充满性别暧昧的影像，简洁利落的配件，却装着朋克摇滚的颓废灵魂。迪奥男装将英伦低调忧郁的气质与法国的精致高贵融合在一起，过于窄版瘦削的剪裁，让穿着它的男人看起来像是永远不曾长大的男孩，面孔冷峻叛逆，紧闭轻薄的嘴唇中又透露出一丝不屑的嘲讽与坚忍。

3. 华伦天奴红

自 1959 年的一条华伦天奴红裙子问世以来，华伦天奴红就驰骋了整个时尚界。正如其设计师华伦天奴·格拉瓦尼在退休礼上所说："红，是一种妖媚的色彩，代表了生命、血、死亡。热情和爱，是哀伤和忧郁的最佳药物，也是我设计的衣服系列中最为畅销的颜色。"红，可以让一个女人"一踏进房间，就能把在场所有人的目光吸引过来"。

图 3－73　华伦天奴红裙

4. 巴宝莉经典格子

熟悉巴宝莉的人们一看到"巴宝莉格子"就如同看到了自己心爱的品牌。这种带有浓郁苏格兰风情的格子图案于 1924 年注册成商标，不久，红色、骆驼色、黑色和白色的

图 3－74　巴宝莉格子系列

格子成为巴宝莉产品的代名词。现在，蓝色也加入其中，丰富了巴宝莉格子图案的内涵。在怀旧和创新兼具的今天，巴宝莉的格子风格成功渗透到从服装、配饰到居家用品的各个领域，历经近百年而盛名不衰。巴宝莉是一个很容易引起人浪漫遐想的品牌，人们喜欢它的原因，不仅因为它 100 多年的经典历史、标志性的格子图案，还有 Rose Marie Bravo 所说的"高级时装回归奢华瑰丽

风尚，年轻一代从巴宝莉中寻回真正传统的典范。

第二节　邮轮上的奢侈品品牌

（一）皇家加勒比邮轮

皇家加勒比国际邮轮联袂全球第一大海上零售品牌斯达伯德（Starboard），致力打造最具竞争力及优质购物体验的海上免税大道，不仅汇集最热门商品，同时更升级了品牌的档次和精品店的环境，确保价格极具竞争力，商品的丰富程度可以适合到所有年龄层。

皇家加勒比花费重金，打造堪比美国纽约第五大道的"一站式"购物体验，在海上率先开设了 Coach（蔻驰）、Burberry（巴宝莉）、Michael kors（迈克·科尔斯）等精品专卖店。特别是"海洋水手号"上全球第一家也是唯一一家 IWC 万国表精品店，备受中国游客追捧。

"海洋水手号"的购物体验丰富，这里大牌云集。详细内容见表 3 - 2。

表 3 - 2　"海洋水手号"免税商品品牌

项目	品牌名称
品牌专卖店	IWC、Burberry、Coach、Michael Kors
手表	Cartier、Jaeger-LeCoultre、Bulgari Watches、Hublot、Omega、TAG Heuer、Longines
珠宝	Alberto Collections、Le Vian、Mikimoto、Sophia Fiori、Swarovski
酒	Hennessy、Jack Daniel's、Johnnie Walker、Remy Martin
烟	Alfred Dunhill、State Express、Chunghwa Chinese Tobacco、Panda Tobacco
护肤美容品	Gianni Versace、Giorgio Armani、Gucci、Chanel、Christian Dior、Lancome、Calvin Klein、Hugo Boss
服饰、鞋	Tommy Hilfiger、Toscow、USPA
家电	Cuckoo Rice Cooker、Hurom Slow Juicer
食物	Chocolates、Gochulnam Red Ginseng
礼物及纪念品	DreamWorks（梦工厂）、cartoon dolls、fine art、Royal cups and key chains、Swarovski Jewelry/Pen/Gift
太阳镜	Burberry、Coach、Fossil、Gucci、Guess、Maui Jim、Michael Kors Sun、Oakley、Ray-Ban

（二）地中海邮轮

地中海邮轮购物商店的经营不同于其他邮轮公司，MSC 是一个家族公司，据说免税店的商品都由总裁 Aponte 先生的太太一手挑选，不像其他邮轮公司由 DFS（Duty Free

Shop）供应商统一供货。从顶级奢侈品珠宝、首饰到各式皮具、时装、烟酒，乘客可以尽情享受境外免税购物的优势。另外，对于某些特别的航线，根据当地法律政策，乘客甚至还有机会享受退税服务。

图 3 - 75　地中海邮轮 shop

船上出售名表、名包品牌多样，在颇受欢迎的 Il Gioiello 珠宝店，将会提供诸如宝格丽、万宝龙、天梭、名士、浪琴等高档奢侈珠宝及手表。船上香水化妆品店还供应顶级香水品牌，诸如阿玛尼、宝格丽、迪奥、香奈儿、波士、卡罗莱纳埃雷拉，这些来自意大利、法国、美国的时尚品牌为您提供超过 600 种的香水选择，并且以免税价格出售。

店内绚丽的灯光、摩登的空间，搭配极简单的装饰艺术风格，让乘客可以在优雅的氛围中选购顶级品牌的香水、化妆品和护肤品。时尚配饰店店内除了拥有令人惊艳的施华洛世奇以及 Pandora Moments 系列首饰陈列柜，同时还涵盖其他著名品牌，例如，Antica Murrina 威尼斯玻璃饰品和马洛卡珍珠饰品。

除了免税购物区、服装首饰精品店外，乘客还能在特色小铺中寻找到限量版的小礼品，如手工制作的威尼斯玻璃首饰。还可以到邮轮特许店选购假期纪念品以及嵌有地中海邮轮徽标的礼品，包括各种颜色的 T 恤、保罗衫、棒球帽、手机套、马克杯。

（三）公主邮轮

公主邮轮的五家精品免税店汇集众多精品品牌，从化妆品到珠宝首饰全方位满足乘客的购物需求。

Facet's：精选众多豪华品牌的腕表及精美珠宝作品，如 Gucci、Effy、Asher、Sophia Fiori、Aurora Ammolite、OMEGA、Blancpain、Hublot、Zenith、TAG Heuer、Longines 和 Citizen 等。

Meridian Bay：拥有海上规模最大的 Swarovski 水晶礼品和时尚珠宝选择，包括时尚珠宝品牌和名人珠宝系列，如 Audrey Hepburn 和 Jacqueline Kennedy 等。

Essence：精选众多顶级香水和护肤品品牌，包括 Chanel、Estée Lauder、Christian Dior、Clinique、Lancôme 和 Shiseido 等。

Limelight：美国和欧洲顶级皮具及饰品一应俱全，如 Coach、Ralph Lauren、DKNY、Burberry、Fendi、Salvatore Ferragamo、Prada、Gucci、Bvlgari、Armani 和 Rayban 等。

图 3 - 76　公主邮轮箱包店

Calypso Cove：多种广受青睐的旅行礼品及纪念品，如服装、品牌烈酒和烟草，特色纪念品等。

（四）丽星邮轮

丽星邮轮上的免税商品汇集了众多的国际知名品牌，乘客在假期之余不错过购物时间的同时，还能免除搬运商品的劳累，轻松享受购物的过程。世界品牌手袋、名表、首饰、护肤品及当地纪念品等应有尽有，琳琅满目，以优惠价发售。

丽星邮轮旗下的处女星号邮轮上的购物空间扩大至 562 平方米，环境悠闲舒适。新增设的中免免税店、珠宝名表专门店、佳宝钟表珠宝、名牌手袋专门店米兰站及专营纪念品的精品廊为游客提供更

图 3 − 77　丽星邮轮护肤品店

多来自世界各地的名牌化妆品、时尚配件以及高端产品。喜爱购物的游客绝对可在处女星号邮轮尽情享受购物乐趣。例如，免税店有植村秀、SKⅡ、娇韵诗、碧欧泉等；米兰站是丽星邮轮和米兰站合作的店铺，在丽星邮轮上也能买到名牌包包；丽星邮轮周边商品有 T-SHIRT、雨伞等。

 拓展知识

蒂芙尼在海洋绿洲号开设专卖店

图 3 − 78　蒂芙尼产品

蒂芙尼（Tiffany）第一个海上珠宝专卖店将登陆世界最大邮轮——皇家加勒比邮轮的"海洋绿洲号"。蒂芙尼专卖店将开设在邮轮的中央公园附近，边上还有 Coach 的专卖店。同陆地上一样，这家著名的奢侈品公司也将提供丰富的蒂芙尼珠宝选择，包括订婚戒指和手表。

"我们很高兴皇家加勒比的客人现在将有机会在邮轮上体验世界上首屈一指的珠宝商蒂芙尼的传奇藏品以及豪华的服务和环境"，蒂芙尼公司拉美地区副总裁 Luciano Rodembusch 在新闻发布会上说。"178 年来，我们一直在创造最美丽的爱情故事，而海洋绿洲号则提供了一个独特而难忘的环境。"

本章小结

　　本章首先对世界顶级奢侈品品牌进行了详细的介绍，使读者能够从产品看到品牌背后所赋予的深厚的品牌历史文化，从而进一步了解奢侈品品牌真正的价值所在，为之后销售服务工作的开展积累一定的背景知识。然后，通过罗列几大邮轮上的购物商店所经营的奢侈品品牌，向读者介绍了邮轮上奢侈品品牌的种类。

？ 思考与练习

1. 请选择本章节中的一个香水化妆品品牌进行介绍。
2. 请选择本章节中的一个时装品牌进行介绍。
3. 请选择本章节中的一个皮具品牌进行介绍。
4. 请选择本章节中的一个手表品牌进行介绍。
5. 请选择本章节中的一个珠宝品牌进行介绍。
6. 请选择未在本章节出现过的一个奢侈品品牌进行介绍。

 ## 实用英语词汇

Chanel 香奈儿

Dior 迪奥

Estée Lauder 雅诗兰黛

Gucci 古驰

Burberry 巴宝莉

Hermès 爱马仕

Cartier 卡地亚

Boucheron 宝诗龙

Bvlgari 宝嘉丽

Mikimoto 御木本

Swarovski 施华洛世奇

Tag Heuer 豪雅表

Rolex 劳力士

Givenchy 纪梵希

Versace 范思哲

Louis Vuitton 路易·威登

Dunhill 登喜路

第四章

邮轮购物商店的经营管理

课前导读 >>

邮轮购物商店的经营与管理是个复杂的系统，涉及商品采购、储存和销售的方方面面。如何能把这些方面有机结合，从而达到邮轮购物商店的利润最大化是在本章中将要学习的内容，而销售人员在其中起到了至关重要的作用。

教学目标 >>

通过本章的学习，读者应该能够：

1 了解商品采购与储存的基本内容。

2 熟悉商品陈列的原则和方法。

3 可以针对不同的商品及顾客开展有效的销售活动。

第一节　商品采购与储存

一、商品采购

（一）商品采购的概念

商品采购是商业企业在对市场进行调查研究的基础上，为适应消费者需要，向生产企业或其他商业企业购买商品的一种经营活动，它是商业企业经营活动的起点。商品采购是商业企业业务活动的重要组成部分，是企业经营活动的重要物质基础和必要前提。商品采购的好坏直接影响企业的经济效益和社会声誉与形象，是企业经营成败的关键。

（二）商品采购的意义

（1）做好商品采购，有利于提高企业销售工作的质量。商品采购是邮轮购物商店经营活动的开端，俗话说得好，只有买好才能卖好，卖是以买为前提的。商品经营主要有三个环节，即商品采购、商品储存、商品销售，所以商品销售的质量首先取决于商品采购的质量。

（2）做好商品采购，有利于提高企业的经济效益。邮轮购物商店的经济效益来源于商品的进销差价，即所谓的贱买贵卖。一方面，商品采购价格越低则企业效益越高；另一方面，商品采购越符合消费者的需求，越能适销对路，则企业效益会越好。

（3）做好商品采购，有利于满足消费者的消费需求。商品采购不仅要进得来，更要出得去，只有采购的商品受消费者的欢迎，才能更好地满足消费者的需求，这也是企业经营的根本宗旨。

（4）做好商品采购，有利于保护消费者的消费权益。通过严把进货关，能够确保所采购的商品质量合格，从而确保消费者的权益不受侵犯。

（5）做好商品采购，有利于树立企业的商品特色和竞争优势。邮轮购物商店的商品特色是企业的竞争优势之一，而商品特色是靠有效的商品采购工作来保障的。因此，企业拥有特有的商品采购渠道，有助于树立销售商品的特色品牌，也是提高企业竞争力的途径之一。

（三）商品采购的原则

进行采购活动，除遵守国家的各项相关法律、法规、方针、市场原则（主要指公平、公开、公正、效益和诚信原则）及企业的各项规章制度外，还要遵循"五不""五权分离""六优选"及"5R"等原则。

1. "五不"原则

"五不"原则即无计划不采购、"三无产品"不采购、名称规格不符不采购、无资金来源不采购、库存已超储积压的物资不采购。

2. "五权分离"原则

"五权分离"原则即计划审批权、采购权、合同审查权、质量检验权、货款支付权分离。之所以这五权要分离，主要是分工明确可以使各项工作有序进行，同时可以有效防止采购人员的徇私舞弊行为，更好地维护企业利益。

3. "六优选"原则

"六优选"原则即在同等条件下，质优价低优选、本单位优选、近处单位优选、老供应商优选、直接生产单位优选、信誉好的单位优选。

4. "5R"原则

"5R"原则即采购必须围绕"价""质""时""量""地"5个基本要素来开展工作，就是要"适价（Right Price）""适质（Right Quality）""适时（Right Time）""适量（Right Quantity）""适地（Right Place）"进行采购。

（1）适价原则。即在包装采购物资同等品质的情况下，价格不高于同类物资的价格。价格永远是采购活动中关注的焦点，采购人员也不得不把相当多的时间与精力放在同供应商的"砍价"上。当然，一个合适的价格往往要经过以下几个环节的努力才能获得：①多渠道获得报价；②比价；③议价；④定价。

（2）适质原则。一个优秀的采购人员不仅要做一个精明的商人，也要在一定程度上扮演品质管理人员的角色。在日常的采购作业中，要安排部分时间去推动供应商完善品质体系，不断改善、稳定物料品质。

（3）适时原则。邮轮购物商店已安排好的销售活动计划因所采购的商品未能如期到达往往会引起商店内部混乱，产品不能按计划出货会引起客户强烈不满。若商品提前采购过量而堆放在仓库里，又会造成库存过多，大量积压采购资金。故采购人员要扮演协调者与监督者的角色，促使供应商按预定时间交货。

（4）适量原则。采购量多、价格越便宜，但不是采购越多就越好，应根据资金的周转率、储存成本、物料需求计划等综合计算出最经济的采购量。采购量的代销决定生产与销售是否顺畅，资金调度是否合理。物料采购量过大，会造成过高的存货储备成本与资金积压；物料采购量过小，则采购次数增多，采购成本提高，因此控制适当的采购量是非常必要的。

（5）适地原则。天时不如地利。企业往往容易在与距离较近的供应商合作中取得主动权，企业在选择试点供应商时也必须选择近距离供应商。供应商距离企业越近，所需运输费用就越低，机动性就越高，协调沟通就越方便，成本自然也就越低，同时也有助于紧急订购时的时间安排。

以上原则既是商品采购工作进行的行为规范，也可以是方法；既有不同的适用条件，又可以相互结合，灵活调整。

二、商品储存与保管

（一）商品储存

1. 商品储存的必要性

商品储存是指商品在流通过程中的暂时停留。它和商品采购、销售一样，也是商品流通过程的一个必要环节。

商品之所以要储存，是由商品的生产、消费、运输等各种因素以及其他特殊因素所决定的。归结起来主要有以下几方面原因：

（1）商品生产与消费之间的时间矛盾。在商品的生产与消费之间，时间分布是不均衡的，有的商品是常年生产、常年消费；有的商品是常年生产、季节消费；有的商品是季节生产、季节消费；有的商品是季节生产、常年消费。因此，商品生产出来以后，不可能一下子全部都销售出去而进入消费领域。为了保证生产的正常进行和不同时期的消费需要，就要有一个或长或短的商品储存时间。同时，由于商品购进和销售不可能全部一致，有的商品购进后销售得快，有的商品购进后销售得慢。因此，为了保证商品流通不因购销时间不一致而发生中断，必须保持一定数量的商品处于储存环节。

（2）商品生产与消费之间的空间矛盾。有些商品的生产有明显的地域性，有些商品是地域性生产的，全国乃至全球消费，尤其是大部分邮轮购物商店里销售的产品基本上都是全球采购的。为了解决这一空间矛盾，就需要通过一定的商品储存来进行调节。为了使商品更加适合消费者的需要，许多商品在最终销售以前，还要进行挑选、整理、分装、配编等工作，有一定量的商品停留在这段时间内，也形成了商品储存。在商品运输过程中，在车、船等运输工具和发运商品的衔接上，由于时间上不可能完全一致，也产生了在途商品对车站、码头流转性仓库的储存要求。

2. 商品合理储存的要求

商品储存是按照商品流通规律，以保障商品流通的连贯和通畅为基本职能的。对商品储存总量的要求是，既不脱销，又不积压，能加速资金周转和提高经济效益，使商品流通顺利进行。为此，商品合理储存应满足以下要求：

（1）存货数量要适当。库存商品的数量刚好是保证销售的连续且略有盈余。储存量过大或过小会导致商品积压或脱销，不但对生产、消费不利，对企业的经营也不利。确定商品储存数量时要注意以下因素的影响：①商品销售量的大小。销量大，存货量就应多些。②商品供求状况。商品供求偏紧，存货量应多些；供求平缓，存货量可小些。③商品理化性质。商品易腐、易燃，需要特殊保管条件，存货量不宜多。

（2）存货结构要合理。商品储存结构是指不同品种、规格、质量的商品之间合理储存的数量关系。储存结构要适合一定时期内消费者的需求结构。比例不合理，势必造成积压和脱销，从而影响到市场供应与企业效益。要做到商品储存结构合理，对外必须熟知市场行情，通过调查，了解哪些商品好销，哪类商品滞销，哪种商品一般，做到心中有数；对内必须掌握各类商品性能、用途、特点及其库存量，内外结合，综合分析。发现结构不合理要及时采取措施，加以调整。

（3）存货期限要适宜。各种商品在库储存时间应多长，要考虑以下因素：①商品的自然属性。凡商品质量有失效期的，在库时间不得超过保质期。如食品、药品、化妆品等。②储存保本期。商品在库超过一定期限费用支出便会大于进销差价，发生亏损，所以存货期不应超过保本期。③商品生产与消费的季节变化。常年生产、季节消费或季节生产、常年消费的商品，存货期应适当长些，以保证市场供应。

（4）必须保证商品的质量。为保证商品的质量，企业首先要把好入库关，做好入库商品的检验工作；其次要注意商品养护，保证商品在库期间不被损坏和变质。

（二）商品的保管和养护

1. 商品保管的要求

商品在库保管，是仓库管理的中心环节，也是商品储存的一项经常性业务。商品在库储存期间，由于本身性质的变化、外界条件及一些人为因素对商品的影响，使商品容易发生数量和质量的变化。为此，应采取必要的养护措施，保护商品质量，减少商品损失。商品保管主要是做好以下几项工作：

（1）库存商品的数量管理。一般而言，邮轮购物商店对库存商品的数量应进行严格管理。往往会设置商品保管账和商品货卡，并定期进行库存商品盘点，做到账、卡、货三者相符，以保证库存商品数量的准确。

（2）合理安排仓容货位。对于入库的商品，应根据各种商品的物理性能、化学成分、体积大小和包装情况等，合理安排仓容货位。通常采用分区分类和货位编号的办法。分区，就是将库房、货棚、货场划分成若干商品保管区，按地区堆放商品。货位编号，就是将仓库的库房、货棚和货场以及货架等存货场所，按地点、位置顺序编号并作出明显标志，也可绘制分区、分类的货位编号平面图。

（3）堆码商品。在库商品的堆码是在货位规划的基础上进行的。一般是根据商品的包装、形态、重量、数量、性能和储存时间，采用适当的堆码方法。常用的堆码方法有散堆法、堆垛法、货架堆码法和托盘堆码法。堆码方法恰当与否，既影响商品的质量保护，又影响清点商品的方法。因此，堆码商品的基本要求应是合理、牢固、定量、节省空间和方便。

2. 商品养护的要求

商品养护，是指商品在储存期间所进行的经常性的保养和维护工作。在商品保管过程中，对商品质量产生影响的因素主要是日光、空气、温湿度、昆虫微生物、氧气、有害气体及尘埃等。仓储商品出现的各种问题，都有一个由量变到质变的过程，只要预先采取各种相应的养护措施，就能防止或减少各种因素对商品的不利影响，保证商品的储存安全。商品养护工作的方针是"以防为主，防治结合"。为此有以下几点要求：

（1）掌握商品的性能，选择好货位。货位选择，即具体落实每批入库货物的储存点。合理选择货位，必须遵循安全、方便、节约的原则。货物因其原料的成分和结构的不同而具有不同的性质，有的怕冻，有的怕热，有的怕潮。如果货位不能适应储存货物的特性，就会影响货物质量，发生霉腐、挥发、干裂等变化；为了方便出入库业务，要尽可能缩短收、发货作业时间；以最少的仓容，储存最大限量的货物，提高仓容使用效能。

（2）加强仓库温湿度的管理。在使商品发生质量变化的各种外界因素中，空气的温度和湿度对商品质量的影响最为广泛，各种商品对温湿度都有一定的适应限度，超过了就会发生霉腐、锈蚀、溶化、干裂、褪色、挥发、老化等异状。因此，要在仓库内外设置温度计和湿度计，经常检查温度和湿度。应根据库存各种商品的性能要求，分别采取恰当的措施，如密封、通风、降温、吸潮、烘烤、遮光、升温、洒水等。

（3）严格执行商品在库的检查。商品在储存期间受到各种因素的影响，质量可能发生变化，如未能及时发现，就容易造成损失。对库存商品的质量情况，应进行定期或不定期的检查。定期检查是根据商品性能、储存条件进行的商品质量检查。不定期检查是当天气或者船体出现突发性变化，如遇台风、暴雨时对商品进行检查，或对易变性质的商品、储存环境比较特殊的商品进行的检查。

（4）做好仓库的安全和卫生工作。商品在装卸、搬运、堆垛、盘点等操作过程中，应严格遵守操作规程，防止商品及包装受损。对怕压、怕震、易碎、易燃商品，要轻拿轻放。要经常保持仓库、营业场所和周围环境的清洁卫生，对陈列时间较长的商品要及时更换，以免日久而影响质量。

第二节　商品陈列

商品陈列指以产品为主体，运用一定艺术方法和技巧，借助一定的道具，将产品按销售者的经营思想及要求，有规律地摆设、展示，以方便顾客购买，提高销售效率的重要宣传手段，是销售行业广告的主要形式。合理地陈列商品可以起到展示商品、刺激销售、方便购买、节约空间、美化购物环境等各种重要作用。据统计，店面如能正确运用商品的配置和陈列技术，销售额可以在原有基础上提高10%。

一、商品陈列的原则

（1）集中陈列的原则。集中陈列就是将所经营的商品进行科学分类，然后按商品的类别把同一商品集团的商品集中陈列于一个地方。分类主要是考虑商品的用途、价格、保管方式等因素，同时注意方便顾客选购，有利于商品销售。如在"海洋水手号"上，所有的香水产品会摆放在同一个区域内供乘客挑选。

图 4 - 1　地中海邮轮香水店陈列

（2）艺术性陈列的原则。商品陈列要有艺术性才会有感染力、吸引力。商品应艺术化地展现在货架上，使其具有动感，给人以呼之欲出的感觉，充分地调动人的购买欲望；陈列架上展示的商品不只在于商品数量的多寡，更要通过商品不同角度与侧面的组合，使顾客在视觉上感觉到商品的丰满，形成量感。通过动态展示和量感展示，给人带来一种艺术的享受。

图 4 - 2　地中海邮轮烟酒店陈列

（3）保证顾客能看到的原则。商品只有被顾客看到了，才有可能卖出去。因此必须给每一类商品创造一个"露脸"的机会。商场出售的商品绝大部分是包装商品，要保证顾客清楚地看到包装物上所附商品的品名、成分、分量、保质期等说明资料，就应在商品陈列时，将印有商品的标识文字或图案、符号的"面"朝向通路一侧，正向面对顾客。商品在货架上容易被看到，是实现销售的首要条件，顾客看不清什么商品在什么位置或小商品被大商品挡住是陈列的大忌。要积极创造条件使顾客看清商品，如货架下层不易看清的商品，可以采取倾斜式排列方式以突出商品。商品陈列容易被看到的原则要达到两个目的：一是必须让卖场内所有的商品都能让顾客看清，并且能对看清的商品做出购买与否的判断；二是要能引起顾客有购买某些预定计划之外商品的冲动，即激发其冲动性购物心理。

（4）货架丰满的陈列原则。货架上的商品必须丰满、整洁、美观，避免顾客看到货架隔板及货架后面的挡板。这样能给顾客一个商品丰富的好印象，起到吸引顾客注意力

图 4 - 3　地中海邮轮糖果店陈列

的作用，提高商品周转的物流效益；同时，也能够使货架得到充分的利用，避免白白地浪费陈列空间。反之，货架陈列稀拉、零乱往往会给顾客一种这是"卖剩下的商品"的不良印象，以致产生反感，不想购买。商品丰满陈列要做到以下几点：货架每一格至少陈列 3 个品种（畅销商品的陈列可少于 3 个品种），保证品种数量。就单位面积而言，平均每平方米要达到 11 ~ 12 个品种的陈列量。

（5）商品纵向陈列原则。纵向陈列又称垂直陈列，是将每品类商品按纵列方向在货架上进行排列。纵向陈列，可以使顾客一次性通过时，同时看清各集团的商品，这样就能收到较好的销售效果。避免了顾客在横向陈列的货架前，为了看全一个货架或一组货架上的各集团商品，而在货架前往返好几次的麻烦。另外，纵向陈列可使同类商品平均享受到货架上各个不同段位（上段、黄金段、中段、下段）的销售利益，避免同类商品横向陈列所造成的有些商品占尽有利段位，而其他商品无法享受到货架好段位销售利润的情况，可增加更多种商品的销售机会。

（6）关联性商品临近陈列原则。关联性商品临近陈列是指在商品销售中将用途类似、使用场合相似的互补性商品组合在一起陈列。相关商品在一起陈列，可提高消费者选择及购买商品的容易度，并可达到关联购买与联想购买的相乘效果，刺激顾客的连带购买欲望。关联陈列法可以使超市卖场的整体陈列活性化，同时也大大增加顾客购买商品的卖点数。

（7）商品先进先出陈列原则。"先进先出"原则也被称为"立体前进"的原则，其主要内容是随着商品不断被顾客取走，进行商品的补充陈列时，应依照商品先来后到，将原先已在货架上的商品取下来，放入补充的新商品后，再在该商品的前面陈列原有的商品。因为一般商品尤其是食品都是有保质期的，顾客总是将前排靠近自己的商品取走，如果后排的商品不排出来，就永远卖不出去，造成过期损失，根据"先进先出"原则进行商品的补充陈列，有利于保证商品的新鲜度。另外，排在后面的商品时间长了容易积灰尘，使商品变旧，及时将其取出清洁，放在前面出售，也可避免损失。

二、商品陈列的方法

（1）整齐排列陈列法。整齐排列陈列法是商品陈列中最常用、最规范，也是使用范围最广的陈列方法。其操作要领是：选择商品集团、商品纵向陈列、明确商品集团轮廓、突出周转快或利润高的商品。

（2）不规则陈列法。不规则陈列法是相对于整齐排列陈列法而言，给顾客以新奇感觉的陈列方法。为了打破整齐排列陈列的单调乏味感，可以使用每一层隔板都能自由调节的陈列货架，通过灵活调节中央陈列架隔板间的距离，给顾客一种新鲜感，使其产生错觉，认为陈列货架上的商品又有了新变化，从而进入副通道内选购商品。

（3）绕柱陈列法。一般较大的卖场中间都会有些支撑作用的柱子。在卖场中的柱子周围设置货架，摆放一些特价促销商品，即为绕柱陈列法。一般柱子所在的位置都比较特殊，陈列一些特价商品，容易引起人们的注意，起到促销作用，同时也能充分利用空间。

（4）端架陈列法。端架位于双面中央陈列架的端头。端头是顾客通过流量最大、往返频率最高的地方，从视角上说，顾客可以从三个方向看见陈列在这一位置的商品。因此，端头是商品陈列极佳的黄金位置。端架上陈列的商品要经常变化，可以陈列快销商品以外的店内促销品、跌幅较大的特价品、利润高的商品以及推销给顾客的新商品等端架陈列。

图 4-4　化妆品货架陈列

（5）岛式陈列法。在商店的进出口处，配置一些圆形或方形的陈列展示台，像区域中的小岛一样，这样的陈列方法叫作岛式陈列法。这种陈列可以使顾客从四个方向看到商品，展示效果非常好。岛式陈列一般不宜过高，以免影响整个超市卖场的视野和顾客从四个方向对岛式陈列商品的透视度。

图 4-5　地中海邮轮品牌商店陈列

（6）突出陈列法。突出陈列法即将商品货架延伸，突出陈列商品的方法。其主要目的是打破单调感，诱导和招揽顾客。突出陈列经常采用几种方法，有的是将中央陈列架下层的隔板做成一个突出的延伸板，将商品堆在这块板上；有的是在地面上设一个突出的台，并在其上面堆积商品；还有的是在中央陈列架前面放上一个存物筐，商品按随机方式堆放，以增加货物的量感。

第三节　商品销售

作为邮轮上购物商店的销售人员，必须对自己所销售的品牌了如指掌，在为顾客介绍商品时，可以侃侃而谈，让顾客感受到你对品牌的热情，从而用你的热情感染顾客。

同时，你也要掌握必要的顾客消费心理规律，这样才能够在服务过程中更好地促成生意。这里将通过"情景再现"的方式，通过大量案例为读者呈现服务顾客过程中的真实场景。

一、营业前的准备工作

（一）清洁工作

邮轮上对各个营业场所的卫生情况均持有同样严格的要求，因此，邮轮购物商店必须在每次营业结束及开始营业前做好清洁卫生工作。一般来说，清洁售货现场的范围主要包括：所售货场区域（柜组内外）的地面、墙壁、通道、货架、展柜、展示台、柜台等部位。根据所售商品的不同，摆放、陈列、存储代售商品的设备设施也各有不同。购物区域内要求无垃圾、无污迹、无尘土、无与销售商品无关的杂物。具体要求如下：①商店整体面貌清新、整洁、干净，方便经营，不影响工作；②各种展台、货架、柜台等展具清洁，无灰尘；③各种信息吊牌、宣传广告清洁、整齐、醒目；④各种展示商品、待售商品清洁，无灰尘；⑤地面无积水、无垃圾，且保持通道宽敞，不堵塞。

（二）整理工作

这里我们所说的整理工作主要是指：整理各类销售所需的票据、准备销售用具和辅助用品、分类整理包装物和整理陈列商品。

1. 整理票据

邮轮上的购物消费结算都是通过 POS 机来完成的，乘客只需将自己的信用卡与船（房）卡绑定或者在船（房）卡中存入足够金额的规定货币即可刷卡消费。销售过程中会产生一些票据，一般包括以下几种：

（1）销售小票。销售小票是商店销售商品，并与乘客交易成功后的销售凭证。销售小票上往往会写有商店名称，交易时间，销售员，所售商品名称、数量和单价，折扣情况，交易总额，持卡者姓名等信息。

（2）进销存台账。即记载商品进货、销售、库存的台账。进销存台账用于上货和销货货物，起到记录的作用，使营业员对日常柜组货物进、出做到心中有数，为盘货、清点做好准备。

（3）销售日报表。即记载营业员每日销售商品情况的报表。销售日报表用于一天营业结束时营业员填写当天销售情况，起到初步统计的作用。

2. 准备销售用具和辅助用品

邮轮购物商店的销售人员应根据所售商品需要准备好销售用具和辅助用品。如计算器、纸和笔、皮尺、包装纸和绳、剪刀、胶水，等等。准备的销售用具要与所销售的商品相对应；销售所需用具和辅助用品准备要齐全；销售所需用具和辅助用品要放在固定位置。需要注意的是，必须保证各种物品能够正常使用；各种用具摆放位置应以拿取便利、方便使用为宜；准备的销售用具和辅助用品要与所经营的商品相适应。

3. 分类整理包装物

商品包装种类繁多，一般来说分为以下几类：

（1）按流通领域的环节分类，可以分为小包装、中包装和大包装。小包装是直接接触商品，与商品同时装配出厂，构成商品组成部分的包装。商品的小包装上多有图案或文字标识，具有保护商品、方便销售、指导消费的作用。中包装是商品的内层包装，通常称为商品销售包装，多为具有一定形状的容器等。它具有防止商品受外力挤压、撞击而发生损坏或受外界环境影响而发生受潮、发霉、腐蚀等变质变化的作用。外包装是商品最外部的包装，又称运输包装。商品的外包装上都有明显的标识。外包装具有保护商品流通安全的作用。

（2）按包装材料分类。商品包装可分为纸类、塑料类、玻璃类、金属类、木材类、复合材料类、陶瓷类、纺织品类、其他材料类等。一般商品包装所用材质以纸制品居多，其次是塑料制的包装，再次是木制品、玻璃制品的包装。

商品包装物的整理主要是指整理商品的外包装及部分中包装。在柜组上货前，应去除商品的外包装，以商品销售包装直接上架，部分商品也有去除中包装（即可回收的包装）的。商品包装物的整理是商店销售人员的职责，同时也是保护和爱护环境、节能降耗、建设节约型社会的具体行动。

首先，对各类包装物进行分类，将纸类、塑料类、木材类的包装箱分类码放。其次，将可回收再利用的物品和无用的垃圾分开，然后对可回收物品按包装材料分类方法进行分类，如纸类包装要将包装箱整理并折叠好，塑料类包装要将包装箱整理并码放好，木材类包装要将包装箱整理好以便于搬运。最后，将整理好的包装物送至指定位置并注意包装物的防火安全。整理包装物时需特别注意不应将包装物放置于售货区内及通道上，以免影响正常经营。

4. 整理陈列商品

整理陈列商品要遵守以下几大原则：整洁整齐的原则、货架丰满的原则、简单美观的原则。整理陈列商品时要求：柜台和陈列架内的商品要分层次摆放、全方位展示，开架销售的商品要有外包装，整箱及整包商品不准摆放在柜台和陈列架内。陈列商品要保持丰满，商品摆放紧凑，商品与价签对位，商品售出后要随时整理、及时上货。不得将破损、脏污的商品摆放在柜台和陈列架内，应及时置于隐蔽处或退库。

二、邮轮顾客消费心理及消费行为认知

（一）从"心"突破

情景营销就是在销售过程中，运用生动形象的语言给顾客描绘一幅使用产品后带来的美好图像，激起顾客对这幅图的向往，并有效刺激顾客购买欲望的手段。

顾客购买物品一般基于三种利益：功能利益、情感利益和象征性利益。在奢侈品消费中，人们追求的核心价值已不再侧重于商品本身的功能利益，更看重的是依附在商品使用价值之外的"符号象征价值"，即物品的象征性利益。

消费者购买服装等奢侈品就是为了实现自我价值，彰显自己独特的生活方式，展示自己的能力、地位、品位等。消费者对奢侈品象征性利益的这种追求为情景营销的成功奠定了基础。在导购现场，销售人员富有情感色彩的描绘可以使顾客将这种场景和自己亲身经历结合起来，满足他们的期望值，让消费者动情。顾客购买行为主要是由情感力量引起，如果终端销售人员所描绘的情景，正好吻合购买者原有的想法，这种带有感情色彩的话就最容易说服顾客，销售的成功率自然会提高很多。

（二）接近顾客，把握时机

要探询顾客的需求就要接近顾客，接近顾客是销售的前奏，如果这个前奏自然、流畅，那么就能顺利地引导顾客进入后续的销售环节；反之，如果前奏"演出"不成功，就无法使顾客进行后面的节目。在销售中，把握接近顾客的时机是一个很重要的步骤，如果方式不对、时机不对，就会让顾客"逃之夭夭"。

1. 接近顾客的时机

（1）顾客认真观看商品时。一位女士走进店来，几乎没有停留就直接往里走，一直走到 Burberry London 香水前才停下来，并认真地看着它。当顾客一走进来就朝着某件商品走去的时候，表明这位顾客对该商品已经有了一定的认识，其在心里可能早已经对该商品产生了兴趣，甚至已经有了购买的决定。销售人员可从顾客的正面或旁边（也就是顾客能够看得见的地方），用夸奖商品的语气去招呼顾客。

（2）顾客寻找商品。一位年轻的女士走进店门后，并不像大多数顾客那样按顺序浏览商品，而是站在店门附近扫视着整个卖场，用搜寻的目光左右看着。顾客进店后东张西望，眼睛在不停地搜寻时，表明顾客已有了购买产品的想法，但是不知道具体的商品放在哪里。此时，销售人员应尽快接近顾客，替顾客省去很多寻找的时间和精力，顾客也会因此而感到愉快。

（3）顾客触摸商品时。一位女士把一件大衣从货架上拿下来，摸了摸面料，又看了看衬里，感受了一下薄厚，然后在衣服内里寻找到标签，认真看了看"成分组成"。当顾客用手触摸商品，翻找价格牌、标签时，表示顾客不再满足眼睛的观察，而希望能通过触摸，对商品有更深的认识。此时是接近顾客的好时机，但应注意切忌在顾客刚刚抚摸商品时就与之接触，这样容易引起顾客的猜疑，而是要稍微等一下，使顾客对商品的了解更深入一些，然后上前向其介绍该商品，以使其产生购买欲望。

（4）顾客与销售人员对视时。一位女士在店内浏览了一圈后，停住脚步，左右转头看，找到销售人员后用询问的眼神看着她。当顾客主动寻找销售人员，并毫不回避与销售人员目光接触时，表示该顾客希望从销售人员处得到帮助。此时，销售人员应向顾客点头致意或微笑，并致以问候语，进行初步的接触，这样可以表现销售人员的礼貌与热情，给顾客留下好的印象。

2. 接近顾客注意事项

如何接近顾客也是有学问的，销售人员应注意以下几点：

（1）在接近顾客时，必须从前方走近顾客。这样可以让顾客从视线中看到销售人员而不至于产生不安。

（2）走过去时动作轻柔、缓慢，但是也不能悄无声息地走近顾客并突然出现在顾客面前，这样只会惊吓到顾客。只要像平时走路那样，自然地接近顾客就行了。

（3）与顾客的距离要适度。据研究显示，人与人之间只有在和父母、兄弟、夫妻、孩子或极亲密的朋友在一起时，才愿意保持近距离而不会感到不安。所以，销售人员在面对顾客时不要和对方太过贴近，否则会令他不舒服，一般以 1~1.5 米较为适宜，最近不能少于 45 厘米。

（4）接近顾客后，就要立刻面带微笑开口与顾客说话。千万不要走到顾客旁边一言不发，这样顾客以为销售人员在监视他，会因此而不满。

（5）在开口与顾客谈话时，必须不时地与顾客有目光接触，但不能一直死死紧盯着顾客看，这样会让他产生不安和压力。

（三）识别顾客购买信号

顾客在认同并决定购买销售人员所推荐的商品时，总会不自觉地发出一些购买信号，比如积极的话语、认同的微笑、理解的眼神等。销售人员一定要细心观察，及时识别，进而采取恰当的销售策略。

1. 表情信号

以下是一些顾客成交前的表情信号。

（1）眼睛发亮，瞳孔放大，脸上露出兴奋的表情。

（2）由咬牙沉思或托腮沉思变为脸部表现明朗轻松、活泼友好。

（3）情感由冷漠、怀疑、深沉变为自然、大方、随和、亲切。

（4）面露兴奋的神情，盯着商品思考。

（5）顾客紧锁的双眉分开，眼角舒展，面部露出友善及自然的微笑。

（6）顾客身体微向前倾，并频频点头，表现出有兴趣的样子。

2. 行为信号

顾客一旦拿定主意购买商品，也会不自觉地通过其肢体语言和动作行为表现出某些成交的信号。以下是顾客成交前常表现的行为信号：

（1）拿起商品认真地赏玩或操作，并查看商品有无瑕疵，表现出一副爱不释手的模样。

（2）重新回来观看同一种商品或同时索取几个相同商品来比较、挑选。

（3）表示愿意先试商品。

（4）开始注意或感兴趣，比如反复翻看价格单、翻阅商品说明和有关宣传资料。

（5）不再发问，若有所思，或不断地观察和盘算。

（6）离开后又转回来，并察看同一商品或转向旁边的人问："你看怎样？"

（7）突然变得轻松起来，态度友好。

（8）突然放开抱在胸前的手（双手交叉抱在胸前表示否定，当把它们放下时，障碍即告消除）或松开了原本紧握的拳头。

（9）身体前倾或后仰，变得松弛起来。

（10）不断点头。当顾客一边看商品，一边微笑地点头时，表示他对此商品很有好感。

3. 语言信号

如果顾客的语言由提出异议、问题等转为谈论商品内容时，则为顾客发出了成交的信号。顾客在决定购买时，通常会提出带有以下内容的问题：

（1）关于商品使用与保养的注意事项、零配件的供应等。如可以退货吗？你们将如何进行售后服务？

（2）对商品的一些小问题，如包装、颜色、规格等提出具体的修改意见与要求。如我以前买的××牌质量让人感到不放心，不知你们的怎么样？

（3）用假定的口吻与语句谈及购买等。

（四）时刻注意专业形象

销售人员在对顾客进行导购活动时，言谈举止是给对方印象好坏的一个极为重要的方面。在顾客眼里销售人员应该是专家形象，如果言谈粗鄙、举止失礼，就会给顾客留下"金玉其外，败絮其中"的印象。

（1）禁止双手交叉于胸前。作为销售人员，在和顾客交谈时最好避免这种姿势，因为它会给人一种很傲慢的印象，自高自大的人常常喜欢把双手交叉在胸前。

（2）坐下来谈。面对已有初步意向开单的顾客，最好请对方一同坐下交谈。坐下之后，人的肌肉松弛，这样和顾客谈话时，彼此的心情和神态都会自然平静；而且谈到开单和售后等事宜时，站着说话对顾客来讲有一种随时可以离开的感觉，坐下来谈能营造坦诚的氛围，有利于交易的成功。

（3）聚精会神注视顾客。坐下来交谈时，眼睛应该聚精会神地注视顾客。在顾客讲话过程中不时地点头示意，脸上露出专心致志或感兴趣的表情等。切忌轻微地摇头，这一举动容易引起对方误解，使对方以为你不赞同他的观点或认为他说得不对，从而终止继续发言。即便是顾客提出不合理的条件，也不要轻易摇头，应在点头表示理解之后再跟顾客进行详细的解释。

（4）为未来交易创造契机。在导购活动中，切不可因交易未成功而精神沮丧、面露不悦之色，甚至恼羞成怒；不要计较一时之得失，以免给顾客留下不良印象。分别便是交友时，去时要比来时更加热情、礼貌，利用辞别的机会，塑造美好的专业形象，为未来交易创造契机。

（五）针对不同顾客进行销售

行为是心理的表现。销售人员通过对顾客行为模式的分析，把握顾客性格，针对不同的顾客类型，采取不同的应对方式。在销售过程中，常见顾客的类型一般有以下几种。

（1）悠闲型。悠闲型的顾客一般都不急于马上购买，因此，销售人员要热心介绍，不焦急，不强制。

（2）急躁型。急躁型的顾客一般都性情急躁，因此，销售人员要做到动作敏捷，不要让顾客等候。

（3）沉默型。沉默型的顾客遇到问题不发表任何意见，因此，销售人员要善于通过顾客的动作提出询问。

（4）饶舌型。饶舌型的顾客一般都爱说话，但往往偏离主题，对此类顾客，销售人员最好不要打断其话题，要耐心倾听、把握机会，把话题引回到正题上。

（5）博识型。博识型的顾客都喜欢表现自己的丰富知识，提出各种评价，对此类顾客，销售人员要表示赞许并掌握顾客的喜好从而进行销售。

（6）嘲弄型。嘲弄型的顾客多喜欢讽刺他人，对于此类顾客，销售人员要以稳重的心态去接待应对，并和颜悦色地向客人进行推荐。

（7）猜疑型。猜疑型的顾客总持怀疑态度，不信任销售人员，不相信说明，销售人员应以询问的方式把握疑点，说明理由与根据。

（8）优柔寡断型。优柔寡断型的顾客欠缺判断力，无法下定购买决心，销售人员要让顾客进行比较，并选准能影响他的人。

（六）快速与顾客建立亲和力

在进行产品介绍前，必须在最短的时间内与顾客建立最大的亲和力。一个被顾客接受、喜欢或信赖的人，通常影响力和说服力较大。

与顾客建立亲和力可从以下五个方面进行。

（1）情绪同步。情绪同步是指能快速进入顾客的内心世界，能够从对方的观点、立场看事情、听事情、感受事情。要做到情绪同步必须遵循"设身处地"原则。

（2）语调语速同步。首先要学习和使用对方的表象系统来沟通。每一个人在接受外界信息时，都是通过视觉、听觉、感觉、嗅觉及味觉5种感官来传达及接收的，在沟通上，最主要的是通过视觉、听觉、感觉三种渠道。对不同类型的顾客，需要使用不同的语速、语调来沟通。比如对方说话速度快，你得和他一样快；对方说话时常停顿，你得和他一样时常停顿。若能做到这一点，对沟通能力和亲和力的建立将会有很大的帮助。

（3）生理状态同步。人与人之间的沟通，是通过三种渠道来完成的，一是你所使用的语言和文字；二是你的语气和语调；三是你所使用的肢体语言。人与人之间的沟通，文字只占了7%的影响力，另外38%的影响力是语气和语调。肢体语言占了55%的影响力，一个人的举止、呼吸和表情在沟通时所代表和传达的信息往往超出他所说的话。

（4）语言文字同步。与顾客进行沟通时，应使用对方最常用的感官文字和用语，这样对方才会感觉你很亲切，听你说话就会特别顺耳，就更容易了解及接受你推荐的产品。

（5）观点同步。在与顾客沟通的过程中，最容易破坏彼此之间亲和力的就是直接指出对方的错误，或与顾客发生争执。不论顾客对你提出任何的批评或抱怨，或是对你的产品及服务有任何错误的看法，都不应该直接反驳对方。观点同步很简单，只有三句话："我明白（理解），同时……""我很感谢（尊重），同时……""我很同意（赞同），同时……"

三、邮轮购物商店销售实战演练

销售在日常生活中非常普遍，每个人脑海中都有销售的清晰画面。销售就是介绍商品提供的利益，以满足客户特定需求的过程。商品当然包括有形的商品及服务，满足客户特定的需求是指客户特定的欲望被满足，或者客户特定的问题被解决。能够满足客户这种需求的，唯有靠商品提供的特别利益，也就是一种交易满足大家共通的需求。

销售技巧是销售能力的体现，也是一种工作的技能，做销售是人与人之间沟通的过程，宗旨是动之以情，晓之以理，诱之以利。包括对客户心理、产品专业知识、社会常识、表达能力、沟通能力的掌控运用。常用的销售技巧有引导成交法、假设成交法、关键按钮成交法、富兰克林对比法、门把成交法、软硬兼施法。沟通能力是一个销售人员最重要、最核心的技能，如何面对各种不同喜好、不同性格，甚至不同心情的客户，使对方有兴趣倾听，先接受销售员，进而接受产品，这是一项很专业的技巧。

（一）美妆护肤

追求美丽是人类的一种本能意识。测试表明，一个 3 个月大的婴儿，面对"漂亮"的成人脸蛋会笑得更长久。人们追求美丽的最根本目的，主要还是为了能更加成功地吸引异性。几乎所有男子都将"女子具有美丽的容颜"作为择偶的重要标准。

心理学家南茜·爱克芙（Nancy Etcoff）经过大量研究，得出结论："美丽的相貌是女人最有用的资本，漂亮的女人更容易获得良好的社会地位、金钱和爱情，社会生活各方面的优势也会更加明显。"

1. 利用故事感动顾客

 **情景再现**

顾客：雅诗兰黛的创始人雅诗兰黛女士就是一个传奇女性，她可是我崇拜的偶像。

销售人员：是吗？那您一定是雅诗兰黛的忠实顾客了，我也为自己能在雅诗兰黛工作而感到自豪。雅诗兰黛能带给您最温和也是最有效的产品。

1946 年，雅诗兰黛女士创立雅诗兰黛公司，她深信每位女性都能变得美丽动人。1962 年，雅诗兰黛夫人开始选用模特为产品代言，超级名模凯伦·葛芮翰（Karen Graham）、薇露·贝尔（Willow Bay）、宝琳娜·波罗兹科瓦（Paulina Porizkova）、斯坦丝·嘉布隆斯基（Constance Jablonski）、刘雯、希拉里·罗达（Hilary Rhoda）、伊丽莎白·赫丽（Elizabeth Hurley）与卡罗琳·莫菲（Carolyn Murphy）均为雅诗兰黛的代言人。您用雅诗兰黛的护肤品，也一定会成为世界上最美丽的女人！

销售人员：兰蔻于 1935 年诞生于法国，我们以玫瑰花作为标识的品牌现在已经成为全法国第一和全世界第二的世界知名化妆品牌，创始人阿曼达·珀蒂让先生得以让全球女性分享兰蔻优雅且高贵的气质。您的气质如此优雅高贵，我们的产品就像是为您量身定做的。

销售人员：资生堂（Shiseido）是日本著名企业，其名字取自于中文古籍，在中国古代意为"赞美大地的美德，她哺育了新的生命，创造了新的价值"。当然，这一名称正是我们资生堂形象的反映。资生堂是将东方的美学及意识与西方的技术及商业实践结合的先锋，它将先进技术与传统理念相结合，用西方文化诠释含蓄的东方文化。

2. 相信自己的产品

 情景再现

顾客：我以前一直用××品牌的睫毛膏，没有用过你们家的，效果有你们广告说的那么好吗？

销售人员：这一点您绝对可以放心，我们这款立体纤长睫毛膏，开创了睫毛膏的新纪元。您看，创新的白色弹力刷头，可以轻易而精确地将每根睫毛从根部刷到尖端，塑造更纤长、更丰盈，且根根分明的立体眼部妆效。今年，又将独特的刷头运用于防水型睫毛膏的使用中，推出了全新立体纤长防水睫毛膏，适合各种气候状况及不同类型的睫毛，持久彰显塑造您的立体明眸。

销售人员：这是我们首度推出的润泽、透亮，犹如法式甜点般可口的8色水吻我唇蜜以及同色系水吻我唇膏与缤纷可期的四色指甲油，令人一眼着迷的水嫩质感，如此闪耀动人，仿佛身处米兰、巴黎、东京等都会街头，让您惬意且自信！

销售人员：我们这款粉底与一般粉底是不一样的，它特别添加了具有保湿功能的活性成分，您不用像以前一样因为粉底造成面部肌肤干燥脱皮。粉底中增加了能被皮肤吸收的活性成分，如丁烯、甘油、滋润啫喱、透明质酸等，可以保证皮肤角质层的滋润。

3. 根据肤质为客推荐

 情景再现

（1）中性皮肤。中性皮肤是健康理想的皮肤，皮脂分泌量适中，既不干也不油，红润细腻，富有弹性，毛孔较小，对外界刺激不敏感。中性皮肤的pH为5~5.6。

销售人员：您的皮肤属于中性皮肤，是最好的皮肤了。但是也要注意保养，否则容易变为干性皮肤，您看，我们这款……

（2）干性皮肤。皮肤白皙，毛孔细小而不明显。皮脂分泌量少，比较干燥，容易生细小皱纹。毛细血管表浅，易破裂，对外界刺激比较敏感。干性皮肤可分缺水和缺油两种。干性皮肤的pH为4.5~5。

销售人员：一般干性皮肤容易紧绷，起皮屑，苍白无血色等。长期干燥的皮肤会引起老化甚至加快皮肤衰老，更容易形成色斑和干纹。××系列产品能让您恢复少女般透明白嫩的肌肤。它含有现代高科技结晶的长效成分：多重氨基酸精华、精纯米脂精华、高氧维生素E，有显著的滋润营养、补水美白、抵抗老化的作用。使用后您会看到自己明显年轻3~5岁，焕发出少女般的光彩，就好像给皮肤买了件漂亮的衣服，让您拥有少女般的美丽。

销售人员：您属于干性皮肤，像您这种皮肤需要补充大量的水分，您不应该用清爽型的产品，而需要用一些含油脂量较高的产品，这样才能补充您皮肤的油脂和水分。例如，我们现在推出的这款……

（3）油性皮肤。肤色较深，毛孔粗大，皮脂分泌量多，皮肤油腻光亮，不容易起皱纹，对外界刺激不敏感。由于皮脂分泌过多，容易生粉刺、痤疮。

销售人员：您是油性皮肤，T字部位油脂分泌旺盛，面部黏腻泛着油光，因为水分和油分的不均衡状态，容易导致粉刺、黑头、粗黑、敏感皮肤出现，因此要及时使用控油产品。××控油产品能让你的皮肤收细毛孔，清爽无油腻。它含有世界公认的两大特效成分：矿物温泉精华、维生素F，具有双向调节肌肤的水分和油分平衡，恢复整个面部油分和水分平衡状态的作用。让皮肤感觉清新舒爽无负担，就像运动后喝了一瓶饮料一样舒爽。

（4）混合性皮肤。兼有油性皮肤和干性皮肤的特征。在面部T形区（前额、鼻、口周、下巴）呈油性状态，眼部及两颊呈干性状态。

销售人员：像您这种皮肤选择化妆品时，既不能选择含油量过高的产品，也不能选择含油量过低的产品，您要选择混合型的产品，如果油脂过高会太油，油脂过低又发干。因为这种皮肤是随着季节的变化而随之变化的。

（5）敏感性皮肤。可见于上述各种皮肤，其皮肤较薄，对外界刺激很敏感，当受到外界刺激时，会出现局部微红、红肿，还会出现高于皮肤的疱、块及刺痒症状。

销售人员：您的皮肤较干，暴皮较严重，有明显的红血丝分布，敏感性肌肤的抵抗能力是所有肤质中最弱的，特别容易导致全脸性赤红面皮肤，长期暴露在阳光下容易生成色斑，要及时使用护理产品。这款修护霜能让您的皮肤恢复健康光彩，它含有××成分，具有提高抵抗力、安抚红血丝皮肤、减轻刺激，同时通过修复角质层达到增强肌肤自身保护屏障的作用。使用15天后红血丝会明显减少，毛细血管收细，肌肤朝健康态恢复。就像在冬天里给自己加了件保护外套，让您的肌肤更加轻松自在无负担。

4. 巧妙处理顾客异议

销售过程本来就是一个从异议到同意的循环过程，只有解决了顾客的异议，才能赢得顾客好感，促进销售成功，因此，销售人员必须巧妙地处理好顾客异议。在这里列举常见的顾客异议，仅供参考。

 情景再现

顾客：BB霜会堵塞毛孔吗？

销售人员：堵不堵塞毛孔在于您卸妆卸得干不干净，只要卸得干净就不会堵塞毛孔。任何和彩妆有关的产品都会堵塞毛孔，晚上卸妆干净就没问题。

顾客：我的肤色应该怎么选购隔离霜？

销售人员：一般隔离霜的功效是修颜、隔离、滋润、保湿。隔离霜除了全脸使用外，珠光或白色可拿来作为局部提亮，深咖啡色可用来修容，绿色可用来打在泛红的痘疤上，黄色可打在眼下修饰咖啡色黑眼圈。您的肤色较白，可以选择粉红色，能制造红润感。

顾客：我只想买单独的紫色眼影，可是你们这里没有啊！

销售人员：单独的紫色没有，不过单独使用紫色涂不好的话可能会显得眼睛有点肿，我建议您先用紫色打底，再在睫毛根部加黑色，在前眼角处加点白色，会使眼睛更有立体感。

顾客：唇彩、唇膏、唇蜜、口红的区别是什么啊？

销售人员：唇膏一般是滋润的作用；口红一般是颜色遮盖的作用比较强；唇蜜、唇彩一般是用于丰唇，立体感比较强。

顾客：干眼影和湿眼影的区别是什么？

销售人员：先抹点湿的，然后再抹上干的，这样不容易花，也不容易脱色，如果是油性肤质最好不要用湿眼影。

顾客：上粉底时，常感觉推不匀，好像会结块，是什么原因？

销售人员：您是不是擦完护肤品后没等吸收就上粉底了呢？如果您擦完护肤品后过一会儿再上粉底就不会出现这种情况了。

（二）香水余味

香水问世至少有 6000 年的历史了。不论在何种情况下，香水都和时髦、夸耀、奢华联系在一起。香水是最富有浪漫气息、最让人印象深刻，也最奢侈的"高级时装"。香水的味道就像是爱情的味道，无法看见也无法触摸，却让人从来不会忘记它的存在。

一瓶经典的香水或清新淡雅，或神秘高贵，或活泼雅致，其沁人的魅力会一点一点地释放出来，引发人们无限的想象。

1. 香水的前、中、后调

 情景再现

顾客：香水的留香时间有多长？

销售人员：这个是因人而异的，一般而言，女士香水的留香时间要比男士香水的留香时间长。

顾客：是什么原因使香水留香时间更加长久？

销售人员：一般香精浓度高的香水会持久些，如檀香型留香时间会持久；低温比高温持久；油性皮肤比干性皮肤持久。

顾客：那你们这个品牌香水的留香时间怎么样？

销售人员：我们的香水都比较偏向于轻松、活泼的香型，相对一些浓厚、正统的香水的留香时间要稍微短一些。

顾客：为什么喷了香水后不久，我就闻不到香味了？

销售人员：首先，因为你的鼻子已经习惯了这种香味，对这种味道不敏感了，但你旁边的人还是会闻到香味的；其次，香水的前香会浓一些，中香、尾香会慢慢变淡。

顾客：是否不同的人闻同一款香水会有不同的感觉？

销售人员：是的，每个人对香味都有不同的感觉和反应。例如，有些人对某些香味特别敏感，而有些人对这种香味则没什么感觉。

顾客：这款香水对我来说是不是太浓了？酒精味是不是太大了？

销售人员：您闻的是香水的前味，是会浓一点和有点酒精味的。请你再等一两分钟，等前味散开了，到了中味才是选择香水的最佳时段。

2. 男香之味

如今，各大香水品牌都设有男士香水，男士香水也是一个巨大的市场。男士对于香水的要求似乎更高，不用则已，要用就用最好的，这或许是许多购买香水的男士的共同心理。因此，销售人员在向男士推荐香水时，更重要的是品质，而非价格。

 情景再现

销售人员：小姐，您想要挑一款怎样的香水？

顾客：我想买一款男士香水，给我老公当生日礼物。

销售人员：这款就相当不错，××品牌的香水可是美国第一任总统乔治·华盛顿的最爱，在那个年代曾经是男性必备的香水品牌。

顾客：是吗，香味怎么样？

销售人员：请您闻闻，就是这个味道，配有柠檬、橙花油及迷迭香，可以让人显得生气勃勃，塑造出新时代男性的新形象，给人一种爽朗宜人、充满阳刚气息的感觉。

销售人员：先生，我们这款××来自前卫而浪漫的法国，清新敏感淡雅而温情的芳香受到很多喜欢休闲的男士的喜爱。它能让您显得浪漫、潇洒、不羁和自由，让人仿佛置身于宽广的原始草原或是投身于大海的中央，一种心胸开阔的感觉随之而来。

销售人员：这款男士淡香水由四种独特香调相辅相成，让每个人以不同的方式诠释男性的魅力。结合清新、辛辣与木香调，组成四种相互平衡和谐的动态香气（清新调、木香调、辛辣调、感性调）。

（三）璀璨珠宝

有的珠宝历经百年的打磨与传承，却依旧拥有艳丽的色彩、时髦的造型，一点儿不给人"古"的感觉，反而充满风情，时尚味十足。

珠宝经过高精密的打磨镶嵌，几乎无一例外的都是纯手工艺术品，再加上珠宝背后深厚的文化底蕴和神秘的辗转故事，越发增添了珠宝的魅力。因此，每个女人都希望拥有一套属于自己的珠宝，这也就不足为奇了！

1. 为顾客介绍保养知识

情景再现

顾客：钻坠戴在胸前，身上出汗对它有影响吗？

销售人员：夏天是人体出汗较多的季节，人体的汗液虽然属于弱酸性，但对于钻石饰品来讲，是不会有影响的。首先，钻石搭配的金属是贵金属，不易受强酸、强碱腐蚀；其次，钻石是性质最稳定的宝石之一，如果长时间佩戴发现钻石失去光泽，表面模糊，主要原因是汗液中的油脂沾染了灰尘所致，只要清洗干净即可光亮如初。

2. 熟知首饰搭配技巧

首饰的搭配是一门艺术，它不仅给人们的生活增添了无穷的乐趣和色彩，而且给人们带来一种精神上的享受（见表4－1、表4－2）。

表4－1　首饰与脸形的搭配技巧

序号	脸形	搭配首饰
1	椭圆形脸	(1) 对耳饰选择随心所欲，要注意耳饰大小、造型、风格与发型、服装协调一致 (2) 可选中等长度的项链，项链在颈上形成椭圆状，链上不要镶过多过大的宝石
2	圆形脸	(1) 佩戴菱形、长条形、花形、几何形耳饰要使之紧贴脸庞，可佩戴垂珠式、泪珠形、长条状及大小不一、造型各异、轻巧、纤细的耳饰 (2) 可佩戴粗细适中的长条形或三角形的、有长度、带坠子的项链
3	长形脸	(1) 可佩戴使脸加宽的纽扣形、圆形、短坠式耳饰，尽量选择精、美、明快、光彩夺目的耳饰 (2) 应戴短而粗的项链
4	方形脸	(1) 可选择椭圆形、卵形、心形、花形、不规则几何形、螺旋形耳饰 (2) 可选长的、下垂弧度大的项链
5	三角形脸	(1) 可选星点状或小巧的半圆珠状耳饰 (2) 选择项链原则宜长不宜短，宜粗不宜细
6	倒三角形脸 （瓜子形）	(1) 可佩戴水滴形、吊钟形、扇形的上窄下宽的耳饰 (2) 可佩戴细而短的圆珠状、马鞭状项链
7	菱形脸	(1) 应选择珠形、圆形、花形、椭圆形、扇形、叶形带坠子的耳饰 (2) 佩戴项链以细为好

表4－2　首饰与形体的搭配技巧

序号	形体	搭配首饰
1	消瘦型	宜佩戴粗而短的项链，耳饰、戒指、手镯要华丽，双耳可佩戴大耳环，腕可佩戴粗手镯

续表

序号	形体	搭配首饰
2	偏矮型	宜佩戴细长带坠项链，项链要简单、流畅、淡雅，戒指、手镯、耳饰要粗细适宜
3	高壮型	淡化两侧，丰富中央。项链选择粗长方形，挂坠大而丰富，光彩夺目，手镯、戒指粗细适宜，镶嵌宝石碎小
4	肥胖型	耳饰、戒指、手镯色调暗，造型简单、统一。项链、挂坠长而细，大而多姿，手镯宽而阔
5	高瘦型	适宜佩戴层叠式、富有图案结构的胸链，大而雅致的胸针，手镯、戒指以粗线条为主
6	瘦小型	佩戴小而简洁的首饰，不要将项链、耳饰、胸针、手链、腰带一起佩戴，应佩戴细不带坠子的项链
7	偏肥胖、胸部肥大型	选带有长形链坠的长度较大的胸链

（四）腕表风情

稍纵即逝的时间，在美轮美奂的腕表中呈现，留给每个拥有者无尽的浪漫时光。一款经典的腕表，哪怕只拥有一件，都值得一生珍存。腕表，如今已经是一种象征。腕表追求的是一种经典中的经典，无论是百达翡丽、积家、万国还是江诗丹顿都是表中的佼佼者。

1. 腕表象征身份与地位

小小一块手表，动辄成百上千万元，这不禁让人想起一句老话——"时间就是金钱"。不得不承认，手表是最易让男人欣喜若狂的物品之一。男人对精密机械的那份狂热似乎是与生俱来的。因此，销售人员可以借助这一点来向顾客推荐。

 情景再现

销售人员：商场如战场，平时您可以随意一点，但在商务活动中则需要足以傲视群雄的重装备。因此，您可以将商务礼仪中男性不可或缺的符号——正装腕表置办齐备！

顾客：是吗，腕表有如此强大的力量？

销售人员：当然，对于您这样经常出席商务场合的人士，顶级品牌正装表往往会成为谈判成功的秘密武器。因为这一块表，您便已赢得了对手的敬重。

顾客：我已经有了一款××牌的腕表，现在想看看这款腕表有什么特色。

销售人员：先生可真是一位高人，如今手表已不仅仅只是人们对于时间的要求，也成了人们身份、地位的象征。我们的腕表拥有的高质量机芯及经典外形，可以体现出您的身份。

2. 体现品牌具有的收藏价值

销售人员在向顾客推荐手表时，一定要强调该品牌腕表所具有的收藏价值。手表的收藏始于 20 世纪 80 年代中期。1985 年，美国上层社会的一些名流忽然戴上了"二战"以前的老表，并且这股风潮很快席卷了全球。一些有眼光的收藏、投资家开始关注并且迅速加入收藏手表的行列，手表成了收藏界的新宠。30 多年来，手表收藏热一浪高过一浪，从各大拍卖行的屡屡高价成交中不难看出，人们对手表收藏的狂热与日俱增。

情景再现

顾客：除了品牌之外，如何才能挑选一款具有收藏价值的腕表呢？

销售人员：稀有材质与工艺技术能增加腕表价值，但除了宝石本身的质量之外，工艺更为重要。蛋白石、玉、珊瑚与钻石镶嵌的珠宝腕表，或采用珐琅彩绘的表盘，让腕表如同艺术品一般，值得收藏。

顾客：那还有其他哪些方面？

销售人员：其次就是机芯设计，因为制表工艺与技术，重点就在于机芯。机芯的挑选，最简单的分别就是机械表绝对胜过石英表，石英表机芯来自 IC 电路，会随时间老化被淘汰；而机械表只要保养得当，使用百年绝对不成问题。机械表最有价值的地方，就在于通过小小的机芯就能把日历、星期、月份、报时等各种复杂功能展现出来，也彰显了表厂独特精湛的技术。

情景再现

顾客：你们这款腕表能否保值？

销售人员：腕表保值与否跟采用的金属有极大关系。一般来说，一块腕表的制作，机芯大多采用黄铜，表壳的部分则有黄 K 金、玫瑰金、白 K 金与铂金四种，价位与保值最佳的首先是铂金，其次是黄 K 金、玫瑰金，最后是白 K 金。我们这款腕表的表壳是铂金，是最具有保值价值的，所以您尽可以放心购买收藏。

（五）品牌服饰

随着人们物质和文化生活水平的进一步提高，上流社会对服饰的要求，对服饰所表现的社会地位、身份习惯及素质修养都提出了更高的要求。既要华丽高贵，也要时尚舒适。服饰将来的发展道路与方向是将服饰与人融为一体，将人们那种特有的神秘的内在美，完完全全地表露无遗。

服饰其实是一种生活方式，是识别自己的一种渠道，是识别一个人的最好的名片。与人接触的时候服饰是一种社交方式，最好的服饰一定是带着个人烙印的，最好的相逢是一个人和一个体现自我风格的品牌之间最默契的相遇。

1. 搞定求全心理顾客

顾客的求全心理如果得不到满足，就只有一个结果——放弃购买。如果销售人员能够充分变通应对，积极引导并提供不同的解决方法，顾客还是很容易被说服的。销售人员推荐的衣服一旦达到了其要求，就很容易成交，因为这种顾客知道自己的要求多，的确不容易满足，换一个品牌也不一定能买到合适的衣服。

销售人员碰到求全心理的顾客要避免使用以下语言：①"对不起，我们这里没有。"这样说就是直接赶走顾客，即便是抱着一丝希望想找找看的顾客，听到销售人员这样的话也会转头就走的。②"您的要求太高了，相信您到哪里也找不到这样的款式。"这样说很容易引起顾客的逆反心理，说不定永远都不想再进你的店门。顾客要求高是有自己的原因的，不会因为销售人员的话而改变主意。③"那您再逛逛吧。"最温柔的拒绝，但注定销售会无果而终。

 **情景再现**

销售人员：您好，想让身材显得苗条一些，通过色彩、款式的搭配都可以达到；想要符合职业和多种场合身份，也可以通过搭配达到。那么请问您的职业是什么？一般需要出席哪些场合呢？

顾客：我是一名模特，想买一件上班、聚会、逛街都能穿的衣服。

销售人员：那我建议您选择今年比较流行的黑搭配。穿着这种色彩的服装上班，会给人一种稳重、内敛的印象。如果朋友聚会的话，搭配一些有光泽感的饰品，就会变得优雅华丽。如果逛街穿呢，搭配一些比较明快的浅色鞋和包，比如白色的鞋包，就能够既休闲又时尚。另外，这样的颜色因为比较深一些，所以也能很好地修饰身材。我们有好几款这种色彩的款式，你要不要试试看？

顾客：好啊！

2. 抓住"卖点"促其购买

服装卖什么？面料、款式、色彩、做工各取所长，各大品牌的价值取向也各自不同，流行趋势某种层面上也是玩"卖点"。因此，奢侈品销售人员要学会抓住"卖点"，这样才能更好地为顾客推荐，让顾客看到"卖点"主动购买。

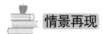 **情景再现**

销售人员：本款女装简单、大气，裁剪相当收身，腰间的腰带设计以及袖子上的格子走线、胸口的对称口袋、细节处的怀旧Logo，都让本款女装相当大气。本款在寒冷的冬季，让您上身温度与高雅并存，曲线与温暖同在。

销售人员：这一短款双排扣皮包边女风衣，采用高档面料裁剪而成，以纯蓝色为打底布料设计，展现了青春与活力。领口处采用了圆领的翻领设计，袖口用环扣松紧设计，适合紧身穿着，正面用双排扣的设计，肩部与正面的扣子相连体，使整体的设计更具有统一性，上身效果极好，后背用天蓝色的刺绣设计出了品牌的标识。

销售人员：这款高领撞色长袖连衣裙，巧妙地运用撞色将两种反差的色调在一件服装上进行设计，以及简单的收腰设计，穿着后随着身体的弧线而下。成曲线的设计，面料柔软，穿着舒适，撞色的设计往往让人眼前一亮，整体的感觉产生出来，颜色设计更为大胆，加上高领的设计让本款增加了保暖性，正适合秋季穿着。

3. 熟练运用展示方法

奢侈品销售人员在服务过程中，要进行适当的展示和介绍才能进一步激发顾客的购买欲，抓住时机，促成销售。商品展示是销售人员将商品的性能和特点用灵活的方法展现出来，以便顾客进行挑选，并促使其购买的一种销售技巧。

在销售过程中，除了把服装展示给顾客并加以说明外，还要向顾客进行推荐。为刺激其购买的欲望，推荐服装时可运用如表4-3所示的原则。

表4-3　推荐服装时应注意的原则

序号	原则	说明
1	推荐时要有信心	在向顾客推荐服装时，销售人员要有信心，才能让顾客对商品有信赖感
2	适合于顾客的才做推荐	在对顾客进行推荐之际，应根据对顾客购买动机的探询进行推测，把握顾客的需要，以便推荐其所适合的服装
3	推荐服装的特征	每一款服装都有其特征，但往往不易被顾客发现，诸如功能上、设计上、品质上的特征，因此，销售人员在向顾客推荐时，要多强调服装的特征
4	让话题集中在服装上	销售人员在向顾客作服装推荐时，应尽量把话题集中在服装上，并同时注意观察顾客对服装的反应，以了解顾客的需求
5	明确地说出其优点	销售人员在进行服装的说明与推荐时，为了便于顾客的比较，应明确说出本款服装与其他款服装相比较所具有的优点，以增加顾客的信赖感
6	不要做不可靠的推荐	充满自信地推荐服装，可以使顾客安心。因此，销售人员要对推荐的服装有充分的自信。此外，不要将不可靠的服装向顾客推荐
7	根据顾客的实际情况	销售人员要以顾客至上，根据顾客的实际情况，积极配合顾客，用心向其进行推荐
8	以诚心推荐	光在嘴上说"这件服装绝对可以买"会缺乏说服力，甚至激起顾客的不愉快。如果发自真心地推荐，"买下来不会有损失"，顾客便会充满信任地购买

(六)"包"罗万象

包不仅用于存放个人用品，也能体现一个人的身份、地位、经济状况乃至性格等。

一个经过精心选择的皮包具有画龙点睛的作用。包饰的兴起与服装的演变有密切联系，第一个束上长绳的渔网状小袋成为名副其实的"包饰"，成为人们衣着打扮中不可缺少的一部分。

1. 明星效应

每个奢侈品品牌都有固定的消费群体，其中不乏许多知名人士，销售人员可以利用你所知道的知识进行推销。如果是爱马仕包的销售人员，你可以这样说："这可是贝嫂从不离手的包包哦！"当然，如果你是其他品牌的销售人员则可以寻找与本品牌相关的名人来予以例证，说明自己品牌的价值。

 **情景再现**

销售人员：您看看这款包，我们爱马仕包是贝嫂的最爱，贝嫂一直是时尚代言人和潮流引领者。她那种性感而又帅气的着装更是形成了自己独特的风格。她的出街造型永远都少不了爱马仕的经典包包。相信您拥有这款包后，也会形成自己的独特风格。

顾客：是吗？这是贝嫂最爱的包包！我老公可是贝克汉姆的忠实粉丝，那我就要一款贝嫂最爱的包。

销售人员：虽然大牌包包如过江之鲫，但是 Louis Vuitton 却永远拥有属于它的位置，因为 LV 的包包一直是明星们最爱的手袋之一。几乎每天我们都可以看到大小明星们拎着最新款或者经典款的 LV 包包登场。

顾客：有哪些明星喜欢用你们的包包呢？

销售人员：如年轻女性代表 Ashley Tinsdale、麦当娜、Jessica Simpson、Katie Price、Freida Pinto 等。

顾客：你对这些明星可是如数家珍呢！

销售人员：这是我作为 LV 包销售人员必备的一种素质，当然也是 LV 忠实粉丝的原因。要不您也加入我们 LV 包家族中吧！

2. 总有一款适合您

奢侈品品牌为何受到众多人士的追捧，这与其特有的气质是相配的。以包为例，它可以满足几乎所有人所需要的款式，因此，作为销售人员一定要为顾客寻找到合适的一款。

 **情景再现**

顾客：这款手袋适合我吗？

销售人员：当然，这款 Berkeley 手袋的名称取自伦敦著名的柏克莱广场，袋形别致，质感柔软，是为都市时尚人士而设计的日常袋款。

顾客：是吗？

销售人员：它的带子可以调节长度，可以挂腕、肩挽和肩背，Louis Inventeur 金属徽章以皮革镶边和铆钉。Damier 帆布，微纤维衬里，光滑皮革角及包边，可以说是简单却不乏时尚大方。

情景再现

顾客：这款大红色的手袋还挺好的。

销售人员：请问女士您工作中需要放文件吗？我看您这个袋子里好像放着一些文件。

顾客：是啊。这些文件太大了，我的包又太小，只好另外用一个袋子装着。

销售人员：那这款 Belleveue 大号手袋可以说是专门为您设计的了，它的风格简单，肩背式设计，可以容纳 A4 纸张大小的文件。要不您把您的文件放进来试一试，看合适不？

第四节 商品促销

一、个性化服务

个性化服务是一种真实服务的最高级表现形式。个性化服务的方式和内容都必须是个性化的，即针对个人的。个性化服务是一种有针对性的服务方式，根据用户的设定来实现，依据各种渠道对资源进行收集、整理和分类，向用户提供和推荐相关信息，以满足用户的需求。从整体上说，个性化服务打破了传统的被动服务模式，能够充分利用各种资源优势，主动开展以满足用户个性化需求为目的的全方位服务。

从国际上来看，企业之间的竞争大致经历了三个阶段，一是产品本身的竞争，这是由于早期一些先进的技术过多地掌握在少数企业手里，可以依靠比别人高出一截的质量，赢得市场；二是随着科技的飞速发展，新技术的普遍采用和越来越频繁的人才流动，企业间产品的含金量已相差无几，客户买谁的产品都一样，这就进入了价格的竞争，靠低价打败对手；现在已经进入了第三阶段，就是服务的竞争，靠优质的售前、售中和售后服务吸引和保持住客户，最终取得优势。现代的市场竞争观念，就是"顾客至上""顾客永远是正确的"，个性化服务正是与每一位顾客建立良好关系，开展个性化服务体现了现代市场竞争趋势。

个性化时代，企业根据顾客的实际订单来进行生产，真正做到了以需定产，因而几乎没有库存积压，大大加快了企业资金的周转速度，减少了资金的占用，缩短了再生产周期。个性化服务减少了各中间环节及其支持费用，缩短了供求双方之间的距离，强化了企业与顾客之间的沟通。

在个性化服务中，由于产品是在切实了解顾客实际需要的基础上设计和生产出来的，因而只要质量可靠、定价合理，这些产品就能很顺利地销售出去，大大减少了广告、促销等销售成本。

首先，顾客可以及时反映对产品的个性化要求，从专业人士那里得到及时、有针对性的服务，从而获得了预期利益的满足或使不合理的预期利益得到了纠正，降低了购买风险，提高了顾客总价值。其次，顾客通过各种信息渠道及时地与产品提供者进行沟通，节省了寻找、挑选购买产品时消耗的时间和精力。最后，个性化服务可以使生产者与顾客之间建立起学习型、良好的合作伙伴关系，会提高顾客的忠诚度，创造固定顾客。

个性化服务在邮轮上的体现就是通过每位员工专业细心的服务为每位乘客提供适合他的、让他感到满意的服务。

二、促销

促销就是营销者向消费者传递有关本企业及产品的各种信息，说服或吸引消费者购买其产品，以达到扩大销售量的目的。促销实质上是一种沟通活动，即营销者（信息提供者或发送者）发出刺激消费的各种信息，把信息传递到一个或更多的目标对象（即信息接收者，如听众、观众、读者、消费者或用户等），以影响其态度和行为。常用的促销手段有广告、人员推销、网络营销、营业推广和公共关系。企业可根据实际情况及市场、产品等因素选择一种或多种促销手段的组合。常见的促销方式有以下几种情况：

（一）折扣

折扣，是商品买卖中的让利、减价，是卖方给买方的价格优惠，但买卖双方给予或者接受折扣都要明示并如实入账。法律上对折扣的概念做了如下界定：本规定所称折扣，即商品购销中的让利，是指经营者在销售商品时，以明示并如实入账的方式给予对方的价格优惠，包括支付价款时对价款总额按一定比例即时予以扣除和支付价款总额后再按一定比例予以退还两种形式。折扣店是指以销售自有品牌和周转快的商品为主，限定销售品种，并以有限的经营面积、店铺装修简单、有限的服务和低廉的经营成本，向消费者提供"物有所值"的商品为主要目的的零售业态。

1. 特征

（1）打折是商品购销中的让利，发生在购销双方当事人之间，是卖方给予买方的价格优惠。

（2）给予或者接受折扣都必须明示并如实入账，在入账方式上，要求给予折扣的应冲减营业收入，收受折扣的应冲减成本。

（3）打折的两种形式。一是支付价款时对价款总额按一定比例即时予以扣除。二是在买方已支付价款总额后卖方再按一定比例予以退还部分价款。这两种形式实质都是价格优惠，并无本质区别。

2. 种类

（1）数量折扣。制造商给经销商、零售商或大客户因购买数量大而给予的一种折扣。

（2）现金折扣。对于及时付清货款的购买者的一种价格折扣。

（3）功能折扣。是由制造商向履行了某种功能，如推销、储存和账务记载的贸易渠道成员所提供的一种折扣。

（4）季节折扣。卖主向那些非当令商品或服务的买者提供的一种折扣。

（5）上网订购折扣。给予在网上下单客户的折扣。

计算方法：打几折就是折扣占原价的百分之几十，几几折就是现价是原价的百分之几十几。

3. 折扣法

现金折扣总价法是指购买存货时供货方给予的现金折扣的一种会计处理方法。对购货折扣的处理有总价法、净价法和备换法 3 种方法，同样的存货，同样的价格，不同的处理方法会得出不同的存货成本。

（1）总价法：购入存货时，"存货"或"购货"账户按总价计价，会计只反映享受了的折扣（以"购货折扣"反映）。

（2）净价法：购入存货时，"存货"或"购货"账户按扣除折扣后的净价计价，会计只反映未享受的折扣（以"丧失的购货折扣"反映），丧失的折扣作为期间成本。

（3）备抵法：购入存货时，"存货"或"购货"账户按扣除折扣后的净价计价，"应付账款"以总额计价，差额计入备抵账户"备抵购货折扣"。

在净价法和备抵法下，丧失的折扣不构成存货的成本，而作为财务费用处理。从这个意义上讲，净价法和备抵法正确地反映了存货成本—销售价格减全部可获得的折扣，与此相一致，总价法应当将已享受的购货折扣成存货的成本，它包括了丧失的购货折扣。尽管净价法优于总价法，但总价法因操作简便而得到广泛运用。

（二）路演

路演的本意译自英文 Roadshow，是国际上广泛采用的证券发行推广方式，指证券发行商发行证券前针对机构投资者的推介活动，是在投融资双方充分交流的条件下促进股票成功发行的重要推介、宣传手段。路演的主要形式是举行推介会，在推介会上，公司向投资者就公司的业绩、产品、发展方向等作详细介绍，充分阐述上市公司的投资价值，让准投资者们深入了解具体情况，并回答机构投资者关心的问题。随着网络技术的发展，这种传统的路演同时搬到了互联网上，出现了网上路演，即借助互联网的力量来推广。网上路演现已成为上市公司展示自我的重要平台，推广股票的重要方式。

路演在几年前还较为陌生，现在却成为一个使用频率较高的词。这一新型宣传推广模式在中国刚一出现就不仅得到了上市公司、券商、投资者的关注和青睐，也引起了其他企业的广泛关注和浓厚兴趣，并效仿证券业的路演方式来宣传推广企业的产品，形成时下盛行的企业路演。路演不仅被企业成功地移用，其概念和内涵已改变和延伸，成为包括新闻发布会、产品发布会、产品展示、产品试用、优惠热卖、以旧换新、现场咨询、填表抽奖、礼品派送、有奖问答、卡拉OK比赛、文艺表演、游戏竞赛等多项内容的现场活动。现在很多企业的产品或服务都开始积极采用路演的形式通过和消费者面对面的交流来宣传推广产品。

邮轮上的路演大部分时候被用来进行产品优惠热卖的促销活动。商店会将部分特定商品摆放到公共区域而不是放在商店里面，如皇家加勒比邮轮皇家大道上进行的售卖。期间还可能伴有歌舞表演、产品展示或试用等，其目的就是更好地推销产品以达到最大的收益。

三、促销展台搭建

（一）展示促销的特点和作用

展示促销通过陈列新产品样品，可促销新产品，使新产品信息得到广泛传播，大量招徕顾客，兼具促销与广告作用。就展示的种类而言，有试用、试饮、试吃及附带赠品的示范销售等。这种促销方法的最大特点是能迅速地把新产品介绍给消费者，另外还能了解消费者对商品的反映和消费需求的变化。

（二）促销展台的设计

1. 促销展台的材质

促销展台的种类很多，成规模的展台可能包括墙面、地面、货架，小型促销展示设计的可能只有货架。展示用货架的材质主要有全木、全钢、钢木和铝木等，展示不同的商品也可能会要求使用不同质地和功能的货架。展台其他部分涉及的材质主要有木头、金属，地面处理有地毯、瓷砖、地台等。

2. 促销展台的设计原则

（1）目的性原则。促销展台的最终目的是为促销活动提供支持，是为了使促销活动正常开展并促进销售，提高商家声誉。因此，展台设计的首要原则是目的性原则。

（2）方便性原则。促销展台的设计要考虑如何方便顾客和吸引顾客，方便顾客是便于顾客拿取商品；吸引顾客是顾客看到展台后刺激了购物的兴趣，从而促进消费。

（3）功能性原则。展台设计人员在设计时需要考虑其功能性，也就是要为展台的人员和展台工作提供良好的环境和条件。展台设计需要考虑的功能有：对外功能（包括咨询区域、展示区域、接待区域、洽谈区域等）、对内功能（包括办公场所、会议场所等）和辅助功能（包括休息室、储藏室等）。

（三）展台设计与搭建步骤

（1）确定销售目标。确定促销展台是针对哪一类销售群体，即销售的对象。

（2）选择展示区域。选择最佳的展示区域，通常是相对客流量大的地方。

（3）选择展示商品。选择展示的商品，并进行合理组合。

（4）设计促销展台。根据销售对象，结合陈列的方法设计促销展台。

（5）选择展示商品的颜色。利用色彩搭配知识选择商品的颜色。

（6）搭建促销展台。在设计促销展台的基础上，进行展台的搭建。

（7）调试促销展台。展台搭建好后，请有关人员进行评价，根据大家的意见调试促销展台。

（四）促销海报设计制作

1. 促销海报的种类

促销海报从使用机能上分为悬挂式海报、地面立式海报、壁面式海报和橱窗海报。

2. 促销海报的制作方法

（1）手工制作方法。手工制作促销海报具有灵活、方便等特点，但对制作人员要求较高，否则效果不佳。

（2）计算机制作方法。现在有些软件开发商已经推出了促销海报制作系统，结合商品管理数据库，可以在短时间内生成大量形式各异、内容不同的促销海报。

3. 促销海报制作的基本原则

（1）突出促销内容。

（2）画面布局、版式应简洁。

（3）新颖、有特色。

4. 促销海报的手工制作步骤

（1）确定纸张及大小。选择什么样的纸张以及多大的纸张，取决于促销海报的目的和诉求重点。例如，做一般的促销，而且促销产品是家庭必需品，促销的主要亮点是价格低廉，则可以选择普通的纸张，海报内容不用太多，只突出价格即可。一般促销纸张规格有 27cm×52cm、76.5cm×50.8cm，也可以定制不同规格和不同质地的纸张备用。

（2）选择绘制用笔。促销海报绘制用笔分为软笔和硬笔。软笔是类似水彩笔的广告设计用笔，必须使用广告颜料或水彩。硬笔则是常见的马克笔，有圆头和方头两种，并依照所写出字体的大小分成各种不同的规格，如6mm、12mm、20mm、30mm。

（3）拟定海报内容。海报以 15～30 个字为限，说明内容应站在顾客的立场来书写，宣传的文句也要从顾客的角度出发。制作人员要充分了解商品的特征和使用方法，针对目标顾客群，使用简短、有力的文句来传递商品信息。

（4）编排促销内容。促销内容编排应达到如下要求：诉求点醒目，容易引起注意；重点明确；让人想要阅读；具有统一感和匀称感。

（5）确定海报的色彩搭配。根据商品的颜色确定促销海报的色彩，色彩搭配要热烈、醒目、吸引顾客的眼球。

（6）手写促销海报。以上步骤确定后开始手写促销海报，选择字体、字号，至少用 1～2 种字体和字号相搭配，体现海报的美感。

（7）装饰促销海报。书写完促销海报的文字内容后，要对其进行着色和装饰。装饰可以弥补平面构图的不足，或增强平面的造型效果，强调新鲜感，使书面表现形式更活泼，更具有可看性。

📖 本章小结

本章对商品经营的主要三个环节（商品采购、商品储存、商品销售）展开了介绍，在商品销售环节主要通过"情景再现"的方式，针对不同的购物商店内可能发生的购买情景展开陈述。

❓ 思考与练习

1. 请说出商品经营活动的主要环节。
2. 请简单陈述商品采购的原则。
3. 请简单陈述商品陈列的方法。
4. 请选择邮轮购物商店相关商品向同学们进行推荐售卖。
5. 请制作一张商品促销海报。

实用英语词汇

Purchase 采购

Storage 储存

Warehouse 仓库

Inventory 存货

Display 陈列

Classify 分类

Shelf 货架

Sale 销售

Personalized 个性化

Post 海报

Promotion 促销

Marker 马克笔

第五章 邮轮购物商店员工管理

课前导读 >>

    邮轮购物商店的员工是维持商店正常有序运作的主动力，也是商店销售业绩的主要推动者，因此，如何管理好邮轮购物商店的员工是商店管理层需要学习研究的。高效的员工可以为企业带来无限的财富，维持好与企业忠实顾客的关系，并不断开拓新的客源，为企业的发展提供真知灼见，总是站在团队的角度来思考问题。这样的员工是每个企业所追求的。

教学目标 >>

通过本章的学习，读者应该能够：

1 了解职业道德相关的基本知识。

2 掌握商业活动的基本知识与技能。

3 理解如何进行企业员工培训设计。

4 熟悉团队精神的相关内容。

第一节　职业道德基本知识

一、职业道德的概念

（一）职业道德的概念

职业道德，就是同人们的职业活动紧密联系的符合职业特点所要求的道德准则、道德情操与道德品质的总和，它既是对本职人员在职业活动中的行为标准和要求，同时又是职业对社会所负的道德责任与义务。

职业道德是指人们在职业生活中应遵循的基本道德，即一般社会道德在职业生活中的具体体现。是职业品德、职业纪律、专业胜任能力及职业责任等的总称，属于自律范围，它通过公约、守则等对职业生活中的某些方面加以规范。职业道德既是本行业人员在职业活动中的行为规范，又是行业对社会所负的道德责任和义务。

职业道德的含义包括以下八个方面：

（1）职业道德是一种职业规范，受社会普遍的认可。

（2）职业道德是长期以来自然形成的。

（3）职业道德没有确定形式，通常体现为观念、习惯、信念等。

（4）职业道德依靠文化、内心信念和习惯，通过员工的自律实现。

（5）职业道德大多没有实质的约束力和强制力。

（6）职业道德的主要内容是对员工义务的要求。

（7）职业道德标准多元化，不同企业可能具有不同的价值观。

（8）职业道德承载着企业文化和凝聚力，影响深远。

（二）商业从业人员的职业道德

商业从业人员的职业道德主要体现在以下几个方面：

（1）热爱企业，爱岗敬业，忠实履行岗位职责，真心实意为顾客服务。

（2）刻苦钻研业务，掌握商品知识，干一行，爱一行，专一行，精一行，自尊自强，敢于竞争，努力做好本职工作。

（3）诚实守信，买卖公平，货真价实，童叟无欺，讲求信誉，新手承诺，不短斤缺两，不出售假冒伪劣商品，不做虚假广告宣传，不推诿责任，不责难服务对象，一视同仁，礼貌待客。

（4）为顾客创造整洁优美的环境，精神饱满，仪容端庄，举止文明，用语礼貌，善待顾客，服务规范，讲真话，卖真品，献真心，实事求是，切实维护消费者的利益。

（5）主动热情，适时、适度、适人服务，耐心周到，文明服务，顾客至上，方便群众，乐于助人，得体自然，以亲切的语言接待人，以良好的形象感染人，以满意的服务信服人。

二、职业道德的作用

职业道德是社会道德体系的重要组成部分，它一方面具有社会道德的一般作用，另一方面又具有自身的特殊作用，具体表现在以下几个方面：

（1）调节职业交往中从业人员内部以及从业人员与服务对象之间的关系。职业道德的基本职能是调节职能。它一方面可以调节从业人员内部的关系，即运用职业道德规范约束职业内部人员的行为，促进职业内部人员的团结与合作。如职业道德规范要求各行各业的从业人员都要团结、互助、爱岗、敬业、齐心协力地为发展本行业、本职业服务。另一方面，职业道德又可以调节从业人员和服务对象之间的关系。如职业道德规定了制造产品的工人要怎样对用户负责；营销人员怎样对顾客负责；医生怎样对患者负责；教师怎样对学生负责；等等。

（2）有助于维护和提高本行业的信誉。行业、企业的信誉，也就是它们的形象、信用和声誉，是指企业及其产品与服务在社会公众中的被信任程度，提高企业的信誉主要靠产品的质量和服务质量，而从业人员职业道德水平高是产品质量和服务质量的有效保证。若从业人员职业道德水平不高，则很难生产出优质的产品和提供优质的服务。

（3）促进本行业的发展。行业、企业的发展有赖于高的经济效益，而高的经济效益源于高的员工素质。员工素质主要包含知识、能力、责任心三个方面，其中责任心是最重要的。而职业道德水平高的从业人员，责任心是极强的，因此，职业道德能促进本行业的发展。

（4）有助于提高全社会的道德水平。职业道德是整个社会道德的主要内容。一方面，职业道德涉及每个从业者如何对待职业，如何对待工作，同时也是一个从业人员的生活态度、价值观念的表现；是一个人的道德意识、道德行为发展的成熟阶段，具有较强的稳定性和连续性。另一方面，职业道德也是一个职业集体，甚至一个行业全体人员的行为表现，如果每个行业，每个职业集体都具备优良的道德，对整个社会道德水平的提高肯定会发挥重要作用。

第二节 商业服务基本知识

一、售货的基本流程

营业员在销售商品的过程中，应该分析顾客心理，根据顾客的不同购买动机，采取适当的接待步骤。顾客购买心理活动过程与营业员服务过程的对应关系如图5-1所示。

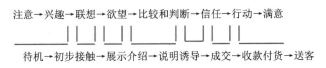

图5-1 顾客购买心理活动过程与营业员服务过程的对应关系

注：图示中上一行是顾客购买心理活动过程，下一行是营业员接待顾客的基本程序。

（一）待机

待机，就是商店已经营业，顾客还没有上门或暂时没有顾客光临之前，营业员边做销售准备，边等待接触顾客的机会。营业员在这一阶段，主要是注意观察顾客，寻找需要帮助的顾客，随时做好迎接顾客的准备。应主要做好以下工作：

（1）做好心理和行为上的准备。心理准备：营业员应当保持一种良好的心态，做好迎候顾客的心理准备。对顾客应当热情、微笑、心胸宽阔、一视同仁，站在顾客的立场上考虑问题。行为准备：营业员应努力树立良好的外部形象，做到"四美"：即服饰美，服饰样式大方，穿戴整洁合体，符合职业要求；修饰美，注意自身的仪容仪表，做到健康、美观、大方、典雅；举止美，站立的姿势要自然、端正，形态风度高雅、礼貌、得体；情绪美，要亲切热情，精力充沛，能化不利情绪为有利情绪。

（2）保持正确的站姿、站位。待机状态下，营业员应做到表情自然、面带微笑、目光平视、身体挺拔、精神饱满，站在既能照顾自己工作区内的商品及警视商品安全，又易于观察顾客、接近顾客的位置上，切记不要遮挡顾客的视线或妨碍顾客选购。

（3）注意观察顾客，分析判断顾客需求。顾客进店未必都是前来购买商品的，营业员应善于观察顾客，判断顾客的来意，找准接近的时机。

（4）当暂时没有顾客时，营业员应抓紧时间做好接待的相应准备工作，应检查展区的商品是否齐全，整理与补充商品，商品不足时及时补货，同时注意清理自己展区的环境卫生，整理商品，认真检查商品质量，并做好其他准备工作，发现问题商品及时撤下架。

（二）初步接触

初步接触就是要与顾客打招呼。发现需要帮助的顾客并与之接触是很关键的，要把握好时机。人们在实践中通过观察顾客的行为特点，总结出七个打招呼的最佳时机，可以大大提高打招呼的成功率：①当顾客注视特定的商品时；②当顾客触摸商品时；③当顾客表现出寻找某商品的状态时；④当顾客停下脚步，驻足观看时；⑤当与顾客视线相遇时；⑥当顾客把视线从商品上移开，抬起头来时；⑦当顾客与同伴评价议论某商品时。

在此还应强调的一点是，招呼可以分为两类：一类是出于礼貌的招呼，如，"您好，欢迎光临"；另一类则是为了销售商品的招呼，如，"您需要帮忙吗"，这两类招呼必须区分清楚。打招呼的方式也可以多种多样，可以用语言，也可以用眼神、微笑、点头等。并非都要说出来，只要让顾客感到你已经注意到他，并时刻做好接待顾客的准备就够了。

（三）展示与介绍

展示商品可以通过多种感官刺激，如让顾客试看、试听、试穿、试戴、试尝等，以达到刺激其购买欲望的目的。介绍的内容应包括商品名称、种类、价格、特征、质量、款式、产地、使用方法等。

介绍商品时要非常简明、扼要、清晰易懂，争取一句话就能让顾客知道商品的优点。而且介绍商品一定要循序渐进，要有选择性地介绍商品。介绍商品时可以从以下几方面入手：①展示介绍商品本身的特点；②介绍商品的市场行情；③介绍商品时可以引用例证并举一反三；④介绍商品的使用保修和日常维护方法；⑤介绍商品的原料、材质、工艺流程以及性能和用途；⑥介绍与商品有关的历史典故、民间传说与人文趣事。

（四）说明诱导

经过上述环节，顾客虽已对商品有了初步认识，但并不一定立即购买，还要进行比较分析与判断。因此，营业员的进一步说明与诱导能起到消除顾虑激发潜在需求的作用。在进行说明诱导时一般应注意以下几点：①要针对不同顾客的需求作商品说明。顾客的需求有很大的差异，每个人购买选择的侧重点也明显不同，说明应因人而异。②介绍商品要实事求是。介绍商品应当实事求是，不能夸大与欺骗。只有真实、诚恳才能获得顾客的信任。一旦顾客感觉你的介绍与事实不符，便会引起强烈的不满。③要让顾客了解商品的特点。应针对不同类型的商品指出其主要特点，如设计独特、造型美观、结实耐用等。营业员所说的商品特点必须与商品说明书上所写的一致，以免误导顾客。一般来说，介绍商品特点最多不要超过三个，太多了顾客反而记不住。

（五）成交

成交是整个销售过程的关键性环节，虽然经过前面若干环节，顾客已经形成了购买意向，即将大功告成，但如果这一环节处理不当仍然会前功尽弃，所以，成交时间的把握十分重要。实践中常见到由于营业员成交心切，催促顾客购买，导致顾客反而心生疑虑最终放弃购买。因此，只有找准成交时机才能获得成功。一般而言，成交时机主要是通过观察顾客的言行来判断。通常有八个最佳时机可供参考：①当顾客不再继续发问时；②顾客的话题主要集中在某个商品上或某一方面；③顾客表现出若有所思的神态；④顾客对营业员的回答频频点头，表示赞同；⑤顾客开始注意价格问题；⑥顾客反复问同样的问题；⑦顾客开始询问购买数量的问题；⑧顾客关心售后服务的问题。

（六）收款付货

向顾客收取货款时一定要认真核对一遍价签，并将价格向顾客报一遍，以确定价格准确无误。从顾客手中接收货款，也一定要唱收唱付，以免钱款出现差错。在找零钱时应把找回的零钱放在顾客的面前，以示对顾客的尊重。

（七）送别顾客

送别顾客虽然是交易过程的结束，但也不能草率从事。礼貌告别不仅可以给顾客留下良好的印象，还为下一次的交易做好了铺垫，即所谓的善始善终。告别的方式除一般用语之外，还应有一些更灵活的方式。比如，①以关切的提醒告别，如对老年人，可以说："您拿好东西，慢点走。"②以真诚的祝福告别，如可以说："祝您节日快乐，全家幸福。"③以热情的指点告别，如："请您向右走，往前 10 米有电梯。"

以上几种告别方式比起简单的"再见，欢迎您再来"等公式化的语言更富有人情味，也更易被人接受，会让顾客感受到你的真诚与热情，从而留下深刻的印象。还要注意别忘记向顾客表示谢意，应感谢顾客的光临。特别是对没能买到合适商品的顾客更要真诚地表示歉意，为没能满足顾客的愿望而致歉。

上述环节紧密结合顾客购买心理活动过程的发展状态，环环相扣，一气呵成，哪个环节出了问题都会影响最终的交易效果。因此，营业员应按照上述各环节的要求，潜心研究、细心体会每个环节的工作重点及应注意的问题，才能在工作中有的放矢，最大限度地使顾客满意。

二、接待礼仪

（一）仪容仪表

1. 仪容规范

（1）注意个人卫生。头发要勤洗、勤梳理。男员工不要留长发和怪发型，不留胡须。女员工不要留披肩发和怪发型，长发应盘起来。

（2）女员工上班应化淡妆，以自然适度为原则，掌握分寸，切忌过艳。

（3）手部要保持干净。指甲应当经常修剪，一般不宜涂指甲油。

（4）上班时间，不可佩戴手镯和带坠子的耳饰，也不宜戴惹眼的胸饰、领花和戒指等。

（5）上班前不要喝酒，不吃生葱、生蒜等带强烈刺激气味的食物，应保持口腔清洁、口气清新。

2. 着装规范

（1）营业前要穿好统一的工装，工装应保持整洁，不起皱，无破损，无掉扣、开线等现象。衬衣要穿规定的颜色和式样，并应保持整洁，特别注意领子和袖口要洁净。内衣或其他衣服不得显露在制服外面。

（2）每天应当把皮鞋擦拭干净，不宜穿运动鞋、旅游鞋，不能光脚穿鞋。男员工应穿跟鞋子颜色相协调的袜子，以黑色最为普遍。女员工以穿肉色、黑色丝袜为主，不能穿露脚趾的凉鞋和拖鞋。

（3）上岗时须按规定佩戴好工牌，工牌应端正地佩戴在左胸适当位置，正面向外。工牌是岗位和职责的标志，不得借与他人使用，更不得随意改变和增添其他饰物。

（二）接待礼仪

营业员在每天的销售工作中要接待许许多多不同的消费者，要做到尽量使每位消费者都满意不是一件容易的事，而是需要有针对性地采取不同方式区别对待每位消费者。在千变万化的接待方式中，蕴含着一些具有共性的、被公认的基本原则：

（1）主动热情原则。主动热情原则指营业员在接待顾客过程中要始终以满腔的热情、愉快的心情，积极、主动、自然、自信的态度去迎接每位顾客，发挥主观能动性，尽自己的最大努力去满足顾客的正当需求。

（2）尊重礼貌原则。尊重礼貌原则指营业员在接待顾客过程中要充分尊重顾客的自尊心，文明经商，礼貌待人，发自内心地微笑服务。

（3）真诚守信原则。真诚守信原则指营业员在接待顾客过程中要以诚相待，真诚对人，无论是介绍商品，还是承诺服务，都要做到真实、可信，一诺千金，绝不能欺骗顾客。

（4）善意宽容原则。善意宽容原则是指营业员在接待顾客过程中要以善意去理解帮助顾客，站在顾客的角度设身处地替顾客着想，特别是当发生矛盾时，原则要坚持，态度要灵活，宽容大度，敢于承认错误，不计较顾客的语气和态度，有时从服务效果出发，还要做到得理让人，善解人意，积极化解矛盾。

（5）细致认真原则。细致认真原则指营业员在接待顾客过程中要认真对待每一个细节，无论是回答顾客的问题、介绍商品、拿递展示商品，还是计价开盘，帮助顾客挑选、包装商品，都应认真仔细，避免差错。

（6）平等待人原则。平等待人原则指营业员在接待服务过程中对所有顾客都平等相待，一视同仁。进店都是客，没有高低贵贱之分，对顾客要做到：生人熟人一个样，贫富一个样，买与不买一个样，大人孩子一个样，职位高低一个样。

营业员的服务基本要求是主动、热情、耐心、周到。这就要求营业员做到：在顾客进门时，主动招呼，热情问候，耐心介绍商品的性能；对顾客态度和蔼，语言礼貌，百拿不厌，百问不烦，为顾客当好参谋；讲究职业道德，做到买与不买一个样，为顾客着想，对顾客一视同仁，不计较顾客态度好坏，不与顾客争吵，心中要永远记住一句话，即"顾客永远是对的"；做到微笑服务、文明服务、用心的服务。

（三）接待语言

营业员在接待顾客的过程中应遵循尊重诚恳、礼貌谦恭、友好和善、通俗贴切的基本原则，服务用语要简洁、准确、礼貌，做到"五要""四不讲"。

"五要"是语言要亲切，语气要诚恳，语调要柔和，用语要准确，要使用工作规定语言。

"四不讲"是不讲粗话、脏话，不讲讥讽挖苦的话，不讲催促埋怨的话，不讲与经营无关的话。

营业员在接待顾客的各个不同服务阶段，要灵活用好"十四字"和"十二句话"文明礼貌用语，即"请""您""欢迎""对不起""谢谢""没关系""再见"，以及"您需要什么""请您这边看""看这个好吗""我来帮您挑""您还需要其他商品吗""对不起，这种商品刚卖完，请您留下姓名、地址、电话，来货我们通知您""请您稍等，我马上就来""对不起，让您久等了""您给我××元，找您××元，点清，拿好""请走好，欢迎您再来""请别客气，这是我们应该做的""谢谢，请多提宝贵意见"。在实际工作中，服务语言会更加丰富，但这"十四字""十二句话"是有代表性的，代表着柜台语言所遵循的尊重、礼貌、友好、通俗的基本原则。

三、包装商品

（一）商品包装的目的

商品经过包装后，增加了含金量，提升了商品服务的价值，不仅给顾客带来美的享受，而且给顾客带来心理的满足感。

（1）提高商品的价值。商品包装的目的不是对商品进行包装，而且为了提高商品的附加值，增加顾客的满足感。

（2）美化商品。商品经过包装后，配上色彩高雅、鲜艳的包装纸和彩带后，提高了商品的档次，使消费者产生愉悦感。

（3）促进销售。精美的商品包装，可以起到美化商品、宣传商品、促进销售的目的。经过包装后的商品能够吸引顾客，引导消费，成为促进消费者购买商品的主要因素。

（二）礼品包装材料知识

礼品是一种特殊的商品，是用来馈赠他（她）人以示身份或利益的商品。因此礼品包装与一般性的商品包装有所不同。所用的包装材料也有所不同。礼品包装用的包装材料主要有以下几种：

（1）包装纸。市场上包装纸的种类繁多，主要有铜板印花纸、绵纸、铝箔纸、云龙纸、透明玻璃纸、美术纸、双色卡纸等。常用的有塑料质地与棉线质地的两种包装纸，棉线质地的包装纸除普通的印花纸以外，还有皱纹纸、手搓纸等多个种类。各种材质的包装纸有不同的质感、弹性和韧性，包装时要根据礼品的实际情况选择适宜的材料。

图5-2 各种彩带和装饰带

（2）彩带和装饰带。彩带是商品包装后，对包装盒进行装饰和捆扎的彩色包装带或包装绳。彩带有布、丝、铝箔、蕾丝、麻纱、塑胶及塑料等质地。包装带分为布质、纱质、丝质及塑料质地。包装绳分为麻绳、纸绳、彩色丝光线及金线、银线及棉线等。彩带按规格分为宽彩带和窄彩带；按图案分为光带和花色带；按质地分为塑光带、绸带和缎带。

（3）其他装饰材料。其他装饰材料有贴花、各色金属线、各种小饰物、小贺卡、装饰花等。

（三）礼品包装的色彩搭配知识

礼品包装应做到优雅大方、形式新颖，要通过个性化的礼品包装，显示送礼者的真情实意。想做到这些，就要根据不同的年龄、性别、对象和场合，适当地选择包装色彩和造型。同时还应该了解不同的节日、季节、民族风俗和忌讳，以免出现不愉快的事情。

1. 色彩的种类

色彩学上把色彩主要分为标准色和特性色两类。标准色即阳光透过三棱镜折射出的赤、橙、黄、绿、青、蓝、紫七种颜色。特性色则是指非彩色，包括金、银、灰、白、黑五种颜色。颜色代表的含义通常为：

红色：活跃、热情、勇敢、爱情、健康、野蛮；

橙色：富饶、充实、未来、友爱、豪爽、积极；

黄色：智慧、光荣、忠诚、希望、喜悦、光明；

绿色：公平、自然、和平、幸福、理智、幼稚；

蓝色：自信、永恒、真理、真实、沉默、冷静；

紫色：权威、尊敬、高贵、优雅、信仰、孤独；

黑色：神秘、寂寞、黑暗、压力、严肃、气势；

白色：神圣、纯洁、无私、朴素、平安、诚实。

2. 色彩的组合与应用

（1）色彩组合方法。任何一种包装都不能只是一种单一色，单一色给人的感觉虽然很纯，但往往缺乏美感。一般的包装色彩都应是 2～3 种颜色的组合，以达到对顾客产生影响的最佳效果。包装色彩组合的规律也是先设定一个主色，再根据色彩的透视度选择配色。在选择色彩组合的过程中，要采用同色搭配、类似色搭配、对比色搭配的方法进行。

（2）包装与商品色彩搭配方法。主要包括：①对比法。将包装图案和产品色彩作出不同的对比，给人一种强烈的视觉冲击效果。②调和法。将包装的集中色彩与商品的色彩调节在一个色调之中，使之相互协调、和谐、融洽。③强化法。通过包装色彩来强化商品的自然色或商品的品质特征。④异化法。为了突出形象，采用与商品自然色相对立的色彩来进行包装色彩设计。⑤同化法。采用与商品自然色相同的色彩做包装图案的色彩。⑥系列化法。对同一种类型商品的不同系列采用不同的色彩图案包装的方法。

（3）色彩搭配一般使用方法。①婚庆礼品。一般应采用红色的纸张进行包装，色彩搭配中要突出喜庆的气氛。②小孩满月礼品。一般采用喜庆的颜色如红色、粉色等，色彩搭配中要突出喜悦和期望。③情人节礼物。根据个人喜好的颜色进行搭配，如玫瑰红、紫色等，色彩搭配中要突出浪漫。④商务礼品。一般选择咖啡色、灰色、蓝色、墨绿色等颜色，色彩搭配中要突出庄重的色彩。⑤送长辈礼品。一般选用红色、绿色、粉色、紫色等，也可根据长辈喜欢的颜色进行搭配，色彩搭配中要突出精心。⑥圣诞节礼物。一般选择红色、绿色、金色等代表色，色彩搭配中要突出夸张、豪华和丰富之感。

（四）礼品包装的要求

（1）包装纸的选择要适合商品，不同的商品应选择不同颜色和质地的包装纸，如高档商品应选择不要有太多图案的包装纸盒和彩带，规格较小的商品不适合用较宽的彩带。

（2）商品的包装要突出美观简洁，装饰物不要过多。

（3）包装要迅速且牢固。

第三节 员工培训

一、员工培训计划的制订要求

培训计划是在分析培训需求的基础上，从企业的总体战略出发，按照一定的顺序，合理配置企业资源，对培训目标、培训对象和培训内容、培训规模和时间、培训评估标准、培训机构和人员、培训费用预算等作出统一的安排。培训计划的制订要求有以下几点：

（1）培训计划的制订要以培训需求为前提。培训需求是指对组织及其成员的目标、知识、技能等方面，采用各种方法与技术进行系统分析，确定是否需要培训及需要培训的内容。培训需求是设定培训目标、制订培训计划的前提，也是制订培训计划的重要依据。培训计划的设计应针对培训需求分析的结果，制定相应的培训措施。

（2）培训目标要与企业总体战略相一致。培训目标服务于企业总体战略，应与企业总体战略相一致，符合企业的文化特点。要认真研究企业发展对人才的需求，从而确定培训目标、培训重点、培训内容及培训方式等，做到与企业总体战略统一。

（3）培训计划制订要具有针对性。培训计划制订必须从工作岗位应具备的知识、技能、素质要求出发，根据各类人员的实际情况制定培训目标和对象，以及培训内容。在企业中，部门的工作计划是企业中最为基本的计划，是企业发展计划得以贯彻的基础保障，培训计划的制订要依据部门的工作计划进行有针对性的设计。

（4）培训计划要具有实用性。培训计划必须首先从企业实际出发，不能流于形式，要具有实用性。采用自下而上的信息反馈方法，可以使更多的人参与培训计划的制订，以获得更多的信息与支持。

二、培训需求调查方法

（1）观察法。即分析人员到工作现场直接观察工作人员的实际工作行为，做出培训需求评估。

（2）问卷法。即用设计好的问卷向任职者本人或有关人员调查培训需求。

（3）面谈法（访问法）。即通过与任职者本人或有关人员面对面地交谈来了解其培训需求。

（4）文件资料法。即通过对相关资料进行分析、研究，获取培训需求的有关信息。

各种培训需求调查方法的优缺点对比见表5－1。

表5－1　培训需求调查方法的优缺点对比

方法	优点	缺点
观察法	1. 可以得到有关工作环境的数据 2. 将评估活动对工作的干扰降至最低	1. 对观察者的要求较高 2. 员工的行为方式有可能因为被观察而受影响
问卷法	1. 费用低廉 2. 可收集到大量数据	1. 时间长 2. 回收率可能会很低，有些问卷无效 3. 不够具体
面谈法（访问法）	1. 有利于发现培训需求的具体问题、原因和解决方法 2. 有利于激发员工参加培训的热情	1. 需要大量的时间 2. 分析难度大 3. 对受访者的要求较高
文件资料法	1. 可获得有关工作程序的信息 2. 目的性强	1. 不一定能反映员工的真实技术水平 2. 材料可能已过时

三、员工培训计划的主要内容

（1）培训目标。根据培训需求分析的结果，确定员工期望达到的目标及效果。也就是说，培训目标要明确说明课程结束后，员工可以获得哪些知识、技能、信息。这是制订培训计划中其他方面内容的依据。

（2）培训对象。确定培训谁、培训说明，这项内容在培训需求分析时可以确定。

（3）培训内容。培训内容是与培训对象相辅相成的，有什么样的培训对象，就有什么样的培训内容，它是根据培训对象的培训需求而确定的。

（4）培训方式。培训方式主要是由培训目的、目标、对象、内容、经费及其他条件决定的。例如，独立的小型组织部门的培训常采用分散的、分层次或分批的方式进行；技能培训、岗前培训、员工素质培训等常采用集中的方式进行；专业技能培训主要采用边实践、边学习的方式进行。

（5）培训规模。培训规模受诸多因素影响，如人数、场所、培训的性质、工具及费用等。

一般情况下，专题培训的规模都较小；名人讲座形式的培训，规模较大；采用讲授、讨论、个案研究、角色扮演等方式的，培训规模要控制在一个适度的水平上。如果培训只针对个人，则不需组成专门的教学班，只需提供培训设备、方法、程序、教材及其他教学条件和指导教师即可。如果举办大规模的集中培训，则需考虑培训场所、食宿、师资、教材、方法、程序，并制定出必要的考勤制度、作息时间表和组建临时的组织管理机构等。

（6）培训时间。培训时间安排受培训的内容、费用、生源等其他与培训有关的因素影响，培训时间要因培训内容而定。

①专题培训：如就某一个专题进行的培训，一般安排半天到一天即可。

②综合培训：较为复杂的培训内容，一般需要集中培训，其时间因培训内容而定。

③技能培训：以提高岗位技能为目的的继续教育，常安排在入职前或分阶段进行。

（7）培训地点。培训地点一般指学员接受培训的所在地和培训场所。例如，只针对个人的岗位技能培训，一般都安排在工作现场；集中培训可以安排在企业的会议室或培训机构的实习室、实验室、计算机房、教室等地。

（8）培训教师选择。通常，培训教师直接关系到培训效果的好坏。制订培训计划时一定要根据培训目的、目标、对象等选择合适的培训教师。

（9）培训经费预算。一般企业按照员工工资总额的1.5%足额提取教育培训经费，从业人员技术要求高、培训任务重、经济效益好的，可按2.5%提取，列入成本开支。

培训成本包括直接成本和间接成本，具体见表5-2。

表5-2　培训成本

成本类型	范围	内容
直接成本	培训组织实施过程中培训者和受训者的一切费用	培训教师的费用，学员的往来交通费、食宿费，教室设备的租借费用，教材使用费等
间接成本	培训组织实施过程之外企业需要支付的费用	培训项目设计费用、培训项目管理费用、受训者受训期间的工资福利、培训项目的评估费用

第四节　团队精神

团队精神是大局意识、协作精神和服务精神的集中体现，核心是协同合作，反映的是个体利益和整体利益的统一，并进而保证组织的高效率运转。

团队精神的形成并不要求团队成员牺牲自我，相反，挥洒个性、表现特长保证了成员共同完成任务目标，而明确的协作意愿和协作方式则产生了真正的内心动力。团队精神是组织文化的一部分，良好的管理可以通过合适的组织形态将每个人安排至合适的岗位，充分发挥集体的潜能。如果没有正确的管理文化，没有良好的从业心态和奉献精神，就不会有团队精神。

邮轮购物商店经营管理活动的开展无处不需要全体成员发挥团队的合作精神，从而使每个商店都能达到预期销售额，甚至是超越预期销售额。

一、团队精神的作用

（1）目标导向功能。团队精神能够使团队成员齐心协力，拧成一股绳，朝着一个目标努力，对团队的个人来说，团队要达到的目标即是自己必须努力的方向，从而使团队的整体目标分解成各个小目标，在每个队员身上都得到落实。

（2）团结凝聚功能。任何组织群体都需要一种凝聚力，传统的管理方法是通过组织系统自上而下的行政指令，淡化了个人情感和社会心理等方面的需求，团队精神则通过对群体意识的培养，通过队员在长期实践中形成的习惯、信仰、动机、兴趣等文化心理，来沟通人们的思想，引导人们产生共同的使命感、归属感和认同感，逐渐强化团队精神，产生一种强大的凝聚力。

（3）促进激励功能。团队精神要靠每一个队员自觉地向团队中最优秀的员工看齐，通过队员之间正常的竞争达到实现激励功能的目的。这种激励不是单纯停留在物质的基础上，而是要能获得团队中其他队员的认可。

（4）实现控制功能。在团队里，不仅队员的个体行为需要控制，群体行为也需要协调。团队精神所产生的控制功能，是通过团队内部所形成的一种观念的力量、氛围的影响，去约束、规范、控制团队的个体行为。这种控制不是自上而下的硬性强制力量，而是由硬性控制向软性内化控制；由控制个人行为，转向控制个人的意识；由控制个人的短期行为，转向对其价值观和长期目标的控制。因此，这种控制更为持久且更有意义，而且容易深入人心。

二、团队精神的重要性

（1）团队精神能推动团队运作和发展。在团队精神的作用下，团队成员产生了互相关心、互相帮助的交互行为，显示出关心团队的主人翁责任感，并努力自觉地维护团队的集体荣誉，自觉地以团队的整体声誉为重来约束自己的行为，从而使团队精神成为公司自由而全面发展的动力。

（2）团队精神培养团队成员之间的亲和力。一个具有团队精神的团队，能使每个团队成员显示高涨的士气，有利于激发成员工作的主动性，由此而形成的集体意识、共同的价值观、高涨的士气、团结友爱，使团队成员能够自愿地将自己的聪明才智贡献给团队，同时也使自己得到更全面的发展。

（3）团队精神有利于提高组织整体效能。通过发扬团队精神，加强组织建设，能进一步节省内耗。如果总是把时间花在怎样界定责任，应该找谁处理，让客户、员工团团转上，就会降低企业成员的亲和力，损伤企业的凝聚力。

三、团队精神建设方案

（一）确立明确的目标

明确具体可行的企业发展目标是员工最好的行动方向，目标方向越明确越具体，由此激发的团队效力也就越大。

（1）将公司发展方针、发展目标、发展计划告诉所有员工，让员工有工作的热情和动力。

（2）明确员工的薪金增长计划、职位升迁方案，让员工觉得自己在公司有所作为，有发展的前途。

有这样一个目标，就可以使员工们看到希望，从而劲往一处使，产生向目标奋进的力量源泉。

（二）培育共同的企业价值观

企业制度、企业规范，只能在有限和常规情况下，告诉员工"干什么"和"不干什么"。因此，利用价值观来作为员工的行为准则可以通过以下方式：

（1）培养员工的良好道德规范，道德修养。

（2）培养员工的个人修养。

（3）培养员工的正确人生价值、社会价值观念。

（三）公司的管理层起表率作用

公司的决策者、各级管理者是团队的龙头与核心，管理人员的表率作用体现在：

（1）给各部门制定相关的评估、考核机制。没有各部门的评估、考核机制，就不能看到领导起表率作用的成效。

（2）给管理者一定的激励机制。通过奖励方式，才能保证管理阶层的带头作用。

（四）激发员工的参与热情

企业精神的塑造有赖于员工的参与，只有全方位地参与企业的经营管理，把个人的命运与企业未来的发展捆绑在一起，员工才会真心真意地关心企业，才会与企业结成利益共同体和命运共同体。因此，必须建立以人为本的管理机制。

（1）制定相应的激励机制，如生产改进的激励、质量改进的激励、员工为企业创造价值的激励，等等。

（2）将激励机制落实，只有这样，员工才会感受到激励的真实性。

（3）要关心员工生活，关心员工的思想状态，对员工反映的实际问题要及时解决，条件不够、不能满足的，要给员工一个答复。

（4）用人性的手段激励员工，如制定夫妻同在公司服务的激励、对夫妻团聚的关心、关心员工生日、给久未归家员工父母的问候、对员工家人或员工的身体状况不幸表示关注等。

（五）要积极发现员工的共同领域

团队的默契，源于团队成员之间自觉地了解和熟悉，而彼此之间的了解、熟悉又以共同的生活为基础，也是形成团队精神的必要条件。因此，按公司的实际情况要做到以下几点：

（1）语言的统一。在团队内部用统一的语言有利于员工语言的沟通，也有利于团队的团结。

（2）服装统一。统一的服装是团队精神的表现。

（3）礼仪、礼节的统一。这是公司文化修养的表现，也是公司形象的体现。

（4）当然，还要有其他的，如：利害关系的统一、大体匹配的文化层次、共同的兴奋点及兴趣等。

（六）唤醒危机意识和忧患意识

危机意识和忧患意识是团队精神形成的外在客观条件，没有团队的觉悟，没有大家的奋起，没有危机的心态，一旦危机到来，就会措手不及。

（1）市场分析。将市场的挑战性、困难性、竞争性、同行的压力分析给员工。

（2）技术改进上的压力。

（七）要保持经常性的沟通

员工与企业之间持续、有效、深度、双向的沟通，能使员工知己知彼，动态掌握自己在团体行动网络中的坐标。因此，建议要做到以下几点：

（1）组织经常性的座谈会，或者以意见箱的形式，建议员工积极反映对企业的一些看法、观点、建议。

（2）组织文化、文艺演出，让员工与公司进行感情上的沟通。

（3）部门之间要进行沟通，不要因沟通工作不足而造成隔阂。沟通方式是多样的，但不能流于形式，一定要落于实处。

（八）团队精神需要一个培育的过程

一支具有良好团队精神的团队，具有以下特点：在团队风气上，能够容忍不同的观点；支持在可能接受的范围内进行不同的试验；对公司忠诚；共同的价值观并愿意为之付出努力；在合作上能坦诚交流。当然，这样的团队要有一个长期的培育和合作过程，公司领导必须在组织上为团队建设提供以下支持：

（1）明确团队的目标。团队的目标只能由决策阶层提出，才能让员工、管理人员明确。

（2）给予一定的资源。包括人力资源、物资资源、资金资源、信息资源。

（3）提供可靠的信息。要给策划者提供如市场最新动向、国际国内情况、人员培训信息、培训最新动态等。

（4）不断地培训和教育。要对员工不断地进行培训和教育，对企业文化的策划者也要不断地培训与教育。

（5）定期的技术和方法指导。

四、关于团队精神的几个误区

我们应该认识到，团队意识和个人英雄主义是矛盾的对立统一体。团队意识的强弱决定着团队的整体战斗力。团队工作是一项系统工作，加强团队意识的培养是提高战斗力的重要前提。而个人英雄主义也会影响团队成员工作的主动性和积极性。所以，加强团队意识的培养，并正确引导成员充分发挥个人英雄主义是提高效率的重要方法，不能一味强调团队意识而忽视了个人英雄主义的正确发挥。

（1）提高个人的团队意识。只有整个团队的业绩提高了，个人才能更好地发挥潜能，所谓"大河流水小河满"说的也是这个道理。要充分认识到自己离不开团队，团队离不开自己，这样才能形成团队强大的凝聚力和战斗力。

（2）让员工正确发扬个人英雄主义。领导在工作中要合理授权，给下属更多发挥的机会。在工作中遇到问题要广泛采集成员的意见，最大限度地调动成员的创造性思维，通过员工正确地发扬个人英雄主义，提高成员的独立作战能力和市场竞争意识。

（3）个人利益永远服从团队利益。团队意识和个人英雄主义是对立统一的，因此二者在特定的条件下会产生一定的冲突和矛盾。如果处理不当，势必影响团队的整体战斗力。

根据团队利益为上的原则，个人英雄主义必须服从于团队利益，个人英雄主义的发扬必须以维护团队利益为前提，如过分强调个人英雄主义，整个团队就可能成为一盘散沙，变得不堪一击。

本章小结

　　本章对邮轮购物商店员工管理部分的内容进行了梳理。主要从四个方面展开陈述，即职业道德基本知识、商业服务基本知识、员工培训和团队精神。通过本章内容的学习，希望读者能够了解到作为购物商店的员工所需要具备的职业道德基本知识，掌握基础的商业服务知识，能够熟悉员工培训及团队精神的相关内容。

思考与练习

1. 请说出职业道德的含义。
2. 请简单陈述售货的基本流程。
3. 请根据给出的主题对商品进行包装操作。
4. 请陈述团队精神的作用，并举例说明。

 # 实用英语词汇

Professional Ethics 职业道德

Etiquette 礼仪

Gift Wrap 礼品包装

Colored Ribbon 彩带

Sales Process 售货流程

Team-work Spirit 团队精神

Training Plan 培训计划

Color Combination 色彩组合

Evaluation 评估

Communication 沟通、交流

第六章

邮轮购物商店安全经营与法规

课前导读 >>

　　邮轮购物商店即在邮轮上的免税购物商店，因此，商店的所有经营活动都必须遵守邮轮上与安全相关的法律、法规，邮轮的员工也必须遵守相应的法律、法规。我们将在本章对这些知识进行学习。

教学目标 >>

通过本章的学习，读者应该能够：

1 了解邮轮安全管理的概念及要素。

2 熟悉邮轮购物商店的安全经营相关知识。

3 了解邮轮购物商店经营相关的法规知识。

第一节　邮轮购物商店安全经营相关知识

一、邮轮安全管理的概念

邮轮安全是指邮轮在营运过程中所涉及的人、船、物、环境等没有危险、没有威胁、没有事故的状态。邮轮安全管理是指为了保障邮轮安全而进行的一系列计划、组织、协调和控制等活动的总称。邮轮安全管理的目标是在相关安全政策法规的指导下，提高岸上及船上人员的安全管理技能，识别一切可能的安全风险并制定有效的防范措施，为邮轮提供安全的营运环境，最终保障游客的生命及财产安全。

二、邮轮安全管理的要素

基于安全科学理论基础，邮轮安全管理的基本要素是"人""船""环境""控制系统"，这也是邮轮安全管理的主要对象。

（1）人。人员是邮轮安全管理过程中最能动的要素，邮轮航行过程中涉及船员与乘客两个部分。在邮轮公司管理规章体系和邮轮航次任务确定后，船员与乘客的素质和行为直接关系到能否安全、优质、经济、高效地完成航次任务。国际海事组织（International Martime Organization，IMO）颁布的《海员培训、发证和值班规则》（STCW78/95公约）及其修正案就是用于控制船员职业素质和值班行为，有效减少人为因素对海难事故的影响。此外，在乘客治安管理过程中，邮轮安保人员也需要随时保持警惕，采取适当可行的措施预防和制止侵害乘客人、财、物的行为，这同样是人员安全要素管理的重要内容。

（2）船。邮轮安全管理还涉及对船舶本身的管理。各国为保证船舶技术状态，保障水上人的生命、财产安全以及防止船舶造成水域环境污染，所采取的船舶监督管理措施是进行船舶检验，即按照国际公约、国内法规以及船舶设施规范要求，对船舶设计、制造、材料、机电设备、安全设备、技术性能等进行审核、测试、检查和鉴定的活动过程，从而更好地监督船舶的技术状态。

（3）环境。环境要素是邮轮航行所处的自然和人工环境，主要包括以下几个方面：①海洋气候条件等难以抗衡的自然因素。②以水上运输为目的所设置的船舶航道与港口环境。③邮轮上为游客提供的服务环境及为船员提供的生活、工作环境等，一般包括生活、设施设备的安全、服务安全、卫生安全等。

加强对环境的监控及各类危险因素的防范，可以将邮轮的各类安全损失降到最低。

（4）控制系统。据统计，海上事故的80%都是人为因素造成的，而人为因素的主要责任则在于邮轮公司的岸上与船上管理控制。当前，重视邮轮公司的安全管理已经成为国际海事界控制邮轮海事问题的重要途径。各大邮轮公司也纷纷编制科学合理的邮轮安全管理体系，包括船舶安全手册、航海日志、航行文件、船舶维修计划、安全设备表、船员训练计划等，并依照文件规定和具体情况对安全事务妥善处理，从而实现单船安全管理的系统化。

三、邮轮安全的相关知识

（一）如何保证邮轮的安全

所有的邮轮都是根据国际海运组织、联合国和其他行业组织所制定的严格标准来设计和运营的。其中有关安全运营的规定都成文约定在《国际海上生命安全公约》或称《海上生命安全公约》（SOLAS）中。

安全相关规定都是非常苛刻的，而邮轮对安全的要求会达到并经常超过而达到更高的标准。如船上搭载的备份设备、导航和应急食物。

所有的邮轮船员都接受过标准的培训和针对紧急状况下的操作演练，这包括了怎样在紧急情况下疏散邮轮乘客。

所有的邮轮上都配备了救生艇和乘客使用的救生设备。救生设备的数量能够保证每位乘客均能获得，这其中还考虑了额外增加的可能性。

（二）关于安全演习的举行

当登陆主要港口时，要求每位乘客都参与在船上举行的一小时安全演习，演习由6国语言解说。整船人员都会参与，假设处于疏散过程，专员要求乘客从各自的舱房中穿上救生衣，到达指定地点接受另外的安全知识。

当到达第二港口时，在船离开前，一场详细的安全简报将会交给新的乘客。安全简报通常在专用区域（例如剧院和集合点），这次并不涉及所有的人员，船上的工作人员帮助乘客熟悉安全设备和过程。

安全手册及演习都完全满足严格的SOLAS公约。

（三）有关安全须知

一般而言，在国际邮轮的每个舱房中，都有多种语言（意大利语，英语，德语，法语，西班牙语，葡萄牙语，俄语，中文，日文，韩文等）的安全须知，具体语种根据邮轮所运行的区域有所不同，安全须知会指导怎样到达逃生集合地点及在舱位的具体哪个位置可以找到救生衣。

在船舱内的资料小册子及舱门背后同样用多种语言写着消防说明和逃生地图，告知目前在哪里，及标出第一和第二选择的路线到达逃生集合点。

显示逃生集合地点的地图在所有的公共区域及楼梯旁都有放置。所有的公共区域都有箭头标志指向前往逃生集合地点并有提示需走楼梯到达。另外，用英语及意大利语说明的安全演习视频将在舱房内的电视机频道 1 每天 24 小时滚动播放。客人登船后，舱房内不同语言或英语说明的小册子会被翻开至安全须知页面上，负责各个舱房的服务员会提示客人阅读安全须知。

（四）邮轮的船员一般会接受何种安全训练

邮轮的船员将会接受完整的安全训练、复习训练和连续的鉴定审核以确保船员随时有应急准备。

与国际惯例保持一致，所有的船员都必须在登船之前进行四部分基本训练，包括消防、急救、救生艇操作和个人的社会责任。一旦登船，所有的船员和工作人员都被要求进行初步的指导训练以便迅速熟悉自己工作的邮轮、紧急信号和集合点。在登船后最多两星期的训练后（根据 SOLAS 公约规定），船员们要再接受安全官充分的训练，依旧由四部分内容组成，即初步训练、紧急指示、消防、急救。

船员都接受过广泛的培训，以确保在起火或冒烟的情况下，他们能够做出有效和适当的反应。所有船员培训、发证和值班都遵照 1995 年颁布的 STCW 公约标准，上岗前都必须通过基本安全训练（BST），这里面就包括基本的灭火培训。

（五）海上防盗

邮轮购物商店里琳琅满目的商品、优惠的价格，不仅能吸引绝大部分的乘客，同时也会受到一些盗贼的关注。这些人往往善于乔装打扮，有些惯犯为了躲避摄像头的追踪识别甚至在每次实施盗窃活动后都会去整容。碰到这类"客人"时，商店的销售人员要格外注意防盗。要事先对这些人的特征进行记忆，可以在安保部门找到相应的资料信息。销售人员应在工作中做到"安全"二字牢记于心，注意观察进、出客人的言行举止，碰到可疑人物要第一时间报告安保部门，请其协助调查。在销售过程中也要把所有的贵重物品放在该放的安全位置，随时上锁。

邮轮行业始终坚持由国际海事组织（IMO）制定的海上人身安全（SOLAS 公约）的相关规定，这些规定包括防火及灭火系统、船员培训和火灾应急响应等。关于火警和疏散的一般紧急演习，包括使用救生艇弃船，通常一星期举行一次。

四、邮轮购物商店安全经营相关知识

（一）邮轮购物商店卫生

1. 售货场地及设备设施卫生

（1）柜台、货架、收银台、开票台、服务台要做到手摸无灰尘、目视无污垢，保持光亮洁净。

（2）办公区、理货区、验货区要做到目视干净、整洁，手摸无灰尘、无污迹，地面干爽，橱窗以及门窗光亮、洁净。

（3）柜台内设备如主机、显示器、键盘、打印机、传真机等，每天用半干毛巾擦拭，顽固污渍用去污粉去除到目视无灰尘、无黏物。物品摆放整齐、不杂乱。

2. 商品卫生

（1）营业前和营业后商品要全面整理两次，摆放整齐；营业期间，发现商品摆放凌乱应及时整理。

（2）营业前及上货时仔细检查商品外表，对于可擦拭商品，发现污渍、灰尘立即用半干毛巾擦干净。

（3）平时保持商品标价签、标价签卡座、卡条清洁整齐，发现卷边、残旧、破损应立即更换。

（4）整理货品，将货品分类，并根据货品的种类、特点进行相应的展示和恰当的陈列。

（5）及时更换 POP，及时悬挂吊旗，随时更换海报，新款上市要张贴好宣传图片和价码。

（二）邮轮购物商店日常经营安全常识

（1）应在每日营业开始前和结束后，对营业区域进行全面安全检查；营业期间每 2 小时至少进行 1 次安全巡查。检查和巡查应当做好记录。

（2）应当保证安全出口的畅通，不得封闭安全出口或者放置商品等堵塞安全出口，安全出口处不得设置门槛。

（3）营业区域内的安全出口和疏散通道及其转角处应当设置发光疏散指示标志。指示标志应当能够在断电且无自然光照明时指引疏散位置和疏散方向。

（4）营业区域内落地式的玻璃门、玻璃窗、玻璃墙应当设置安全警示标志。安全警示标志应当明显，保持完好，便于公众识别。

（5）营业结束时，要检查关好门窗、防火门，断电源。

（三）突发事件处理

1. 突发事件的类型

邮轮购物商店在经营过程中一般会遇到的突发事件主要包括以下几种类型：

（1）火灾。有一般火灾和重大火灾之分。

（2）恶劣天气。指台风、暴雨、大雾等天气。

（3）人身意外。指顾客或员工在营业场所内发生的人身意外。

（4）爆炸物。指商店内发现可疑物或可疑爆炸物。

（5）恐怖袭击。指商店内遭遇恐怖分子袭击，此时往往整艘船都面临同样的问题。

2. 突发事件的处理原则

（1）预防为主，计划为先。做好日常的安全工作，消除隐患，减少紧急事件的发生。

（2）处理迅速，有准备，有重点。发生紧急事件后，首先保持镇静，有序组织事件的处理，安排事情要责任分明，岗位明确，反应迅速，一切行动听从指挥，随时调整策略以应对情况的变化。

（3）以人为先，减少伤亡，降低损失。人的生命是最宝贵的，因此所有救援工作的首要任务是保全和抢救人的生命，其次才是减少财物损失。

第二节　邮轮购物商店经营相关法规知识

一、相关海事问题和立法

（一）船舶国籍与旗帜

1. 船舶国籍

船舶国籍是指船舶所有人按照某一国家的船舶登记管理规范进行登记，取得该国签发的船舶国籍证书并悬挂该国国旗航行，从而使船舶隶属于登记国的一种法律上的身份。船舶国籍表明该艘船与登记国有了法律上的隶属关系，国籍公约规定，注册登记的船舶归属于某一特定国家，接受该国管辖，受该国保护，并有权挂该国国旗，船舶国籍证书即是船舶国籍法律上的证明，船舶悬挂的国旗则是该船国籍的外部象征或标志。

船舶必须悬挂象征国籍的一国国旗才能在公海上航行，无国籍的船舶在公海上航行会被视为海盗船，各国飞机和军舰均可拦截。船舶不能具有双重国籍，根据《海洋法公约》的规定，悬挂两面或两面以上国旗航行并视方便而换用旗帜的船舶，对任何其他国家不得主张其中的任一国籍，并可视同无国籍的船舶。船舶取得国籍及悬挂国旗的条件由各国自行规定。有的国家规定只有船舶所有权全部属于本国人所有的，才能悬挂其国旗，如英国。有的国家不但要求船舶的全部或部分属于本国人，而且要求船舶的全部或部分职员和船员是本国人，如法国。也有些国家仍允许外国人的船舶悬挂其国旗，称之为"方便旗"，如乌拉圭、阿根廷、洪都拉斯等国。根据中国的有关法律规定，悬挂中国国旗的船舶应当属于中国公民和法人。

2. 船旗国

为国籍航线船舶签发船舶国籍证书的国家是船旗国，又称为船舶登记国。

邮轮国籍注册的国家除本国外，还有多种选择。这样做可以为邮轮公司带来很多好处，如在冲突事件中保持中立、降低税收、降低注册费用、降低人员成本等。

国际邮轮理事会（ICCL）界定了有效注册旗帜必须满足的许多因素。一是船旗国必须是IMO的成员国，必须遵守IMO的所有海事安全条例和公约；二是船旗国必须已设立海事机构，并执行所有国际的和该国的法律法规。主要旗帜注册地提供综合的海事专业知识和行政服务，另外，要求旗帜注册地在发放客轮证书之前，必须对邮轮进行年度安全检查，并利用公认的分类标准评价邮轮遵守所有国际的和船旗国的标准的情况。

据ICCL（2005）的资料，为邮轮提供国旗注册的主要国家是英国、利比里亚、巴拿马、挪威、荷兰、巴哈马以及具有严格规定的美国。所有这些国家都是国际海事组织（IMO）的成员国，该组织对海事安全问题而言是极其重要的。

（二）相关公约与法规

1. 公海自由行

公海自由航行理念源于1982年《联合国海洋法公约》所做出的规定，并于1994年11月开始生效。此公约实际上为所有在海上、海中或海下（包括在海床上面和下面的活动）进行的活动提供了保护伞。该法律的一项重要内容是承认国家专属经济区（EEZ），即从国际领海基线向外海延伸200海里的海域。公约规定，公海允许自由航行，船只有进入权、通过权或者二者都有，进入专属经济区则受一定的附加条款约束。这项法规是集体国际协议的案例之一，其目的是允许自由进出、公开竞争和经济自由，从而让联合国所有缔约国受益。

2. 国际防止船舶造成污染公约

船舶污染主要是指船舶在航行、停泊港口、装卸货物的过程中对周围水环境和大气环境产生的污染，主要污染物有含油污水、生活污水、船舶垃圾三类，另外，也将产生粉尘、化学物品、废气等污染物。

国际防止船舶造成污染公约（International Convention for the Prevention of Pollution from Ships，MARPOL）是为保护海洋环境，由国际海事组织制定的有关防止和限制船舶排放油类和其他有害物质污染海洋方面的安全规定的国际公约。它的设定目标是，通过彻底消除向海洋中排放油类和其他有害物质而造成的污染来保持海洋的环境，并将意外排放此类物质所造成的污染降至最低。

MARPOL 公约有六个附则，分别对不同类型的船舶污染作出了相关规定，这六个附则所针对的内容分别是防止油污规则、控制散装有毒液体物质污染规则、防止海运包装形式有害物质污染规则、防止船舶生活污水污染规则、防止船舶垃圾污染规则、防止船舶造成大气污染规则。截至 2005 年 12 月 31 日，该公约已有 136 个缔约国，缔约国海运吨位总量占世界海运吨位总量的 98%。所有悬挂缔约国国旗的船舶，无论其在何海域航行都须执行 MARPOL 公约的相关要求，各缔约国对在本国注册登记的船舶负有责任。

在美国经营的所有船舶必须遵守美国的法律，包括污水处理法和油污染控制法。同样，在其他国家经营的船舶也应适当注意适用的补充规定。在美国，邮轮业协同很多部门一起探索富有成效的环境保护措施，包括美国海岸警卫队、环保局以及其他联邦和州的监管机构，还有海事组织，如海洋保护和海洋倡导者中心。

3. 海上人命安全国际公约

《国际海上生命安全公约》（*International Convention for the Safety of Life at Sea*，SOLAS）或称《海上生命安全公约》，现称《关于 1974 年国际海上生命安全公约之 1978 年议定书》（*Protocol of* 1978 *Relating to the International Convention for the Safety of Life at Sea* 1974，SOLAS 74/78）是国际海事组织所制定的海事安全公约之一。国际海上人命安全公约及其历年的修正案被普遍认为是所有公约当中对于商船安全最为重要的公约。

公约的草创是泰坦尼克号沉没后于 1914 年通过的。起初，公约规定了救生艇和其他救生设备的数量以及安全规程，包括持续的无线电收听。并在 1929 年、1948 年、1960 年、1974 年、1988 年和 2002 年的国际海事组织大会中陆续修订本公约。

根据美国海岸警卫队资料，政府部门按下列方式监管邮轮的安全（US Coast Guard，2004），如表 6 - 1 所示：

表 6 - 1　由美国海岸警卫队执行的安全监管（美国海岸警卫队，2004）

就船舶安全而言，在美国注册的邮轮须遵守一套综合的海岸警卫队安全规定，每年要受警卫队的检查。这个安全规定的内容包括船体结构、水密的完整性、火灾最小化的结构要求、救生、消防和船舶控制的设备要求，以及与船舶安全导航有关的要求。如果船舶通过年检，则会颁发一个海岸警卫队检查证书，有效期为一年。证书必须放置在乘客可以看得见的地方

尽管也有一些邮轮在美国注册，但目前的情况表明，大部分邮轮不是在美国注册

的。那么对于这些船舶来说，安全检查就要在其注册国执行。美国海岸警卫队要求任何船舶，不管注册地在哪，如果想在美国港口启航，都要符合 SOLAS 公约要求。美国法律希望任何在美国宣传的邮轮公司都要公开其邮轮的注册地。SOLAS 公约在其管辖范围内具有深远影响，并要求严格遵守相关规定，涉及配备防火、灭火、救生设备，邮轮的完整性与稳定性，船舶控制，航行安全，船员招聘和培训，安全管理以及环境保护。

　　海岸警卫队按照 SOLAS 公约的要求检查所有首次到达美国港口的邮轮。之后，按规定，每季度对船舶进行检查。检查记录（称为控制核查监测）可以供公众详细查看。检查者参与邮轮上的这些监测，核实消防安全，确认救生设备室可用且按要求置于合适的位置，检阅在船员指导下进行的消防演习和弃船演习，同时测试关键设备，如转向系统、消防泵和救生艇等。在同意船舶在美国口岸搭载乘客前，海岸警卫队有权要求纠正任何不足与缺陷。

　　在员工的能力方面，在美国注册的邮轮要是被查出其员工的经验和培训低于所发布标准，海岸警卫队可以暂停使用或者吊销执照或商船文件。在悬挂外国旗帜的邮轮上，SOLAS 公约要求必须进行充分有效的员工培训，而且要在控制核查监测过程中检查。SOLAS 公约的出台，目的不是提供卫生保健保证，因此，对邮轮上是否配有医生没有限制。

　　SOLAS 公约要求船长安排和执行周期性的消防和救生演习，目的是既给船员练习的机会，也向乘客演示邮轮上发生严重事故或紧急情况时应采取的措施。为此，SOLAS 公约希望所有乘客都要参与这些演习。演习是根据航行的持续时间来安排的。对于为期一周的航行，第一次演习时间安排在所有乘客都已上船，起航之前立即进行。若巡航时间超过一周，则每隔一周要进行一次演习。对于为期少于一周的航行，演习要在离开母港24 小时以内进行。

　　演习公告会张贴在每间客房或特等客房里容易清晰地看到的地方，所提供的是通俗易懂的安全方面的信息。内容包括如何识别邮轮上的紧急信号（一般会通过公共广播系统发布警铃和口哨信号，以补充公告）、房间里的救生圈的位置（如有必要，客房服务员会提供儿童专用的救生圈）、说明书和图片用以解释如何使用救生圈，以及特定房间里乘客救生艇的安排。现代邮轮带有多种多样的救生艇。在紧急情况下，乘客会被安排到救生艇或其他类似的救生设备上。

　　邮轮上各部门的工作人员在安全程序方面发挥着重要作用，甚至可能是关键作用，他们一般负责协助和指导乘客进行应急演习，尽管一些人会有其他的安全职责。规定要求，指引乘客前往救生艇的指示标志要张贴在邮轮的走廊上和楼梯口。负责每艘救生艇的船员要集中或者调动乘客，安排到他所负责的救生艇上，并最后一次说明如何正确穿上和调整他们的救生衣。如有必要，船员应准备好帮助乘客以及阐明应急步骤。

4. 卫生与清洁法

在美国，由公共卫生署（USPHS）负责维持客轮卫生条件的监管。根据船舶卫生计划（VSP），USPHS指导在美国港口的客轮进行定期和不定期的检查，主要检查饮用水、食物储备、食物配置和处理以及总体卫生条件。向公众公布每艘船舶的检查结果，并将每艘船舶的不卫生情况记录在案。在其他国家，类似检查由国家机构执行，例如，澳大利亚由检疫检验局、英国由港口卫生局、加拿大由公共卫生局指定环境卫生官员，我国由国家质检总局执行此检查。

邮轮公司非常重视这些检查，因为，如果邮轮公司照此规定执行，就会获得最好的利益，确保安全并获得高分。

5. 海事安全法

海事安全法（Maritime Security，MARSEC）规定了邮轮工作人员的工作能力培训、能力证书发放和值班等事宜，目的在于确保实施安全措施，并为乘客和员工提供安全的环境。在2001年"9·11"恐怖事件之后，海事安全法特别重视应对潜在威胁。在海事安全法出台之前，国际海事组织操控着国际安全管理法（ISM），其内容涵盖了强制性的安全措施及防污标准。海事安全法包括已颁布实施的培训、发证和值班方面的标准（STCW）。2004年7月，为缓解航运安全的紧张局势，在全世界范围内引入了国际惯例。

海事安全法要求邮轮上必须设置一名船舶安全官员，由他或她负责邮轮的安全计划。安全官员一般是一位高级甲板官员，负责时刻监管，其职责包括制订邮轮安全计划，确保对负责人和员工进行适当的、足够的培训，确保邮轮遵守安全计划，熟知国际法规、国内法规、当前的安全威胁、安全问题的形式等。

邮轮安全官员担当着邮轮、相关部门以及公司安全官员之间的联络员的角色。一般来说，此人将参与风险评估、制定战略以及评估薄弱环节。海事安全法将安全状况分为三级：一级——安全风险最小；二级——发生安全事件风险较高；三级——在限定时间内可能或即将发生安全事件。

港口会将威胁级别及时通知到船舶上，因此，船舶上会有充足的时间来考虑最佳对策。如果威胁高出了港口所声明的级别，船长可以评估威胁的级别。

根据美国联邦政府的规定，在美国，码头经营者和邮轮公司共同对岸上和船上的乘客安全负首要责任。海岸警卫队检查所有的安全计划，而且可以要求对安全措施进行改进。踏上国际航程的乘客在上船之前，其行李一般会被搜查或者经过设备检查。码头经营者和邮轮公司为乘客身份识别和访客管制设定了严格的程序。在启航之前，希望有朋友参观邮轮的乘客要提前跟邮轮公司核对好。所有这些安保措施的目的是防止非法武器和非法人员上船。

6. 金融可靠性

美国联邦海事委员会要求，从美国港口出发的、承载 50 人及以上的客轮经营者必须具有金融信度，如果航行取消，有能力偿付他们的顾客。委员会还要求提供支付能力的证明，如果乘客受伤或死亡，经营商要承担一定的赔偿责任。委员会没有确保单个顾客的这些金融结算的法律权利。

如果航行取消或者航行中发生受伤事件，消费者需要以个人名义向邮轮公司索赔。很多世界上有实力的金融和保险公司为航行提供保险业务，例如，伦敦的劳埃德协会、美国的劳埃德协会及美国海事保险协会等。

二、相关海事组织

为了更好地了解邮轮业的发展，有必要了解海事行业或邮轮业的相关组织，以下将描述一些这样的组织。

（一）国际海事组织

国际海事组织（International Maritime Organization，IMO）是联合国负责海上航行安全和防止船舶造成海洋污染的一个专门机构，总部设在伦敦。1948 年，在联合国支持下通过了《政府间海事协商组织公约》，1959 年 1 月 17 日，在英国伦敦正式成立政府间海事协商组织，并召开了第一届大会。1982 年 5 月 22 日，改名为国际海事组织。国际海事组织更是一个促进各国政府和各国航运业界在改进海上安全，防止海洋污染与海事技术合作的国际组织。

其职能是寻找促进政府间进行海上安全和惯例协商的途径。国际海事组织是连接国际航运条约和公约的纽带，负责确保遵守法规，尽管这些规定主要由船旗国或船舶注册地所在国负责实施。"港口国监督法"对船旗国的规定的执行情况是一个很好的补充，即邮轮访问的任何国家的官员都可以检查挂有外国旗帜的邮轮，以确认邮轮是否遵守国际要求。

国际海事组织的标语——"安全、可靠、高效地航行于清洁海域之上"，诠释了该机构的使命。尽管看起来工作量似乎很大，但由于是每个国家各自执法，所以该组织的规模较小。美国海岸警卫队在该国际机构里代表美国。国际海事组织在制定和实施很多重要条约或公约方面发挥了很大作用，包括前面提到的 SOLAS 公约、防污公约（即 MARPOL 公约），以及 SOLAS 公约里的国际安全管理条例（ISM）和海员培训、发证及值班标准（STCW）。

（二）船级社

船级社（Classification society，或称验船协会，有时统称验船机构）是一个建立和维护船舶及离岸设施的建造、操作的相关技术标准的机构。世界上最早的船级社是1760年成立的英国劳氏船级社。此后一些国家相继成立了船级社，如美国船舶局、挪威船级社、法国船级社和日本海事协会等。船级社主要业务是对新造船舶进行技术检验，合格者给予船舶的各项安全设施鉴定并授给相应证书；根据检验业务的需要，制定相应的技术规范和标准；受本国或他国政府委托，代表其参与海事活动。有的船级社也接受陆上工程设施的检验业务。船级社还检测邮轮是否遵守国际安全公约，包括 SOLAS 公约、STCW 公约以及 MARPOL 公约。

(三) 国际邮轮协会

国际邮轮协会 (North America Cruise Lines International Association，CLIA) 是世界上最大的游轮业贸易协会。在监管和立法政策制定者面前，CLIA 代表了邮轮公司、旅行社、港口当局、目的地以及各种行业的商业伙伴的利益。CLIA 还从事旅行社的培训、市场营销和促销，研究如何提升邮轮度假体验的价值、满意度和支付能力。CLIA 成员包括26 个邮轮旅行社和10500 个旅行社。此外，还有 120 多个邮轮产业的最具创新的货物和服务供应商。

CLIA 的主要作用是：①向旅行代理商和消费者促销邮轮产品。②提供销售机构的最高水平的专业销售培训、销售支持和提高 CLIA 会员旅行社旅游公共价值。③通过其旅行代理人培训、公共关系拓展和宣传提高巡航经验意识。④倡导行业的法律，立法和技术职位的主要国内和国际监管机构，政策制定者和其他行业合作伙伴，共同促进邮轮产业的安全、持续增长。⑤监控并积极参与国内和国际政策海事法规的发展。⑥以对海洋、海洋生物和目的地的最小影响来积极保护海洋环境。

(四) 国际邮轮理事会

国际邮轮理事会 (International Council of Cruise Lines，ICCL) 是一个贸易协会，其成员包括主要邮轮公司以及供应商和行业伙伴等非正式会员。其宗旨是"参与规则和政策制定，确保采取各种措施以提供一个安全、可靠和健康的邮轮航行环境"，该理事会在这些方面发挥着重要作用。为了达到这一目标，协会分析和解释国际航运政策，并就许多方面为其会员提供建议，包括安全、公共卫生、环境责任、安全防卫措施、医疗设备、游客保护和法律行为等。为了担当起这一角色，与重要的国内和国际监管机构、政策制定者和其他行业伙伴开展密切合作，已成为一个为国际海事组织服务的国际性的非政府咨询机构。

(五) 佛罗里达—加勒比邮轮协会

佛罗里达—加勒比海邮轮协会 (The Florida-Caribbean Cruise Association，FCCA) 是一个非营利性行业组织，由航行在佛罗里达、加勒比和拉丁美洲水域的 15 个邮轮公司组成，共包含了 100 多艘邮轮。它创建于 1972 年，主要任务是提供一个讨论旅游业发展、港口、旅游业务、港口安全、安全防卫和其他邮轮产业问题的论坛。通过促进对邮轮产业的理解和操作实践，以寻求建立与合作伙伴的合作关系，以及目的地发展与各部门生产的双边合作关系。该组织通过与政府、港口部门及所有的私人/公共部门的合作，最大化邮轮乘客、邮轮公司及邮轮员工开支，以及提高目的地体验和在邮轮上过夜游客的数量。

（六）西北和加拿大国际邮轮协会

西北和加拿大国际邮轮协会（Cruise Lines International Association-North West & Canada，NWCA）是一个非营利性的协会，办事处位于温哥华，是全球邮轮协会网络的一部分，代表了在太平洋西北部（不列颠哥伦比亚省、华盛顿州、阿拉斯加和夏威夷）和大西洋（加拿大和魁北克地区）运营的 11 个邮轮公司的利益。

它成立于 1986，协会的作用是发展与目的地社区成员的强有力的伙伴关系，为与环境、安保和安全、社区与政府关系相关的问题提供最前沿的措施。另外，它还与当地组织合作以获得发展机会，支持经济和环境研究，与政府机构合作，以确保一个可行的监管环境。

（七）亚洲邮轮协会

亚洲邮轮协会（The Asia Cruise Association，ACA）正式成立于 2009 年 8 月。它是亚洲邮轮业的主要代表协会，是亚洲在邮轮业领域强劲增长的识别装置，致力于亚太地区的旅游业发展和推广。该协会旨在建立旅游业可以协调与政府机构和监管当局关系的坚实的基础，进而发展一个成熟的邮轮产业环境。

ACA 的主要目标：①促进邮轮公司参考航运政策与船舶操作的兴趣。②游说政府和邮轮产业利益相关者的支持以建立亚洲邮轮友好的环境。③培育邮轮旅游利益相关者和网络的互动。④为协会成员提供有用的资源，更新对他们的监管、亚太地区邮轮旅游业相关的政治发展情况和邮轮行业统计信息。⑤促进和扩大邮轮公司成员外崭新的亚洲市场。⑥通过培训和认证计划提高邮轮旅游产品知识的宣传和分销网络标准。⑦增强高标准的安全和环境保护。⑧提高邮轮旅游意识和促进邮轮大众旅游。

 ## 本章小结

本章对邮轮购物商店的安全经营及相关法律法规知识进行了介绍，并列举了部分与邮轮相关的主要的海事组织。希望通过本章的学习能够使读者了解到关于邮轮购物商店安全经营方面的知识，为今后的工作奠定知识储备基础。

思考与练习

1. 请说出邮轮安全的含义。
2. 请简单陈述邮轮安全的相关知识。
3. 请简单介绍与邮轮相关的国际海事组织。
4. 请通过课后资料查找，说出一项突发事件的处理方法。

 实用英语词汇

Safety 安全

Cargo 货物

Vessel's Survey 船舶检验

SOLAS 海上生命安全公约

Flag State 船旗国

MARPOL 国际防止船舶造成污染公约

USPHS 美国公共卫生署

IMO 国际海事组织

CLIA 国际邮轮协会

ACA 亚洲邮轮协会

世界邮轮公司介绍

第一节　美国嘉年华邮轮集团

嘉年华邮轮集团是一个全球邮轮公司和世界上最大的度假公司。1993 更名为嘉年华公司，尽管嘉年华集团的名字是在 1993 年才正式开始使用的，但是邮轮业先驱泰德·阿里森（Ted Arison）在 1972 年创立的嘉年华邮轮——集团旗舰品牌，为集团的发展奠定了基础。嘉年华邮轮在实现其作为"世界上最受欢迎的邮轮"后，在 1987 年，公开发行了 20% 的普通股，这也为嘉年华邮轮通过收购来进行扩张提供了初始资本。

多年来，嘉年华邮轮集团不断地进行收购扩张，几乎获得了世界邮轮产业的每一个细分市场。包括荷美邮轮（Holland America Line，1989）、世鹏邮轮（Seabourn Cruises，1992）、歌诗达邮轮（Costa Cruises，1997）、冠达邮轮（Cunard Line，1998），并于 2003 年 4 月完成了与 P&O 公主邮轮 PLC 结合，进而创造出了世界上第一个全球邮轮公司，包含了 10 个高度认可的品牌公司（如附录表 1 所示），这些子公司独立经营、公平竞争、打造了各具特色的邮轮品牌风格。2011 年，嘉年华公司的联合品牌控制世界邮轮市场 49.2% 的份额。嘉年华邮轮集团是由 100 艘船组成的船队，约有 20 万名客人和 7.7 万名工作人员。

附录表 1　美国嘉年华邮轮集团品牌及客源市场分布

邮轮品牌		邮轮数量（艘）	载客量（人）	主要客源市场
嘉年华 （Carnival Cruise Lines）	Carnival	26	62562	北美地区
公主邮轮 （Princess Cruises）	PRINCESS CRUISES escape completely	18	37346	北美地区
荷美邮轮 （Holland America Line）	Holland America Line A Signature of Excellence	16	23487	北美地区
世鹏邮轮（Seabourn）	SEABOURN	6	1974	北美地区
冠达邮轮（Cunard）	CUNARD	3	6686	英国、美国
阿依达邮轮 （AIDA Cruises）	AIDA CRUISES	10	18656	德国
歌诗达邮轮 （Costa Cruises）	Costa CRUISES	16	34412	意大利 法国 德国
伊比罗邮轮 （Ibero Cruises）	ibero cruceros	3	4176	西班牙 南美
铁行邮轮（英） （P&O Cruises）（UK）	P&O CRUISES Discover a different world...	7	14468	英国
铁行邮轮（澳） （P&O Cruises）（Australia）	P&O This is how to holiday	3	4780	澳大利亚

备注：以上数据截至 2013 年 9 月 30 日。

一、嘉年华邮轮

嘉年华邮轮以"Fun Ship"（快乐邮轮）作为主要的产品诉求以区别于其他邮轮竞争对手。嘉年华邮轮公司是北美国家最受欢迎的品牌，经营 26 艘邮轮（附录表 2），提供 3 ~ 16 天的旅游航线，旨在培养非常有趣和令人难忘的假期体验。嘉年华邮轮公司不仅提供加勒比海全年的邮轮旅游，还经营位于欧洲、阿拉斯加、新英格兰、加拿大、百慕大群岛、夏威夷、巴拿马运河和墨西哥里维埃拉等地区的季节性邮轮旅游。该品牌迎合了消费者广泛的需求，吸引着众多的家庭、夫妻、单身和老年人前来旅游。嘉年华的客人都拥有一个共同的目的——对真正乐趣的渴望，并希望获得令人难忘和愉快的度假体验。

附录表2　美国嘉年华邮轮公司的船队

邮轮名称	吨位（吨）	载客数（人）	加入舰队时间（年份）
"嘉年华展望"号（Carnival Vista）	133500	3954	2016
"嘉年华微风"号（Carnival Breeze）	130000	3690	2012
"嘉年华梦想"号（Carnival Dream）	130000	3646	2009
"嘉年华魔力"号（Carnival Magic）	130000	3690	2011
"嘉年华光辉"号（Carnival Splendor）	113300	3006	2008
"嘉年华征服"号（Carnival Conquest）	110000	2974	2002（2009 重修）
"嘉年华自由"号（Carnival Freedom）	110000	2974	2007（2009 重修）
"嘉年华光荣"号（Carnival Glory）	110000	2974	2003（2010 重修）
"嘉年华自主"号（Carnival Liberty）	110000	2974	2005（2008 重修）
"嘉年华英勇"号（Carnival Valor）	110000	2974	2004（2008 重修）
"嘉年华佳运"号（Carnival Destiny）	101353	2642	1996（2008 重修）
"嘉年华凯旋"号（Carnival Triumph）	101509	2758	1999（2008 重修）
"嘉年华胜利"号（Carnival Victory）	101509	2758	2000（2007 重修）
"嘉年华精神"号（Carnival Spirit）	88500	2124	2001（2009 重修）
"嘉年华传奇"号（Carnival Legend）	88500	2124	2002（2008 重修）
"嘉年华阳光"号（Carnival Sunshine）	101300	2700	1996
"嘉年华奇迹"号（Carnival Miracle）	88500	2124	2004（2009 重修）
"嘉年华自豪"号（Carnival Pride）	88500	2124	2002（2009 重修）
"嘉年华神往"号（Carnival Ecstasy）	70367	2638	1991（2009 重修）
"嘉年华欢欣"号（Carnival Elation）	70367	2052	1998（2009 重修）
"嘉年华梦幻"号（Carnival Fantasy）	70367	2056	1990（2008 重修）
"嘉年华神逸"号（Carnival Fascination）	70367	2052	1994（2010 重修）
"嘉年华创意"号（Carnival Imagination）	70367	2052	1995（2007 重修）
"嘉年华灵感"号（Carnival Inspiration）	70367	2052	1996（2007 重修）
"嘉年华乐园"号（Carnival Paradise）	70367	2052	1998（2008 重修）
"嘉年华佳名"号（Carnival Sensation）	70367	2052	1993（2009 重修）

备注：以上数据截至2016年5月31日。

二、公主邮轮

　　公主邮轮，一个在北美游弋的知名的名字，是一个全球邮轮旅游公司。它共有18艘邮轮（附录表3），在997个不同的路线航行，到达的全球目的地超过350个。它是嘉年华邮轮集团旗下定位于北美市场的至尊邮轮品牌，最早创建于1965年，公司总部设在美国洛杉矶，曾经是世界上第三大邮轮公司。2003年，公主邮轮公司被嘉年华邮轮集团收购。

　　20 世纪 70 年代，公主邮轮塑造了海上邮轮旅游的新概念。1977 年，美国长篇电视连续剧《爱之船》（*The Love Boat*）以公主邮轮的"太平洋公主"号邮轮作为拍摄场地，吸引过上百万美国人收看，公主邮轮的名字及其标志从此深入人心。

　　20 世纪 90 年代，公主邮轮不断更新、改善邮轮设施设备，所提供的服务也趋向多元化，力求使游客在船上可以按照各自的喜好选择适合自己的活动。公主邮轮为游客准备了"乐享其程"的海上假期，各种精心烹制的特色美食和高水准的服务让游客有宾至如归的体验，丰富的玩乐方式也让海上生活充满新鲜与乐趣。邮轮船队除了具备大船的设施和气派，还保留了小船的温馨及亲切气氛，被誉为"大船的选择、小船的享受"。

　　公主邮轮的线路跨越全球，航线的长度范围从 7～107 天。目的地包括加勒比海、阿拉斯加、欧洲、巴拿马运河、墨西哥、南太平洋、南美洲，夏威夷/塔希提、亚洲、非洲、加拿大和新英格兰。公主邮轮是阿拉斯加游船旅游度假的领导者，拥有 5 个河畔的荒野小屋，再加上 1 个车队的车辆和豪华长途客运，能够带领乘客通过 49 个国家的心脏。另外，公主邮轮还在中国经营。

附录表 3　美国公主邮轮船队

邮轮名称	吨位（吨）	载客数（人）	加入舰队时间（年份）
"帝王公主"号（Regal Princess）	140000	3600	2014
"加勒比公主"号（Caribbean Princess）	113000	3080	2004（2009 重修）
"黄金公主"号（Golden Princess）	109000	2600	2001（2009 重修）
"至尊公主"号（Grand Princess）	109000	2600	1998（2011 重修）
"星辰公主"号（Star Princess）	109000	2602	2002（2008 重修）
"钻石公主"号（Diamond Princess）	116000	2670	2004（2010 重修）
"蓝宝石公主"号（Sapphire Princess）	116000	2674	2004（2011 重修）
"皇冠公主"号（Crown Princess）	113000	3080	2006（2008 重修）
"翡翠公主"号（Emerald Princess）	113000	3080	2007（2009 重修）
"红宝石公主"号（Ruby Princess）	113000	3080	2008
"珊瑚公主"号（Coral Princess）	92000	1970	2003（2009 重修）
"海岛公主"号（Island Princess）	92000	1974	2003（2010 重修）
"太阳公主"号（Sun Princess）	77000	1950	1995（2010 重修）
"黎明公主"号（Dawn Princess）	77000	1990	1997（2009 重修）
"碧海公主"号（Sea Princess）	77000	1950	2005（2009 重修）
"海洋公主"号（Ocean Princess）	30277	668	2002（2009 重修）
"太平洋公主"号（Pacific Princess）	30277	668	2003（2005 重修）
"皇家公主"号（Royal Princess）	30200	710	2007

　　备注：以上数据截至 2016 年 5 月 31 日。

三、荷美邮轮

荷美邮轮公司曾被评为"整体最佳邮轮"，建立于 1837 年，最早的名称为荷兰美洲蒸汽轮船公司，以运送荷兰—美洲之间的客运为主。

由于荷美邮轮专门提供到美洲的航行服务，所以渐渐地便以荷美航运（Holland America Line）闻名于世；第一艘海上邮轮便是以"鹿特丹"号命名，于 1872 年 10 月 15 日从荷兰出发航行到纽约，历时 15 天。

荷美邮轮的第一艘豪华邮轮始于 1895 年，而第二艘则是于 1910 年从纽约出发。1971 年荷美航运有了重大的转变，开始提供完全度假的豪华邮轮服务。为了提升阿拉斯加邮轮公司的实力，在 20 世纪 70 年代初荷美邮轮公司购买了 Westours 邮轮公司的控制股权。1988 年，荷美邮轮公司收购了 Windstar Sail 邮轮（当时 Windstar Sail 邮轮上都有先进的计算机操作系统）。1989 年荷美邮轮公司被嘉年华邮轮公司收购后，荷美邮轮公司支付给雇员的薪金比以前略微高了一些。

荷美邮轮最大的秘密武器便是他们无与伦比的员工。宽敞的客房与阳台是其他邮轮的 1.25 倍，且拥有最高的船员、客人比例。荷美邮轮非常注重"服务品质的维持"，他们在印度尼西亚拥有专属的训练学校，以培训他们专业的服务。

邮轮的精神在于优秀的船员，良好的服务和坚持的品质及特有的风格。荷美邮轮高效率的荷兰籍工作人员，以及友善的印度尼西亚籍、菲律宾籍服务人员是绝佳的组合。无微不至的服务、亲切的笑容和体贴的关怀都是荷美邮轮能吸引众多忠实乘客的主要原因。

截至 2016 年 5 月，荷美邮轮共拥有 16 艘邮轮（附录表 4），提供超过 25 个母港出发的近 720 条航线。在全世界 253 个港口、旅游地停靠。行程范围 2 ~ 108 天，访问七大洲旅游区域。

附录表 4　荷美邮轮公司船队

邮轮名称	吨位（吨）	载客数（人）	加入舰队时间（年份）
"科林丹"号（MS Koningsdam）	90950	2650	2016
"阿姆斯特丹姆"号（MS Amsterdam）	62735	1380	2000（2010 重修）
"欧罗丹"号（MS Eurodam）	86273	2104	2008（2011 重修）
"马士丹"号（MS Maasdam）	55575	1258	1993（2011 重修）
"新阿姆斯特丹姆"号（MS Nieuw Amsterdam）	86700	2106	2010
"诺丹"号（MS Noordam）	82318	1918	2006（2010 重修）
"欧姆特丹"号（MS Oosterdam）	82305	1916	2003（2011 重修）
"普林盛丹"号（MS Prinsendam）	37983	835	2002（2010 重修）
"鹿特丹"号（MS Rotterdam）	61851	1404	1997（2009 重修）

邮轮名称	吨位（吨）	载客数（人）	加入舰队时间（年份）
"雷丹"号（MS Ryndam）	55819	1260	1994（2010 重修）
"史特丹"号（MS Statendam）	55819	1260	1993（2010 重修）
"维丹"号（MS Veendam）	57092	1350	1996（2011 重修）
"沃伦丹"号（MS Volendam）	61214	1432	1999（2011 重修）
"威士特丹"号（MS Westerdam）	82348	1916	2004（2010 重修）
"赞丹"号（MS Zaandam）	61396	1432	2000（2010 重修）
"如德丹"号（MS Zuiderdam）	82305	1916	2002（2010 重修）

备注：以上数据截至 2016 年 5 月 31 日。

四、世鹏邮轮

世鹏邮轮是定位于高端市场的邮轮公司。世鹏邮轮为游客打造私密度假空间以及顶级尊贵享受，船上服务人员与游客的比例不仅高达"1∶1"，而且提供自由选择用餐时间等更多贴心服务。这种个性化服务水平，在行业中是无与伦比的。

依据世鹏邮轮公司 2012 年"度假系列"，目录上列举了 2012 年及 2013 年第一季度的 212 个豪华航行计划。该目录厚达 148 页，详细介绍了 7～100 天的行程；游客可以参观横跨 6 大洲、103 个国家的 379 个海港，其中有 50 个都是首次停靠港。

据悉目前该公司旗下的 3 艘油轮"Seabourn Pride"号（"世鹏骄傲"号，建于 1988 年），"Seabourn Spirit"号（"世鹏精神"号，建于 1989 年）及"Seabourn Legend"号（"世鹏神话"号，建于 1992 年）将转售给 Windstar 邮轮公司，其中"Seabourn Pride"号将于 2014 年 4 月移交给 Windstar 邮轮公司，其余 2 艘也分别于 2015 年 4 月和 5 月移交。而目前，世鹏邮轮已接收了 3 艘新造邮轮"Seabourn Odyssey"号（"世鹏奥德赛"号，建于 2009 年），"Seabourn Sojourn"号（"世鹏旅行者"号，建于 2010 年）及"Seabourn Quest"号（"世鹏探索"号，建于 2011 年），这 3 艘船舶相比该公司之前的 3 艘船舶拥有更大的客容量（见附录表 5），且该公司正在考虑再订购一艘类似船型的邮轮，该笔订单预计将在不久之后公布。

附录表 5　世鹏邮轮船队

邮轮名称	吨位（吨）	载客数（人）	加入舰队时间（年份）
"世鹏骄傲"号（Seabourn Pride）	10000	208	1988（2010 重修）
"世鹏精神"号（Seabourn Spirit）	10000	208	1989（2009 重修）
"世鹏神话"号（Seabourn Legend）	10000	208	1996（2010 重修）

邮轮名称	吨位（吨）	载客数（人）	加入舰队时间（年份）
"世鹏探索"号（Seabourn Quest）	32000	450	2011
"世鹏奥德赛"号（Seabourn Odyssey）	32000	450	2009
"世鹏旅行者"号（Seabourn Sojourn）	32000	450	2010

备注：以上数据截至 2013 年 9 月 30 日。

五、冠达邮轮

冠达邮轮公司的船舶不见得是最大或最快的，但它们赢得了声誉，被认为是最可靠和最安全的邮轮公司，公司船队情况如附录表 6 所示。业绩蒸蒸日上的冠达公司，最终并购了加拿大北方轮船公司和冠达公司的主要竞争对手——白星邮轮，白星邮轮是顶顶大名的铁达尼号（或译作"泰坦尼克号"）和不列颠尼克号的东家。

过去一个半世纪以来，冠达邮轮公司主导了跨大西洋的客运服务，并成为当时世界上最重要的大企业之一，其船队中大部分的船舶都是在苏格兰的约翰布朗造船厂建造的。冠达邮轮公司的船队在世界经济的发展中发挥了重要的作用，也参与了英国大大小小的海外战役，从克里米亚到福克兰群岛战争中都担负起补给的重要任务。

然而，从 20 世纪 50 年代开始，快捷的航空旅行逐渐盛行，取代了船舶运输乘客和邮件横渡大西洋的主要业务。受到航空公司的冲击，冠达邮轮公司的生意开始明显衰退，冠达公司多方面尝试，以期解决此困境。其中一个方案是 1962 年与英国海外航空公司合组 BOAC–Cunard 公司，经营北美、加勒比海和南美地区的定期航班服务。很可惜，这家公司在 1966 年被解散。1971 年，冠达邮轮公司被英国航运及特拉法工业集团收购，1996 年，冠达邮轮公司被挪威克瓦纳集团公司接手，1998 年并入嘉年华邮轮集团。

冠达邮轮的品牌定位是：

● 冠达邮轮是第一个开通定期航线搭载客人横跨大西洋的公司（1840 年）。
● 冠达邮轮最先引进了以电流点火启动的客轮（1881 年）。
● 冠达邮轮最先引进了以蒸汽涡轮引擎推动的客轮（1905 年）。
● 冠达邮轮最先将健身房和医疗中心设置于客轮之上（1911 年）。
● 冠达邮轮从 1940 年到 1996 年一直保持着最大客轮的建造记录（1940 年）。
● 冠达邮轮是唯一提供全年固定航期横渡大西洋服务的邮轮公司（"伊丽莎白女王 2"号）。
● 冠达邮轮是第一个同时拥有 3 条不同环球航线的邮轮（1996 年）。

附录表6　冠达邮轮公司船队

邮轮名称	吨位（吨）	载客数（人）	加入舰队时间（年份）
"伊丽莎白女王"号（Queen Elizabeth）	90400	2068	2010
"玛丽皇后2"号（Queen Mary 2）	151400	2604	2004（2008 翻新）
"维多利亚皇后"号（Queen Victoria）	90000	2014	2007（2010 翻新）

备注：以上数据截至 2013 年 9 月 30 日。

六、阿依达邮轮

阿依达邮轮是德国最大的邮轮公司，其历史可追溯到 1960 年的东德，主要为德国的年轻人而设计，船上活动基本上以会所形式为主，不沿袭传统的邮轮娱乐方式，目前由歌诗达邮轮公司运营。阿依达邮轮最大的特点是其个性化的外形设计，邮轮船体绘有醒目的黄色眼睛和红嘴唇图案，目前拥有 10 艘邮轮（附录表 7）。

阿依达 "AIDA Mar" 邮轮船体图案

附录表7　阿依达邮轮船队

邮轮名称	建造时间（年份）	载客数（人）	吨位（吨）
AIDA Aura	2003	1270	42200
AIDA Bella	2008	2030	68500
AIDA Blu	2010	2174	71, 000
AIDA Cara	1996	1186	38, 600
AIDA Diva	2007	2030	68, 500
AIDA Luna	2009	2174	71, 000
AIDA Mar	2012	2174	71, 000
AIDA Sol	2011	2174	71, 000
AIDA Stella	2013	2174	71, 000
AIDA Vita	2002	1270	42, 200

备注：以上数据截至 2013 年 9 月 30 日。

七、歌诗达邮轮

歌诗达邮轮，起源于 1860 年的 Costa 家族，名字源自始创人贾西莫·歌诗达先生，有着悠久而辉煌的历史。以"意大利风情"为品牌定位的意大利歌诗达邮轮公司是欧洲地区最大的邮轮公司。2003 年 4 月，歌诗达邮轮正式加盟世界上最大的邮轮度假集团——美国嘉年华集团。

歌诗达的豪华邮轮无论是外观还是内部装潢，都弥漫着一股意大利式的浪漫气息，尤其在蔚蓝的欧洲海域，歌诗达船队以艳黄明亮色调的烟囱，搭配象征企业识别标志的英文字母 C，航行所到之处均掀起人们惊艳的目光，成为欧洲海域最为璀璨耀眼的船队。之所以选择歌诗达品牌率先进入中国市场，是因为该品牌为嘉年华旗下 10 个邮轮品牌中最国际化的一个。在进入中国之前，歌诗达邮轮的足迹遍布除亚洲以外的几乎任何一个地区，而如今来到中国，可以称得上填补了全球版图上的最后一块空白。目前，歌诗达拥有欧洲大陆最大的船队：旗下共拥有 16 艘在役邮轮，可载客量高达 45000 人次。

歌诗达邮轮每年推出 150 多条航线，覆盖 250 个目的地，短途旅行超过 2200 条，其中包括约 300 条生态旅行路线，旅游目的地包括公园、绿洲和自然保护区，不仅可以将对生态系统造成的影响减到最低，而且可以为岸上目的地的经济发展创造大量机会。

附录表 8　歌诗达邮轮船队

邮轮名称	建造时间（年份）	载客数（人）	吨位（吨）
歌诗达皇冠号（Costa Diadema）	2014	4947	132500
歌诗达大西洋号（Costa Atlantica）	2000	2114	85000
歌诗达经典号（Costa Classica）	1991	1308	53000
歌诗达唯美号（Costa Deliziosa）	2010	2260	92000
歌诗达迷人号（Costa Fascinosa）	2012	3700	114500
歌诗达辉宏号（Costa Favolosa）	2011	3700	114500
歌诗达幸运号（Costa Fortuna）	2003	2720	105000
歌诗达炫目号（Costa Luminosa）	2009	2260	92000
歌诗达水手号（Costa Marina）	1990	776	25500
歌诗达地中海号（Costa Mediterranea）	2003	2114	86000
歌诗达命运女神号（Costa Magica）	2004	2720	105000
歌诗达新浪漫号（Costa neoRomantica）	1993	1356	53000
歌诗达太平洋号（Costa Pacifica）	2009	3700	114500
歌诗达赛琳娜号（Costa Serena）	2007	3700	114500
歌诗达维多利亚号（Costa Victoria）	1996	1928	76000
歌诗达航行者号（Costa Voyager）	1999	832	24391

备注：以上数据截至 2016 年 5 月 31 日。

"歌诗达大西洋"号

"歌诗达新浪漫"号

八、伊比罗邮轮

伊比罗邮轮（Ibero cruises），隶属于嘉年华集团，是一家新晋的邮轮公司，总部位于西班牙。意大利歌诗达邮轮集团于 2007 年 9 月开始经营运作，是主要服务于讲西班牙和葡萄牙语市场的新邮轮品牌。伊比罗邮轮为游客提供最纯正的西班牙风情邮轮假期，现代化的邮轮船队驶向欧洲各大港口以及巴西、阿根廷。伊比罗邮轮一般也航行在地中海、南美洲和欧洲北部海域。目前，旗下船队共有 3 艘已经投入使用的船只，分别为 Grand Mistral、Grand Celebration 和 Grand Holiday。

九、铁行邮轮

铁行邮轮原本是英国铁行渣华航运公司的邮轮事业部，于 2000 年分离出来成为独立的邮轮公司。铁行邮轮的邮轮业务有着悠久的历史，以纯粹英伦风格、提供中低价位产品作为品牌诉求，是航线遍及全世界各海域的豪华型老牌船队。目前铁行邮轮的主要业务分布于英国本土和大洋洲澳大利亚。P&O 邮轮（澳大利亚）船队包括"太平洋明珠"号"太平洋宝石"号和"太平洋黎明"号。P&O 邮轮（英国）提供的假期目的地，包括加勒比、南美、斯堪的纳维亚半岛、地中海、大西洋群岛和环球航行。P&O 邮轮（澳大利亚）船队主要航行于南太平洋、新西兰、亚洲及国内港口，其船队如附录表 9 所示。

附录表 9 铁行邮轮（英国）船队

邮轮名称	建造时间（年份）	载客数（人）	吨位（吨）
阿多尼号（Adonia）	2001	826	30277
阿卡狄亚号（Arcadia）	2004	1800	85000
欧若拉号（Aurora）	2000	1840	76000

续表

邮轮名称	建造时间（年份）	载客数（人）	吨位（吨）
蔚然号（Azura）	2010	3096	115055
奥希阿纳号（Oceana）	2000	2020	77000
奥丽埃纳号（Oriana）	1995	1810	69000
文图拉号（Ventura）	2008	3076	115000

备注：以上数据截至 2013 年 9 月 30 日。

第二节　美国皇家加勒比邮轮公司

皇家加勒比邮轮公司是世界上第二大邮轮公司，总部位于美国迈阿密，在全球范围内经营邮轮度假产品，旗下拥有皇家加勒比国际邮轮、精致邮轮、精钻会邮轮、普尔曼邮轮、CDF 以及与 TUI AG 合资的 TUI Cruises 六大邮轮品牌（见附录表 10）。这些品牌共经营 41 艘邮轮，到达大约全球 455 个目的地。邮轮上提供一系列广泛的活动、服务和设施，包括模拟冲浪、游泳池、阳光甲板、美容美发、健身和水疗设施、溜冰场、篮球场、攀岩墙、迷你高尔夫球场、游戏设施、酒吧、拉斯维加斯风格的娱乐项目、电影院和皇家长廊。公司旗下品牌将在 2016 年底再推出 5 艘邮轮，增加舰队总容量约 105000 个泊位。皇家加勒比邮轮有限公司已于纽约证券交易所与奥斯陆证券交易所上市，代码为"RCL"。

附录表 10　皇家加勒比邮轮公司邮轮品牌及客源市场分布

邮轮品牌		邮轮数量（艘）	载客量（人）	主要客源市场
皇家加勒比国际邮轮（Royal Caribbean International）	RoyalCaribbean INTERNATIONAL	25	64125	北美地区
精致邮轮（Celebrity Cruises）	Celebrity X Cruises®	10	23898	北美地区
精钻会邮轮（Azamara Club Cruises）	AZAMARA CLUB CRUISES	2	1388	北美、英国、德国、澳洲
伯曼邮轮（Pullmantur）	pullmantur	5	11599	西班牙 拉丁美洲

续表

邮轮品牌		邮轮数量（艘）	载客量（人）	主要客源市场
CDF（Croisieres de France）		2	—	法国
TUI	TUI Cruises	2	3756	德国

备注：以上数据截至 2016 年 5 月 31 日。

一、皇家加勒比国际邮轮

　　皇家加勒比国际邮轮是一个备受赞誉的全球性邮轮品牌，有着 40 多年的创新历史，开创了诸多行业先河。旗下的邮轮船队拥有多种其他公司无可比拟的功能和设施，这些都只有在皇家加勒比才能亲身体验，其中包括令人瞠目结舌的百老汇式的娱乐表演，以及业内广受好评的专门针对家庭和探险爱好者的娱乐项目。皇家加勒比国际邮轮这一品牌隶属皇家加勒比邮轮有限公司，旗下拥有 25 艘世界上最具创新性的邮轮，带领游客畅游全球六大洲 72 个国家 270 多个旅游目的地，航线涵盖了全球最受欢迎的诸多旅游胜地，如加勒比海、欧洲、阿拉斯加、南美、远东、澳大利亚和新西兰。凭借其享誉世界的金牌服务，皇家加勒比国际邮轮已连续 10 年在 *Travel Weekly* 读者投票中蝉联"最佳邮轮公司"大奖。

　　皇家加勒比邮轮有限公司旗下的皇家加勒比国际邮轮是全球第一大邮轮品牌，共有量子（Quantum，并未加入船队）、绿洲、自由、航行者、灿烂、梦幻、君主 7 个船系的 25（已加入船队）艘大型现代邮轮（附录表 11）。

附录表 11　皇家加勒比国际邮轮船队

邮轮名称	建造时间（年份）	载客数（人）	吨位（吨）
海洋和悦号（Harmony of the Seas）	2016	5400	227000
海洋绿洲号（Oasis of the Seas）	2009	5400	225000
海洋魅力号（Allure of the Seas）	2010	5400	225282
海洋赞礼号（Ovation of the Seas）	2016	4180	167800
海洋圣歌号（Anthem of the Seas）	2015	4180	167800
海洋量子号（Quantum of the Seas）	2014	4180	167800
海洋独立号（Independence of the Seas）	2008	3600	158000
海洋自主号（Liberty of the Seas）	2007	3600	158000
海洋自由号（Freedom of the Seas）	2006	3600	158000
海洋冒险者号（Adventure of the Seas）	2001	3114	138000

续表

邮轮名称	建造时间（年份）	载客数（人）	吨位（吨）
海洋探险者号（Explorer of the Seas）	2000	3114	138000
海洋水手号（Mariner of the Seas）	2003	3114	142000
海洋领航号（Navigator of the Seas）	2002	3114	138000
海洋航行者号（Voyager of the Seas）	1999	3114	137276
海洋灿烂号（Radiance of the Seas）	2001	2501	90090
海洋旋律号（Serenade of the Seas）	2003	2501	90090
海洋皇后号（Empress of the Seas）	1990	1590	48500
海洋光辉号（Brilliance of the Seas）	2002	2501	90090
海洋帝王号（Majesty of the Seas）	1992	2350	73941
海洋神话号（Legend of the Seas）	1995	1800	69130
海洋迎风号（Rhapsody of the Seas）	1997	2000	78491
海洋幻丽号（Enchantment of the Seas）	1997	1950	74000
海洋荣光号（Splendour of the Seas）	1996	2076	70000
海洋富丽号（Grandeur of the Seas）	1996	1950	74000
海洋梦幻号（Vision of the Seas）	1998	2435	78491

备注：以上数据截至 2016 年 5 月 31 日。

自 1969 年成立至今，皇家加勒比国际邮轮始终保持行业领先地位。2013 年 4 月，皇家加勒比邮轮公司揭开了即将问世的豪华邮轮"海洋量子"号的神秘面纱。"海洋量子"号拥有众多创新特性，尤其是受到了英国伦敦眼的启发的"北极星"胶囊舱，这吸引了许多狂热的巡航追随者。"海洋量子"号的"北极星"设计受到了英国伦敦眼的启发。该胶囊舱一次可容纳 14 人，并附着于一个类似于起重机的吊杆上。模拟高空跳伞"RipCprd"，依靠强大的风力使参与者在户外甲板的高空中飘动和旋转。室内的"SeaPlex"可以让你尽情游戏篮球、乒乓球、秋千和碰碰车。广阔的空间还为溜冰爱好者提供了自由滑行的场所。另一个场所 Two70，其高达 82 米的全景，可以提供刺激的高空特技表演和其他演出。

"海洋量子"号的"北极星"胶囊舱

2016 年 5 月 17 日，世界上最大的邮轮——"海洋和悦"号抵达英国南安普顿港，并于 22 日开始她的正式航次，目的地为巴塞罗那。"海洋和悦"号游轮全长 361 米，比法国埃菲尔铁塔还要长出约 50 米；宽约 66 米，是迄今为止最宽的游轮。这艘巨轮共有 16 层甲板和 2700 个客舱，最多可搭载 6360 名游客和 2100 名船员，甚至设计了可以伸缩的烟囱，以便通过海峡桥梁。"海洋和悦"号颠覆传统地将整艘邮轮分为 7 个社区：中央公园、皇家长廊、木板道、游泳池运动区、活力区（水疗和健身）、娱乐场所和青年区。

皇家加勒比邮轮公司最新推出的这一量子级豪华邮轮因其创新设计获得市场的认可，德国 MeyerWerft 船厂已与皇家加勒比邮轮公司签署第三艘量子级豪华邮轮建造合同，该邮轮将在 2016 年中期交付。

2008 年，皇家加勒比国际邮轮正式进入中国，提供从上海、香港始发的邮轮度假航线。2009 年，皇家加勒比国际邮轮旗下的"海洋神话"号作为中国政府特批的海峡两岸首航包船，创造了大陆与台湾大规模民间交流的盛况。2010 年"海洋神话"号首次开展天津起航的航次，扩大对华北旅游市场的投入，显示了皇家加勒比国际邮轮拓展中国邮轮行业的坚定决心。2011 年"海洋神话"号重返中国，以上海、天津和香港为母港，全年运营 35 个前往日本、韩国、中国台湾地区、越南、新加坡、俄罗斯的精彩航次。

皇家加勒比国际邮轮非常重视中国市场的发展。随着 2013 年"海洋水手号"与"海洋航行者号"共同部署在中国，皇家加勒比国际邮轮将可保证在旅游旺季同时覆盖中国两大市场——华东和华北市场。这不仅是皇家加勒比国际邮轮在全球发展战略中新的里程碑，巩固了其在中国市场的领先地位，同时也极大地推动了中国邮轮产业的健康快速发展。

二、精致邮轮

精致邮轮是隶属于皇家加勒比邮轮公司旗下的更高级别的邮轮船队品牌，共拥有 10 艘邮轮（如下图及附录表 12 所示），390 多条独特的邮轮旅游行程，270 多个停靠港口，航线覆盖阿拉斯加、希腊、加勒比海、亚洲、非洲等区域。

精致邮轮是由 Haralambopoulos 和希腊 Chandris 海运公司、Chandris 邮轮公司的拥有者 Chandris 兄弟于 1989 年成立的。它为邮轮旅游设定了一个新的国际性标准，即在邮轮上要提供最佳的质量、庄重的风格、周到的服务、宽敞的住房和精良的菜肴。精致邮轮公司相信，餐饮体验是一个优质邮轮度假产品中不可或缺的，精致邮轮定制厨房可以制作海上最好的美食，一切工序中的材料都是最好、最新鲜的。

不同于其他邮轮休假产品的是，精致邮轮始终致力于提供超出客人预期的邮轮体验。这项出色的表现水准已成为精致邮轮的定义，并为今天的邮轮巡游设定了国际化标准。自成立以来，精致邮轮一直履行着最初的承诺：经典中的精华，优雅的巡航和与时俱进。

1997 年，皇家加勒比邮轮公司以 1.3 亿美元买下了精致邮轮公司。精致邮轮现有的邮轮与其极致系列邮轮，精益求精，呈现了更强的技术成果和意义深远的创新，同时保留了与众不同的风格，不断改进的优质服务，已经成为一个名人邮轮的标志。

精致邮轮的广告语是：让您享受明星般的待遇。因为精致邮轮提供比她的母公司——皇家加勒比邮轮公司好得多的产品和服务。

"精致季候"号邮轮

精致邮轮的烟囱上都有一个大大的 X，这是希腊字母表中第三个字母，在希腊文中念 chi，在英文中是 C，这就是精致邮轮创始人 Chandris 家族的第一个字母。2007 年，精致邮轮成立了一家新的拥有中型船只的邮轮公司 Azamara Cruises。

附录表 12 精致邮轮船队

邮轮名称	建造时间（年份）	载客数（人）	吨位（吨）
"精致星座"号（Constellation）	2002	1950	91000
"精致新月"号（Eclipse）	2010	2850	122000
"精致季候"号（Equinox）	2009	2850	122000
"精致无极"号（Infinity）	2001	1950	91000
"精致千禧"号（Millennium）	2000	1950	91000
"精致印象"号（Reflection）	2012	2850	122000
"精致名人嘉印"号（Silhouette）	2011	2850	122000
"精致极致"号（Solstice）	2008	2850	122000
"精致尖峰"号（Summit）	2001	1950	91000
"精致远征"号（Xpedition）	2004	98	2329

备注：以上数据截至 2016 年 5 月 31 日。

三、精钻会邮轮

2007 年成立的精钻会邮轮船队虽然只有"精钻旅程"号和"精钻探索"号两艘邮轮（附录表 13），但却是皇家加勒比公司旗下最高端、最具品质的船队。精钻会邮轮的精髓就是：聚焦全新航线，打造深度旅行，尊享奢华旅程。

"精钻旅程"号和"精钻探索"号邮轮分别能容纳 694 位游客，93% 的客舱拥有海景，68% 的客舱拥有私人阳台。精钻会邮轮是为渴望新颖豪华的独特远海巡游的高品位乘客量身打造的，邮轮具有无与伦比的设施和服务，每一个客舱都可以提供管家服务。精钻会邮轮近期更是投资 1750 万美元更换船上的设施，包括全新的欧洲床上用品、纺织品、平板电视、新的阳台装饰和家具，并在所有客舱及公共区铺设无线互联网。

而由于船体偏小，精钻会邮轮可以带领游客前往那些大型游船根本无法到达的、隐藏在世界角落里的美景。

精钻会游轮的名字 Azamara 出自罗曼语中的一个词语，其中包括蓝（az）和海（mar）。这个名字的灵感还来自一颗星——Acamar。在古代，Acamar 是可以从希腊纬度看到的最南方的一颗璀璨的星。公司也期望精钻会邮轮（Azamara Club Cruises）成为蓝色大海上最闪亮的一颗星。

附录表 13　精钻会邮轮船队

邮轮名称	建造时间（年份）	载客数（人）	吨位（吨）
精钻旅程号（Azamara Journey）	2000	694	30200
精钻探索号（Azamara Quest）	2000	694	30200

备注：以上数据截至 2013 年 9 月 30 日。

四、伯曼邮轮

伯曼邮轮公司，成立于 1971 年，总部设在西班牙首都马德里。2006 年伯曼邮轮正式加入国际闻名的皇家加勒比海邮轮的大家庭。伯曼邮轮公司是西班牙最大的一家豪华游船运营商，拥有 5 艘游船，航线主要分布在北海、波罗的海、地中海、加勒比海等区域。伯曼邮轮公司除了自身拥有的豪华游船运营外，它还有丰富的岸上观光旅游度假套餐可供乘客选择，此外还经营 3 艘 747 喷气式客机用来提供游船始发地的港口和目的地之间的空中飞行服务。皇家加勒比邮轮公司收购伯曼邮轮公司后，伯曼邮轮在皇家加勒比邮轮公司麾下将保持其独立自主的品牌，以保证与众不同和成功的客户市场经验。

　　2005 年伯曼邮轮在西班牙推出 ALL – INCLUSIVE 餐饮全包的套餐服务。一般只有在六星级的超豪华邮轮上才会推行的餐饮全包服务在伯曼邮轮上得以实现，伯曼邮轮也因此成为首家推行该项服务的豪华邮轮公司。对于一直致力为每位乘客提供最舒适旅程的伯曼邮轮来说，餐饮全包服务的推出是一项挑战，然而他们仍然承诺为每一位乘客提供最优质的餐饮服务，让游客在品尝正宗西班牙美食和美酒的同时，亦能欣赏到美丽的海景。

　　在享受伯曼邮轮提供的优雅环境和优质服务的同时，游客还可以在邮轮上随时随地无限制地尽情享受喜欢的美食和饮品，包括矿泉水、果汁、咖啡、各类清凉饮料及各种美酒等，邮轮完全不收取任何附加费用，这绝对是其他同级邮轮所无法媲美的。从 2011 年起，伯曼邮轮向中国乘客承诺提供最优质的餐饮服务、娱乐节目及精选航程，令中国乘客感受一个欧洲优良服务的愉快海上假期。

　　"伯曼君主"号（Sovereign）改建于 2008 年，是伯曼旗下载客量最多的邮轮。同时该邮轮是伯曼系列船队中体积最庞大、设施最完善的邮轮，有如一座巨大的海上行宫。"伯曼君主"号共有客舱 1162 间，其中有 744 间海景房，游客可以不出客房，直接欣赏海上美景。"伯曼君主"号共有 4 个主餐厅，可为游客提供意大利、欧美以及亚洲风味的菜肴。有 3 个大小不等的游泳池，有可容纳 700 多人的剧院，游客可以享受到歌剧、舞蹈、音乐剧表演。还有各式酒吧、夜总会、豪华赌场、免税商店、健身中心及 SPA、图书馆和赌场，甚至还有浪漫的结婚礼堂。

"伯曼君主"号资料

船档案：2008 年改建

载客量：2733 人

客房数：1162 间

吨位：73192 吨

平均航行速度：17 海里/小时

船旗：马耳他

长度：268 米

宽度：32 米

吃水深度：8 米

乘客甲板：12 层

"伯曼女皇"号资料

船档案：2008 年改建

载客量：1877 人

客房数：795 间

船旗：马耳他

吨位：48500 吨

最快航行速度：17 海里/小时

长度：211 米

宽度：31 米

吃水深度：7.5 米

乘客甲板：9 层

"伯曼甄妮"号

船档案：2006 年改建

吨位：47255 吨

长度：207 米

宽度：29 米

船旗：马耳他

最快航行速度：17 海里/小时

船员数：620 人

载客量：1828 人

客房数：720 间

乘客甲板：9 层

船舶大轴电流：110/220 伏特

"伯曼日出"号

船档案：2009 年改建

载客量：1828 人

吨位：46811 吨

船旗：马耳他

长度：208 米

宽度：29 米

最快航行速度：17 海里/小时

乘客甲板：9 层

客房数：721 间

船员数：620 人

船舶大轴电流：110 伏特

"伯曼海皇"号

船档案：1991 年建成。

载客量：3333 人

客房数：1193 间

甲板：12 层

长度：268 米

最快航行速度：19 海里/小时

吨位：73937 吨

船旗：马耳他

船舶大轴电流：110/220 伏特

五、CDF 邮轮

CDF 邮轮公司隶属于美国皇家加勒比邮轮公司，共有两艘邮轮——Horizon 和 Zenith。

六、TUI 邮轮

TUI 邮轮主要客源是德语市场的游客，现在拥有我的希夫 1 号和我的希夫 2 号两艘邮轮（附录表 14）。

附录表 14　TUI 邮轮船队

邮轮名称	建造时间（年份）	载客数（人）	吨位（吨）
我的希夫 1 号（Mein Schiff 1）	1996	1870	76500
我的希夫 2 号（Mein Schiff 2）	1997	1886	77700

备注：以上数据截至 2013 年 9 月 30 日。

第三节　云顶香港有限公司

云顶香港有限公司前称丽星邮轮公司，是全球休闲、娱乐、旅游及酒店服务业的领导企业，其核心业务涵盖陆地及海上旅游事业：丽星邮轮——亚太区邮轮旅游业务；挪威邮轮——与 Apollo 及 TPG 合营的企业（见附录表 15）。马尼拉云顶世界——位于菲律宾马尼拉，隶属于与安德集团合营之达富来国际集团。云顶香港总部位于中国香港，并分别于世界各地超过 20 个地方设有办事处，包括澳大利亚、中国内地、印度、印度尼西亚、日本、韩国、马来西亚、菲律宾、新加坡、瑞典、中国台湾、泰国、阿拉伯联合酋长国、英国、美国及越南等。

云顶香港于 1993 年 9 月成立，以丽星邮轮品牌在亚洲经营邮轮旅游业务，是亚洲邮轮业的先驱，致力于将亚太地区发展成为国际邮轮航线目的地。目前，丽星邮轮连同挪威邮轮为世界第三大邮轮公司，共拥有 18 艘邮轮，航线遍及全球 200 多个目的地，提供约 3.9 万个标准床位。

附录表 15　云顶香港有限公司邮轮品牌及客源市场分布

邮轮品牌		邮轮数量（艘）	载客量（人）	主要客源市场
丽星邮轮 （Star Cruises）	STAR CRUISES The Leading Cruise Line In Asia-Pacific	6	7468	亚太地区
挪威邮轮 （Norwegian Cruise）	NCL NORWEGIAN CRUISE LINE	14	30876	美洲、欧洲地区

备注：以上数据截至 2013 年 9 月 30 日。

云顶香港首个进军陆上的项目为马尼拉云顶世界，已于 2009 年 8 月开幕。马尼拉云顶世界是菲律宾境内首个荟萃世界级休闲及娱乐活动的一站式综合度假项目，汇集了包括六星级全豪华套房的美星酒店在内的三间酒店、高级购物中心、四间高端电影院及一个多功能歌剧院。

云顶香港相信，凭借独特的地点与航线以及提供最优质服务的承诺，必定能为所有游客带来难忘的体验。公司将继续借助云顶集团发展陆地度假项目的强大专业优势，拓展未来业务。云顶香港亦一直在寻求新的商机和途径，务求可以不断提高，继续引领业界。

云顶香港有限公司在香港联合交易所有限公司为注册上市公司，其股份亦在新加坡证券交易所有限公司的 GlobalQuote 买卖。挪威邮轮在纳斯达克全球精选市场上市，以股票代码（NCLH）进行交易。

一、丽星邮轮

丽星邮轮"亚太区的领导船队"，于 1993 年成立，以推动亚太区的国际邮轮旅游发展为目标。丽星邮轮看准了发展快速的世界性邮轮事业及发展东南亚成为国际邮轮版图重要航线，而引进世界级豪华邮轮。目前丽星共有 6 艘邮轮，如下图所示。

"处女星"号
总排水量：75338 吨
载客数：1870 人

"双子星"号
总排水量：50764 吨
载客数：1530 人

"天秤星"号

总排水量：42285 吨

载客数：1418 人

"宝瓶星"号

总排水量：51309 吨

载客数：1511 人

"双鱼星"号

总排水量：40000 吨

载客数：1009 人

"云顶世界"号

总排水量：3370 吨

载客数：130 人

二、挪威邮轮

挪威邮轮公司所属丽星邮轮集团，英文名称：Norwegian Cruise Line，简称：NCL。NCL 挪威邮轮总部设在素有"世界邮轮之都"美称的佛罗里达州迈阿密，自 1966 年开始营运，至今已成为北美邮轮业最知名的品牌之一，到 1979 年 NCL 挪威邮轮成为邮轮业中最大的邮轮公司。1998 年，NCL 挪威邮轮开辟了针对亚洲的东方航线，2000 年 3 月，挪威邮轮公司被丽星邮轮集团收购，目前公司拥有 14 艘五星级豪华邮轮（附录表 16），另外还有一艘邮轮——挪威畅意号于 2014 年加入舰队，它是 MEYER WERFT 船厂为其承建的第二艘"Breakaway"级豪华邮轮。新船的首航时间为 2014 年 2 月 1 日，从美国迈阿密出发，搭载 4000 名乘客，途经 Philipsburg、St. Thomas 以及 Nassau。

附录表 16　挪威邮轮船队

邮轮名称	建造时间（年份）	载客数（人）	吨位（吨）
"挪威畅逸"号（Norwegian Getaway）	2014	4000	144000
"挪威遁逸"号（Norwegian Escape）	2015	4000	150000
"挪威逍遥"号（Norwegian Breakaway）	2013	4000	144000
"挪威黎明"号（Norwegian Dawn）	2002	2338	92250
"挪威爱彼"号（Norwegian Epic）	2010	4100	155873
"挪威宝石"号（Norwegian Gem）	2007	2392	93530
"挪威翡翠"号（Norwegian Jade）	2006	2392	93558
"挪威珠宝"号（Norwegian Jewel）	2005	2374	93502
"挪威明珠"号（Norwegian Pearl）	2006	2384	93530
"挪威天空"号（Norwegian Sky）	1999	2000	77104
"挪威之勇"号（Norwegian Spirit）	1998	2000	75338
"挪威之星"号（Norwegian Star）	1998	2348	91740
"挪威太阳"号（Norwegian Sun）	2001	1928	78309
"美国之傲"号（Pride of America）	2005	2120	80439

备注：以上数据截至 2016 年 5 月 31 日。

挪威邮轮的服务对象主要是中产阶级乘客，一直以来主要的客户群体集中为美国人和加拿大人。

NCL 挪威邮轮航线遍及阿拉斯加、加拿大和新英格兰、加勒比、欧洲、夏威夷、墨西哥沿岸、巴哈马及佛罗里达、南美洲、巴拿马运河、百慕大、太平洋临海。

第四节　其他邮轮公司

一、迪士尼邮轮

迪士尼海上巡游（Disney Cruise Line，DCL）是迪士尼公司从 1998 年开始提供的豪华邮轮游览服务。迪士尼邮轮以船上丰富的活动为卖点，以鼓舞和娱乐所有家庭成员，知名的服务和质量在迪士尼的世界让你魔法般地在每个角落都可以感受得到。

迪士尼邮轮是第一个专门提供青少年，而且几乎是针对儿童活动而设计整个邮轮的公司。Spa Finder 全球温泉资源目录，命名迪士尼魔术号上的"Vista Spa"为十大"最佳邮轮 Spa"之一。迪士尼邮轮是迪士尼主题乐园及度假区最具增长性、表现最好的一项业务。提供往返于美国东海岸佛罗里达，包括巴哈马海域、加勒比海、美国西海岸—墨西哥蔚蓝海岸和地中海地区的多日航海度假产品。目前，迪士尼邮轮公司共有 4 艘豪华邮轮，分别是"迪士尼邮轮魔力"号、"迪士尼邮轮奇观"号、"迪士尼邮轮梦想"号、"迪士尼邮轮幻想"号（附录表 17）。

附录表 17　迪士尼邮轮船队

邮轮名称	建造时间（年份）	载客数（人）	吨位（吨）
"迪士尼梦想"号（Disney Dream）	2011	4000	128000
"迪士尼幻想"号（Disney Fantasy）	2012	4000	128000
"迪士尼魔力"号（Disney Magic）	1998	2400	83000
"迪士尼奇观"号（Disney Wonder）	1999	2400	83000

备注：以上数据截至 2013 年 9 月 30 日。

二、地中海邮轮

地中海邮轮（MSC CRUISES）经过近几年令人瞩目地快速发展，已经成为地中海、南非及巴西邮轮产业的领军者。地中海邮轮全年航行于地中海，并季节性航行于北欧、大西洋、加勒比海、法国安的列斯群岛、南美、西南非以及红海。

地中海邮轮拥有 14 艘邮轮组成的现代化船队，乘客已突破 140 万人次。地中海邮轮是一家欧洲家族企业，目前共有 15500 员工遍布世界 45 个国家。地中海邮轮的标志是把 MSC 三个字母镶嵌在指南针图案中间，代表在 MSC 邮轮的世界里，顾客永远是中心。指南针本身象征着邮轮将驶向各个方向，从而达到公司的长远目标。由于 MSC 邮轮独特的意大利风格，使它与其他邮轮公司区别开：船上热情的招待、剧院装饰、设计、好客、美食、气氛，都反映出公司意大利制造的理念，这也是 MSC 邮轮的特别之处。地中海邮轮船队如附录表 18 所示。

附录表 18　地中海邮轮船队

邮轮名称	建造时间（年份）	载客数（人）	吨位（吨）
"地中海传奇"号（MSC Meraviglia）	2017	4500	167600
"地中海海滨"号（MSC Seaside）	2017	5179	160000
"地中海和谐"号（MSC Armonia）	2004	2243	58600
"地中海神曲"号（MSC Divina）	2012	3959	139400
"地中海幻想"号（MSC Fantasia）	2008	3900	133500

续表

邮轮名称	建造时间（年份）	载客数（人）	吨位（吨）
"地中海抒情"号（MSC Lirica）	2003	2243	58600
"地中海华丽"号（MSC Magnifica）	2010	2550	89000
"地中海音乐"号（MSC Musica）	2006	2568	90000
"地中海歌剧"号（MSC Opera）	2004	2243	58600
"地中海管乐"号（MSC Orchestra）	2007	2550	89000
"地中海诗歌"号（MSC Poesia）	2008	2550	89000
"地中海珍爱"号（MSC Preziosa）	2013	3959	139400
"地中海序曲"号（MSC Sinfonia）	2002	1500	60000
"地中海辉煌"号（MSC Splendida）	2009	3300	133000

备注：以上数据截至 2016 年 5 月 31 日。

三、水晶邮轮

水晶邮轮（Crystal Cruises）由世界上最大的邮轮公司 Nippon Yusen Kaisha（NYK）经营。总部设在东京，现共经营 2 艘豪华邮轮和 800 多艘货船，在全球各地均设有办事处。水晶邮轮公司创建于 1988 年，精致的外观体现了最高品质的设计理念。遍及全球的目的地航行线路，为旅客提供了前所未有的游览各大海滨城市的机会。水晶邮轮系列的首舰"水晶和谐"号，于 1990 年首次亮相，巨大宽敞的宴会厅、华丽的餐厅、舒适的休息场所、极具特色的酒吧，让乘客尽享奢华和气派。阳台式豪华客房和阁楼式的客舱深受乘客的喜爱。水晶邮轮公司现经营两艘世界最豪华的邮轮：1995 年首次航行的 922 人承载量的"水晶合韵"号和 2003 年完成首航的、拥有 1070 人承载量的"水晶尚宁"号。水晶邮轮公司的工作人员都经过专业培训，竭力满足客人的每一个需求，虚心听取客人宝贵的意见。员工优质温馨的服务，让置身于顶级豪华邮轮内的客人，时时刻刻都可享受到唯我独尊的气派感受。

四、银海邮轮

意大利人对每样东西都有极大的热情，他们喜欢追求生活的品质。在这种传统的影响下，罗马 lefebvre 家族成立了一个具有创新性意义的邮轮公司——银海邮轮（Silver Sea Cruises），它为客人提供了一种私人的卓越环球航海旅行。

银海的成功归于以下几个因素：私人定制化、互补，以及迎合每一个客人独一无二的需求。银海系列的银云（Silver could）号邮轮在 1994 年完成了首航，银风号（Silver Wind）、银影号（Silver Shadow）、银啸号（Silver Whisper）、银海探索号（Silver Explorer）和银神号（Silver Spirit）也相继在 1995 年、2000 年、2001 年、2008 年和 2009 年完成了处女航。这些精致的邮轮是专门为少数客人度身设计的，邮轮上意大利和其他欧洲国家的员工为客人提供了最高级别的私人化服务，同时客人也拥有更大的私秘空间。银海邮轮提供大多数带有私人阳台以及露天餐台的全海景套房给客人选择。银海邮轮更独一无二的是，它配备了人们在邮轮上能找到的所有自己最喜欢的娱乐设施。作为奢华邮轮旅游的先行者，银海通过其一价全包的价格以及邮轮上由全球最知名的奢华品牌提供的无与伦比的产品服务，很快成了现代富有旅行者的不二选择。

银海邮轮为世界唯一六星级全套房邮轮公司，现有的 6 艘顶级邮轮服务于地中海、北欧、东南亚、非洲、阿拉斯加、加勒比及南美洲区域，航行遍布七大洲，超过 120 个国家的 400 多个目的地。

五、保罗高更邮轮公司

保罗高更号邮轮（Paul Gauguin Cruises）是专属于波利尼西亚的一艘充满活力的船舰，全年在大溪地巡游，给乘客带来的是非比寻常的南太平洋度假体验。在这美丽的热带国度，超豪华的六星级邮轮保罗高更号全程为乘客提供最舒适的服务，让游客时刻感到太平洋上的惬意。

六、丽晶七海邮轮

丽晶七海邮轮（Regent Seven Seas Cruises），总部设在劳德代尔堡，是国有控股的威望克鲁斯，市场领导者，丽晶的六星级船队来回穿梭在全世界 300 个以上的港口，足迹遍布全球七大洲。共有 3 艘邮轮："七海海洋"号（Seven Seas Mariner）、"七海领航"号（Seven Seas Navigator）、"七海航海"号（Seven Seas Voyager）。其航线遍及非洲及印度、阿拉斯加、亚洲及澳大利亚、百慕大、加勒比及墨西哥、欧洲及地中海、拉丁美洲、俄罗斯及斯堪的纳维亚、大溪地及南太平洋、环球之旅。

船上 100% 附设私人阳台的客房，让船上的生活等同于豪华、舒适的代名词。更加贴心的服务和更为宽敞舒适的个人空间，为乘客献上最高品质的服务。B 级以上的客房旅客皆有执事管家服务，从普通的客房服务，到特殊的个人要求，都会被体贴细致地满足。船上的每一项设施均属一流，由法国知名的 Le Cordon Bleu 美食学院大厨为乘客烹调精致可口的美馔，以及广受世界各地淑女名媛欢迎的 Carita of Paris SPA。所有的一切均呈现了现代、典雅、高贵的顶级旅游新体验。各种豪华规格的房型和服务提供的是一流的海上度假享受。

七、阿瓦隆水道公司

阿瓦隆水道公司（Avalon Waterways）是拥有 12 艘邮轮的最年轻的舰队，主要是小型船舶，拥有同行业中最大的客舱，度假风格的设施包括免费的美酒美食、啤酒或汽水的晚餐，最好的游览和以英语为母语的船员无与伦比的服务，提供了一个世界级的巡航经验。

阿瓦隆水道公司在 5 年内从 25 条旅行路线扩展到 45 条。在非洲也有许多新航线。在 2011 年 5 月，阿瓦隆增加了拥有两个整层甲板套房，并带有 64 套全景套房的邮轮——"阿瓦隆的全景号"，可以欣赏莱茵河和多瑙河等欧洲主要河流两岸的绝美风光。尽管阿瓦隆水道公司是世界上最年轻的河道邮轮公司之一，但是与同类别邮轮相比却拥有 98% 的游客满意度，以及多个行业的赞誉，并正在快速成为一个知名品牌。

责任编辑：张珊珊
责任印制：冯冬青
封面设计：中文天地

图书在版编目（CIP）数据

邮轮购物服务 / 孔洁，龙京红主编 . --北京：中国旅游出版社，2016.7

ISBN 978 - 7 - 5032 - 5653 - 0

I. ①邮… II. ①孔… ②龙… III. ①旅游船—旅游服务 IV. ①F590.7

中国版本图书馆 CIP 数据核字（2016）第 163338 号

书　　名：	邮轮购物服务
作　　者：	孔洁　龙京红
出版发行：	中国旅游出版社
	（北京建国门内大街甲 9 号　邮编：100005）
	http：//www. cttp. net. cn　E-mail：cttp@ cnta. gov. cn
	发行部电话：010 - 85166503
排　　版：	北京旅教文化传播有限公司
经　　销：	全国各地新华书店
印　　刷：	河北省三河市灵山红旗印刷厂
版　　次：	2016 年 7 月第 1 版　2016 年 7 月第 1 次印刷
开　　本：	787 毫米×1092 毫米　1/16
印　　张：	12.25
字　　数：	207 千
定　　价：	33.00 元
I S B N	978 - 7 - 5032 - 5653 - 0